对外经济贸易大学国际贸易教材编写组

经济管理类课程教材·国际贸易系列

国际服务贸易

第二版

栗 丽 主编

张文茂 副主编

中国人民大学出版社

·北京·

图书在版编目（CIP）数据

国际服务贸易/栗丽主编．--2 版．--北京：中国人民大学出版社，2020.7

经济管理类课程教材．国际贸易系列

ISBN 978-7-300-28359-3

Ⅰ.①国… Ⅱ.①栗… Ⅲ.①国际贸易-服务贸易-高等学校-教材 Ⅳ.①F746.18

中国版本图书馆 CIP 数据核字（2020）第 121928 号

对外经济贸易大学国际贸易教材编写组

经济管理类课程教材·国际贸易系列

国际服务贸易（第二版）

栗　丽　主　编

张文茂　副主编

Guoji Fuwu Maoyi

出版发行　中国人民大学出版社

社　　址　北京中关村大街 31 号　　**邮政编码**　100080

电　　话　010－62511242（总编室）　　010－62511770（质管部）

010－82501766（邮购部）　　010－62514148（门市部）

010－62511173（发行公司）　　010－62515275（盗版举报）

网　　址　http://www.crup.com.cn

经　　销　新华书店

印　　刷　唐山玺诚印务有限公司　　**版　　次**　2016 年 5 月第 1 版

开　　本　787 mm×1092 mm　1/16　　2020 年 7 月第 2 版

印　　张　15　　**印　　次**　2025 年 7 月第 3 次印刷

字　　数　357 000　　**定　　价**　38.00 元

总　　序

在经济全球一体化的大背景之下，尽快培养出我国国际贸易的专业化、国际化人才，已经成为当前市场经济发展迫在眉睫的任务。

本着加强国际贸易学科建设、努力培养适应社会需要的贸易人才的理念，由对外经济贸易大学牵头，中国人民大学等校鼎力合作，联合攻关，编写了这套力图适应新时期教学需要的国际贸易教材。

纵观本套教材，其特点主要有三：

第一，内容前瞻新颖。本套教材立足于市场经济发展的前沿，借鉴了国际领先水平的贸易工作经验，具有新结构、新内容、新观点、新方法，紧跟时代发展的步伐。

第二，知识丰富实用。本套教材对国际贸易工作从理论到操作的方方面面做了介绍，它以实务为中心，将应掌握的知识和技能贯穿于每一个案例中，使学生明确在工作中应做什么，怎样才能做好，怎样不断提高工作效率。

第三，架构系统全面。该系列是由每本教材组成的相互关联、衔接有序的动态系统，囊括了国际贸易的全部内容。

总之，我们在教材的先进性、实用性、规范性等方面做了集思广益的工作。真诚地期待广大师生和其他读者提出宝贵的意见和建议。

对外经济贸易大学国际贸易教材编写组

主编简介

栗丽，中国人民大学经济学博士，河南财经政法大学国贸学院教授，硕士研究生导师。省跨世纪学术带头人，中国 WTO 研究会常务理事，中国政府采购专家，中国服务贸易协会专家。在国际贸易、世界贸易组织等研究领域有一批有一定影响力的成果：在外文期刊上发表论文 3 篇，发表译文、论文 30 多篇。其中，有一篇论文被国家级高级内参全文转载。主持完成两项国家哲学社会科学课题；获得两项省部级科技进步二等奖。

序　言

国际服务贸易是个新生事物。

国际货物贸易是伴随着资本主义工业革命开始的。出于对国际市场的争夺和比较利益的推动，在工业革命时期形成了国际直接投资和国际间接投资。国际直接投资需要对投资企业进行管理和控制，而国际间接投资只需考虑投资报酬，无须涉及管理和控制。因此，国际服务贸易与国际间接投资同步发展，并且逐渐形成了规模。

自20世纪80年代以来，随着亚太地区经济的迅速发展，特别是“亚洲四小龙”的崛起，东南亚的国际服务市场十分活跃。在国际经贸关系中的国际服务贸易成为迅速崛起的领域，并引起了国际工商界和政治家们的高度重视，各国对国际服务贸易的研究逐渐展开并加强。

1986年，GATT主持的乌拉圭回合谈判将服务贸易纳入谈判议题，并最终达成了《服务贸易总协定》。由此可见，代表着国际经贸关系新趋势的国际服务贸易，在国际经贸关系中的地位处于不断提升和强化之中。基于这种时代背景，作者将自己多年从事国际贸易研究与实践的积累，凝结成了这本《国际服务贸易》。

《国际服务贸易》的最大特点是理论联系实际、可操作性强。全书共分为八章，主要讲解了国际服务贸易理论及当今的国际服务贸易市场格局，介绍了传统的国际服务贸易，并详细论述了国际服务贸易的新形式。《国际服务贸易》以马克思的经济学原理为指导，以自由贸易理论为基础，以WTO的条款为行动规则，这些构成了本书的理论特色。

为了便于学生掌握所学的内容、把握每一部分内容的知识点，本书在每章的结尾都提供了本章小结和课后思考题，书后还附有《中华人民共和国加入世界贸易组织议定书（标准中文版全文）》以及不同类型WTO成员对具体服务活动的承诺概况等附加内容。

鉴于本书的语言通俗易懂、内容深入浅出，因而本书既适合作为高等院校国际经贸专业、商务专业、物流管理专业本（专）科学生的教材，也可以作为业内工作人员的岗位培训教材或业务工具书。

全书由栗丽教授主编，具体参加撰写的人员为：栗丽（第三章）；薛玉莲（第五章）；陈军（第四、六章）；张后乐（第一章）；张娟（第二章）；周迎（第七、八章）。全书由栗丽统撰。

在本书的撰写过程中，寇倩倩、陈卫东、王乐、张海霞、石红芦、张爽、程良、童艳丽、李海岭、张新林、乔鹏飞、张远达、张溢木、吕鹏翰、侯东臻、郭靖等同志在数据收集、文字翻译与整理等方面给予了一定帮助，在此一并表示感谢！

尽管《国际服务贸易》是作者三十多年从事国际贸易领域科研与实践成果的结晶，并且十几年来的教学改革探索也给作者以自信，但由于国际服务贸易属于新兴的成长学科，书中的内容涉及范围广泛，研究对象瞬息万变，因而不妥和错误之处在所难免，恳请同行和莘莘学子提出宝贵的意见。对那些编者未能发现的错误或纰漏，敬请广大读者予以指正。

栗　丽

目　录

第一章 国际服务贸易概述

学习目标

1. 掌握服务和服务业的基本概念
2. 掌握服务贸易的定义
3. 了解服务贸易的基本特点
4. 了解国际服务贸易的形成和发展历程
5. 掌握当代国际服务贸易的特征

引　子

《海峡两岸服务贸易协议》的酝酿，旨在促进两岸贸易。然而，民进党却对该协议进行歪曲和丑化，以致部分不明真相的大学生认为《海峡两岸服务贸易协议》或将影响年轻人就业。

在民进党的蛊惑下，2014 年 3 月 18 日 100 多名大学生于晚间 9:00 突破警方的封锁线并占据“立法院”，声称《海峡两岸服务贸易协议》是“暗箱操作”“不透明”，如果该协议在“立法院”通过后，“台湾经济将被大陆吞并”“他们这一代人届时将失去工作机会……因此，他们要求当局退回该协议”。

学生运动很热闹，但什么是国际服务贸易？《海峡两岸服务贸易协议》涉及哪些内容？该协议的签署将会给台湾地区带来多少就业？对于这些问题，闹事的学生并不清楚。如果他们知道，该协议的实施不是减少而是增加台湾地区就业机会的话，也许他们就不会去做反对协议的蠢事了。

那么，什么是国际服务贸易？国际服务贸易如何促进就业？

第一节　国际服务贸易的基本概念

一、对服务和服务业的理解

从字面意义上说，“服务”是履行某项任务或是从事某种业务。在中文地区以及法国等国，也赋予了这一概念为公众做事、替他人劳动的含义。每个人对“服务”一词都不会陌生，但如果要准确回答“什么是服务”，却有些困难。

“服务”与“管理”一样，很多学者都曾给它下过定义，但由于服务是看不到、摸不着的东西，并且其应用的范围又日益广泛，故难以概括。所以，直到 WTO 体制运转后，服务贸易的概念才暂时统一在乌拉圭回合谈判达成的《服务贸易总协定》之下。

（一）什么是服务

“服务”在古代是“侍候”“服侍”的意思，随着时代的发展，“服务”被不断赋予新意。如今，“服务”已成为整个社会不可或缺的人际关系的基础。社会学意义上的“服务”是指为别人、为集体的利益而工作，或者为某种事业而工作，如“为人民服务”。经济学意义上的“服务”是指以等价交换的形式，为满足企业、公共团体或其他社会公众的需要而提供的劳务活动，它通常与有形的产品联系在一起。

早在 1977 年，希尔（T. P. Hill）提出了为理论界所公认的服务概念。希尔指出：“服务是指人或隶属于一定经济单位的物在事先合意的前提下由于其他经济单位的活动所发生的变化……服务的生产和消费同时进行，一种服务一旦生产出来，必须由消费者获得或不能储存，这与其物理特性无关，而只是逻辑上的不可能。”20 世纪 80 年代中期，巴格瓦蒂（J. N. Bhagwatti）、桑普森（C. I. Sampson）和斯内普（R. Snape）相继扩展了希尔的“服务”概念，他们把服务分为两类：一类为需要物理上接近的服务，另一类为不需要物理上接近的服务。以此为基础，巴格瓦蒂将服务贸易的方式分为四种：一是消费者和生产者都不移动的服务贸易；二是消费者移动到生产者所在国进行的服务贸易；三是生产者移动到消费者所在国进行的服务贸易；四是消费者和生产者移动到第三国进行的服务贸易。虽然关于服务的具体定义有所差别，但对于服务的描述都涉及几个共有的特点。

1. 服务的无形性

商品与服务之间最基本，也是最常被提到的区别是服务的无形性，因为服务是由一系列活动（而不是实物）所组成的过程。在这个过程中，我们不能像感觉有形商品那样看到、感觉或者触摸到服务。

对于大多数服务来说，购买服务并不等于拥有其所有权，如航空公司为乘客提供服务，但这并不意味着乘客拥有了飞机上的座位。

2. 异质性

服务是由人表现出来的一系列行动，而且员工所提供的服务通常是顾客眼中的服务。由于没有两个完全一样的员工，同时没有两个完全一样的顾客，因而就没有两种完全一样的服务。

服务的异质性主要是由员工与顾客之间的相互作用以及伴随这一过程的所有变化因素所导致的，同时它使服务质量取决于服务提供商不能完全控制的许多因素，如顾客对其需求的清楚表达能力、员工满足这些需求的能力和意愿、其他顾客的到来以及顾客对服务需求的程度。由于这些因素，服务提供商无法确知服务能否按照原来的计划和宣传的那样提供给顾客；有时，服务可能会由中间商提供，那样就加大了服务的异质性，因为从顾客的角度来讲，这些中间商提供的服务仍代表服务提供商。

3. 生产和消费的同步性

大多数商品是先生产，然后存储、销售和消费，但大部分服务却是先销售，然后同时进行生产和消费。

这通常意味着在服务生产的时候，顾客是在现场的，而且会观察甚至参加到生产过程中来。有些服务是很多顾客共同消费的，即同一个服务由大量消费者同时分享，比如一场音乐会。这也说明了在服务的生产过程中，顾客之间往往会有相互作用，因而会影响彼此的体验。

服务生产和消费的同步性使得服务难以进行大规模的生产，服务不太可能通过集中化来获得显著的规模经济效应，问题顾客（扰乱服务流程的人）会在服务提供过程中给自己和他人造成麻烦，并降低自己或者其他顾客的感知满意度。此外，服务生产和消费的同步性要求顾客和服务人员都必须了解整个服务传递过程。

4. 易逝性

服务的易逝性是指服务不能被储存、转售或者退回的特性。比如一个有 100 个座位的航班，如果在某天只有 80 个乘客，它不可能将剩余的 20 个座位储存起来留待下个航班销售；一个咨询师提供的咨询也无法退货，无法重新咨询或者转让给他人。

由于服务无法储存和运输，服务分销渠道的结构与性质和有形产品的差异很大，为了充分利用生产能力，对需求进行预测并制订有创造性的计划就成为重要和富有挑战性的决策问题。此外，由于服务无法像有形产品一样退回，因而服务组织必须制定强有力的补救策略，以弥补服务失误。尽管顾客无法退回咨询师糟糕的咨询，但咨询企业可以通过更换咨询师来重拾顾客的信心。

（二）服务与服务业

既然服务产品是一种个体的行为和活动，那么服务业就是生产服务产品的产业部门。

服务业是随着社会生产力的发展以及商品生产和交换的发展，继商业之后产生的一个行业。商品的生产和交换扩大了人们的经济交往。为了解决由此产生的人的食宿、货物的运输和存放等问题，出现了饮食、旅店等服务业。

服务业最早主要是为商品流通服务的。随着城市的繁荣、居民的日益增多，不仅人们在经济活动中离不开服务业，而且服务业也逐渐转向以为人们的生活服务为主。社会化大生产创造的较高的生产率和日趋精细的生产分工，促使生产企业中某些为生产服务的劳动从生产过程中逐渐分离出来（如工厂的维修车间逐渐变成修理企业），加入了服务业的行列，成为为生产服务的独立行业。

服务业从为流通服务到为生活服务，经历了一个漫长的历史过程。服务业的社会性质也随着历史的发展而变化。在前资本主义社会，服务业主要是为奴隶主和封建主服务，大多由小生产者经营，因而具有小商品经济性质。资本主义服务业以营利为目的，资本家和服务劳动者之间的关系是雇佣关系。社会主义服务业是以生产资料公有制为基础，以提高人民群众的物质文化生活为目的，是真正为全社会的生产、流通和消费服务的行业。

二、服务贸易的定义

服务贸易又称劳务贸易（trade in service），是指国与国之间互相提供服务的经济交换活动。

服务贸易有广义与狭义之分，狭义的服务贸易是指一国以提供直接服务活动形式满足另一国某种需要以取得报酬的活动。广义的服务贸易既包括有形的活动，也包括服务提供者与使用者在没有直接接触下交易的无形活动。在一般情况下，服务贸易都是指广义的服务贸易。

国际服务贸易和货物贸易的发展史一样漫长，它随着各国经济特别是国际货物贸易的发展而发展。长期以来，它作为辅助国际货物贸易的补充性角色，在世界经济发展中发挥了越来越重要的作用。

虽然服务业作为一个传统的产业部门已有数千年的发展史，但“服务贸易”这一概念的提出相对于古老的货物贸易而言，则是近现代的事情。

国际货币基金组织（IMF）在进行各国国际收支统计时一直把服务贸易列入无形商品贸易（invisible trade）一栏中，这种情况直到 1993 年才做出了调整。中国过去一直把服务贸易称作劳务贸易。在 1986 年 9 月乌拉圭回合多边贸易谈判之前，服务贸易只是在发达国家的有限范围内开展，还谈不上作为国际贸易的普遍问题引起人们的高度关注。事隔数年，步履维艰的乌拉圭回合多边贸易谈判最终签署了《服务贸易总协定》（General Agreement on Trade in Services，GATS），这标志着服务贸易与货物贸易一样，成为世界贸易组织（WTO）多边协定管辖的范围，因而备受世人瞩目。GATS 为各国开展别具特色的服务贸易提供了所需的法律基础和行为准则。

下面基于 WTO 的《服务贸易总协定》框架，介绍几种世界市场现行的且具有代表性的定义。

（一）传统进出口视角下服务贸易的定义

传统的定义是从传统的进出口角度给出的。

一国（地区）的劳动力向另一国（地区）的消费者（法人或自然人）提供服务，并相应获得外汇收入的全过程，便构成服务的出口；与此相对应，一国（地区）消费者购买他国（地区）劳动力提供服务的过程，便形成服务的进口。各国的服务进出口活动就构成国际服务贸易，其贸易额为服务总出口额或总进口额。

这样的定义涉及国籍、国界、居民、非居民等问题，即人员移动与否、服务过境与否及异国国民之间的服务交换等问题。因此，需要注意以下几点：

(1) 这里的劳动力含义较广，它既可以以单个形式提供服务，也可以以集体形式提供服务。

(2) 劳动力在提供服务时，一般要借助一定的工具、设备及手段。

(3)“劳动力”与“消费者”的不同国籍（地区）问题也应做广义的理解。比如跨国公司在境外设立分支机构，雇用当地居民并向当地消费者提供服务时，这时的“劳动力”（或称“服务提供者”）应理解为该外商机构的股权持有人（单个的私人或法人集体），单个的本地劳动力在向本地消费者提供服务时是以“集体”形式，代表外商机构在提供服务。

（4）这里的服务进出口是相对的过境，未必发生真正的过境。因为服务贸易一般涉及人员、资本及技术信息的流动，比如电信服务只需要服务“过境”，而无须“国民移动”。因此，只要有一种要素发生移动，往往就构成贸易。

（5）对于劳动力的智力成果，也应被视作劳动力提供服务。

（二）联合国贸易和发展会议（UNCTAD）关于服务贸易的定义

联合国贸易和发展会议从过境现象这一视角来阐述国际服务贸易，它将国际服务贸易定义为：货物的加工、装配、维修以及货币、人员、信息等生产要素为非本国居民提供服务并取得收入的活动，是一国与他国进行服务交换的行为。狭义的国际服务贸易是指有形的、发生在不同国家之间的、符合严格服务定义的、直接的服务输出与输入。广义的国际服务贸易既包括有形的服务输入和输出，也包括服务提供者与使用者在没有实体接触的情况下发生的无形的国际服务交换。

一般来说，人们所指的服务贸易都是广义的国际服务贸易概念，只有在特定的情况下，“国际服务贸易”或“服务贸易”才是狭义的国际服务贸易的概念。

本书中的“服务贸易”及“国际服务贸易”均指广义的国际服务贸易概念。

（三）《美国和加拿大自由贸易协定》对服务贸易的定义

《美国和加拿大自由贸易协定》是世界上第一个在国家间贸易协议上正式定义服务贸易的法律文件。

服务贸易是指由或代表其他缔约方的一个人，在其境内或进入一缔约方提供所指定的一项服务（a covered services）。这里的“指定的一项服务”包括：

（1）生产、分销、销售、营销及传递所指定的一项服务及其进行的采购活动。

（2）进入或使用国内的分销系统。

（3）以商业存在（commercial presence）（并非一项投资）形式来分销、营销、传递或促进一项指定的服务。

（4）遵照投资规定，任何为提供指定服务的投资及任何为提供指定服务的相关活动。这里提供服务的“相关活动”包括公司、分公司、代理机构、代表处和其他商业经营机构的组织、管理、保养和转让活动；各类财产的接受、使用、保护及转让，以及资金的借贷。

进入一缔约方提供服务包括过境提供服务。缔约方的“一个人”是指法人或自然人。

这种对服务贸易说明性的、非规范性的定义，说明了服务贸易活动的复杂性。

（四）乌拉圭回合《服务贸易总协定》（GATS）关于服务贸易的定义

关贸总协定乌拉圭回合多边贸易谈判的一个重要成果是在 1994 年 4 月 15 日达成了《服务贸易总协定》（GATS），该协定的第 1 条第 2 款将服务贸易定义为通过以下四种方式提供的服务：

（1）跨境交付（cross-border supply），术语中又称“第一种方式（Mode 1）”，即自

一成员领土向其他成员领土提供服务，如视听、金融服务等。

（2）境外消费（consumption abroad），术语中又称“第二种方式（Mode 2）”，即在一成员领土内向其他成员的服务消费者提供服务，如旅游、境外就医、留学等。

（3）商业存在（commercial presence），术语中又称“第三种方式（Mode 3）”，即一成员的服务提供者在其他成员领土内以商业存在提供服务，如某国的一家公司到外国开饭店、零售商店或会计师事务所等。

（4）自然人流动（movement of natural persons），术语中又称“第四种方式（Mode 4）”，即一成员的服务提供者在其他成员领土内以自然人的存在方式提供服务，如某国教授、高级技术人员或医生到另一国从事以个人身份提供的服务等。

另外，GATS 第 1 条第 3 款还指出，其所规范的“服务”是指除行使政府职权时提供的服务之外的包括任何部门的任何服务。

由此可见，GATS 中关于服务贸易的定义是相当宽泛的。宽泛的概念规定利弊并存。其有利的一面表现在：《服务贸易总协定》的界定是迄今为止对服务贸易的定义中最简单明了、最有助于对服务贸易进行分类和描述的定义，它的确定对服务贸易的发展和管理产生了重要影响。与此同时，这样宽泛的定义会产生一些复杂的问题，比如使人们难以确定所交易服务的“原产地”，这种情况所造成的混乱突出表现在投资方面。

三、服务贸易的特点

服务贸易作为非实物劳动成果的交易，与货物贸易相比，通常表现出如下特点。

（一）服务产品的不可感知性（贸易标的的无形性）

服务产品的不可感知性是服务贸易的最主要特征。

由于服务贸易所提供的很多服务产品都是无形的，即服务产品在被购买之前，人们不可能去品尝、感觉、触摸、观看、听见或嗅到“服务”，所以大部分服务产品属于不可感知性产品，消费者对它们的价值量很难评估。即使在消费或享用之后，顾客也无法根据消费经验感受到这种产品所带来的效用，只能通过服务者提供的介绍和承诺，并期望该服务确实能给自己带来好处。

（二）不可分离性

实物产品贸易从其生产、流通，最后到消费的过程，要经过一系列的中间环节。例如，卖方要将货物交给承运商，承运商要委托船务（海洋运输）公司进行托运，最后由承运商交给买方，这中间存在着一系列复杂的过程（如保险、装运、适用的价格术语及索赔等问题）。

服务贸易与之不同，它具有不可分离的特征，即服务的生产过程与消费过程同时进行（如医生给患者看病）。服务发生交易的时间，也就是消费者消费服务的时刻，这两个过程同时存在、不可分割。与此同时，顾客在消费服务产品的时候，必须或者只有加入服务的生产过程中，才能最终消费到服务，而且这种服务特征随着科学技术的发展、全球一体化进程的加快，越来越显示出国际化的趋势。这种不可分离性特征是服务贸易的另一个主要特征。

（三）贸易主体地位的重要性

服务的卖方就是服务产品的生产者，并以消费过程中的物质要素为载体提供相对应的服务。服务的买方往往就是服务的消费者，并作为服务生产者的劳动对象直接参与服务产品的分享过程。

（四）服务贸易的差异性

服务贸易的差异性表现为，服务生产者所生产的服务产品的质量水平不同。对于同一种服务，由于其生产者不同，提供给消费者的产品也可能不同。即使是同一个服务的生产者，由于其不同的服务产品生产周期，也会出现不同质量水平的产品。此外，这种服务产品的质量很难像有形产品一样可以用其质量标准进行规范，所以很难统一界定。大多数向劳动力要素提供服务产品的服务贸易，至今没有关于其所提供服务产品的统一标准。究其原因，主要有：一是服务生产者的自身因素（如心理状态）的影响，比如医疗服务人员面对自己的亲属，往往表现出与治疗其他普通患者不同的医疗质量水准；二是服务产品的消费者，由于其不同的个人偏好，也会直接影响服务的质量与效果。例如，由于患者对医疗人员的偏见或不信任感，往往直接影响其治疗效果等。所以，服务质量和效果产生不同的结果，要受两方面因素的影响——生产者和消费者。

（五）服务贸易市场的高度垄断性

国际服务贸易在发达国家和发展中国家表现出严重的不平衡性，主要是因为服务市场所提供的服务产品受各国历史特点、区域位置及文化背景等多种因素的影响。例如，医疗工程、网络服务、航空运输及教育等直接关系到国家的主权、安全和伦理道德等敏感领域，也许就会受到外界（制度）或自身（内省）的限制。因此，国际服务贸易市场的垄断性较强，表现为少数发达国家对国际服务贸易的垄断优势以及发展中国家的相对劣势。例如，从国际服务贸易总额来看，发达国家与发展中国家的比例为3∶1。另外，对国际服务贸易的各种壁垒也比商品贸易多2 000多种，从而严重阻碍了国际服务产品进行正常的交易。

（六）不可贮存性

由于消费者与生产者个体差别的存在，使得服务产品不可能像有形产品那样被贮存起来，以备出售。对于服务产品来说，如果服务的生产、消费不是同时进行的，那么服务产品就会受到损失，而这种损失就是机会损失或价值的贬值。

（七）贸易保护方式具有隐蔽性

由于服务贸易标的物的特点，各国无法通过统一国际标准或关税进行限制，主要通过国内政策、法令的改变进行限制，比如市场准入制度、对于贸易出口国或进口国进行限制或者采用非国民待遇等非关税壁垒形式。

（八）国际服务贸易的约束条款相对灵活

GATS条款中规定的义务分为两种：一般性义务和具体承诺义务。

一般性义务适用于GATS缔约方的所有服务部门，不论缔约方的这些部门是否对外开放，都对其有约束力，包括最惠国待遇、透明度和发展中国家更多参与。具体承诺义务是指必须经过双边或多边谈判达成协议之后才承担的义务，包括市场准入和国民待遇，并且只适用于缔约方承诺开放的服务部门，不适用于不开放的服务部门。

对于市场准入来说，GATS 规定可以采取循序渐进、逐步自由化的办法。例如，允许缔约方初步进行承诺并提交初步承诺书，然后再进行减让谈判，最后达到自由化。对于国民待遇来说，GATS 允许缔约方根据自身的经济发展水平选择承担国民待遇义务。总之，GATS 对于服务贸易的约束是有一定弹性的。

（九）服务产品的营销管理具有更大的难度和复杂性

无论是从国家宏观方面看，还是从微观方面看，将国际服务产品的营销管理与实物产品的营销管理相比，都有较大的难度与复杂性。从宏观层面上讲，国家对服务进出口的管理，不仅是对服务产品载体的管理，还必然涉及对服务的提供者与消费者的管理，包括对劳动力的衣、食、住、行等各项活动的管理，具有复杂性。另外，国家对服务形式采取的管理方式主要是通过法的形式加以约束，但立法具有明显的滞后性，很难紧跟形势发展的需要。从微观层面上讲，由于服务本身的特性，使得企业在进行服务产品营销管理的过程中经常会受到不确定因素的干扰，因而控制难度较大。如前所述，由于服务产品质量水平的不确定性，因而服务产品不可能做到“三包”。

与此同时，商品贸易可以通过供需关系的协调，使其达到供需平衡，从而使消费者与生产者达到均衡；而服务贸易就不可能通过时间的转换来完成或解决供需矛盾，实现供需平衡。

第二节　国际服务贸易的形成与发展

一、服务贸易的产生

服务贸易的历史和货物贸易的历史一样漫长，自地理大发现开始，至今延绵不绝。

国际服务贸易与货物贸易相伴相随，并随着各国经济特别是货物贸易的发展而不断发展。在服务贸易发展的历史长河中，它与货物贸易一道，共同演奏着国际贸易跌宕起伏、波澜壮阔的辉煌乐章，并在绝大部分历史发展时期充当辅助货物贸易发展的补充性角色。但是，它曾在国际贸易甚至是世界经济发展的某些关键时期发挥了非常重要的作用。

（一）服务贸易的萌芽时期

服务贸易的历史和货物贸易的历史一样漫长。在地理大发现以前，服务贸易随着各国经济特别是对外货物贸易的发展而发展。它与货物贸易相辅相成，在绝大多数情况下起补充作用；其种类时有增加，而且互相关联。

1. 东、西方之间的服务贸易

东、西方之间的贸易交往由来已久，早在公元前 3 世纪—1 世纪，欧洲国家就已经开辟了欧洲对亚洲的贸易通道。这条古商路的西端起自地中海沿岸，东至长安，将中国的丝绸运往西方，即著名的“丝绸之路”。

在中世纪，欧洲商人一直利用原有的和新开辟的商路与东方国家进行商品的交流，到14—15世纪时，已经达到相当大的规模。在其历史发展过程中，交通运输的进步起着十分重要的作用，而交通运输的发展，又主要依靠航海和造船技术以及陆上运输工具的改进。

早期，东、西方发展贸易的条件极为困难。海上运输是远距离贸易的关键，东、西方贸易只是在航海和造船技术有了巨大进步之后，才进一步发展起来的。经过长时期的东、西方贸易往来，逐渐形成了三条比较固定的商业通道。在地理大发现以前，主要有北路、中路和南路。

除了北路（即“丝绸之路”）外，其余两条主要是海上航线。大量东方产品通过它们运到欧洲，许多欧洲人也络绎不绝地来到东方。从总体上说，整个商路东段的贸易控制权掌握在阿拉伯商人手中，商路西段的地中海贸易则被意大利商人所垄断，这一时期的服务贸易主要体现在交通运输领域。

2. 欧洲服务贸易的发展

在中世纪的欧洲，只有商业和与商业有密切关系的金融活动才能向人们提供财富及社会地位迅速升迁的机会。在停滞的黑暗时代，西欧的对外贸易明显萎缩。

11—14世纪中叶是一个在各方面都有所增长的时期。欧洲城市兴起之前的商人专门从事对外贸易，他们主要是把只能在少数地方生产的商品（如铁、铜、盐等）以及从东方运来的丝绸、香料等运到各地贩卖。中世纪，随着西欧城市的兴起和发展，促进了欧洲国家之间贸易的增长，推动了更大范围的区域性贸易的发展，12—13世纪出现了大型的定期集市，如著名的香槟集市和布鲁日集市等。

到了14世纪，整个欧洲已形成几个主要的贸易区，如地中海贸易区、北海和波罗的海贸易区及汉萨同盟等，它们彼此之间有着密切的贸易往来，并且直接或间接地与东、西方贸易相联系，因此使东、西方贸易进一步扩大。中世纪的服务贸易，特别是金融和运输服务贸易伴随着货物贸易的发展也获得了相应的发展。

在金融服务贸易方面，在中世纪的贸易总额中，信用所起的作用是相当可观的。13世纪末，英格兰的一家伦巴第公司的借款额达1 100镑，而其所有资本总共不过1 400镑；国际票据交换最初于12世纪90年代在香槟大集市上出现，随后又在安特卫普、里昂、法兰克福等城市出现。13世纪，一些意大利商人开始在香槟集市上使用汇票向外国商人支付货款。

14世纪，汇票被银行家作为一种对外国的信用支付工具，以便利对外贸易的进行。威尼斯创立了第一批正式银行，热那亚人创造了航海保险，佛罗伦萨的国际银行业务网络表明有大规模的劳务出口，它们在欧洲所有大的经济中心设有分支机构，包括米兰、阿维尼翁、里昂、巴黎、布鲁日和伦敦。意大利人是保险、付款方法、汇兑及银行业务等各方面技术的发明者和主要使用人。

此外，意大利人还是代理、通信和会计制度等各个服务贸易领域技术的发明者及主要使用人。起源于14世纪初的佛罗伦萨的复式簿记被认为是现代资本主义的试金石，经济史学家松巴特（Sombart）说：“创造复式簿记的精神，也就是创造伽利略和牛顿系统的精神。”会计学家黑泽清认为，人们实际上是通过复式簿记中的资本和其他账户，才有可能从量上把握资本并具体证实作为经营实体的企业的存在。与此同时，经营上的距离和存在一个真正的国际市场，为发展商业通信和建立信息网创造了条件。意大利人通过信差以他们的私人通信和公司通信建立了早期的通信服务体系。

东、西方贸易促进了西欧商品经济的发展和城市的繁荣，特别是地中海沿岸的意大利城市，这一时期的服务贸易主要服务于货物贸易，并始终伴随着货物贸易的发展而发展。

（二）早期的国际服务贸易

早期的国际服务贸易是指从地理大发现一直到第一次世界大战前这段时期的服务贸易。

由于奥斯曼、土耳其的崛起，造成东、西方陆上贸易商路的中断，基于15世纪中期造船业的发达、航海技术的提高、科学的进步以及天文、地理知识的增长所提供的现实基础，西欧国家于15世纪中期开始掀起了大规模的远洋探险热潮。

首先是葡萄牙人不断向南挺进，由达·伽马于1497年绕过了好望角，打通了从欧洲通往印度的新航路；西班牙探险队越过了大西洋，由哥伦布于1492年发现了美洲大陆；1519年，由麦哲伦率领的船队从西班牙出发，并由其队友完成了环球航行。荷兰、英国、法国和丹麦等国也随后跟进探险，到17世纪，又开辟了一系列新航道，这就是所谓的地理大发现。

地理大发现使欧洲的商业资本流通范围和贸易地区迅速扩大，对外贸易种类和数量急剧增加，商业的性质和经营方式发生深刻的变化，出现了所谓的“商业革命”。

16—18世纪是西欧对外贸易空前发展的一个时期，不仅发展了跨洋贸易，即欧洲与美洲、欧洲与亚洲之间的贸易，而且促进了区域贸易，即地中海、大西洋沿岸、波罗的海和中欧的区域贸易，形成了一个早期世界市场。然而，这种贸易仍属互通有无性质，交换的商品基本上还未成为各自再生产过程的必要环节。在早期世界市场上占支配地位的仍是商业，而不是工业资本，不过却为后来的工业革命打下了基础。

1. 早期运输服务贸易的发展

国际贸易种类和数量的增加，以及鼓励移民和贩卖奴隶，促进了运输量的增加。其中，仅在16—17世纪，荷兰的船运量就增加了将近9倍。

在陆路运输领域，这个时代也有许多发明，特别是四轮马车与两轮马车的设计和改进带来了运输能力的提高。16—17世纪欧洲对美洲的对外贸易中，欧洲不仅出口货物，而且也输出了船运与商业劳务。波罗的海贸易的开辟与迅速发展使穿越松德海峡的船只从16世纪初的大约1 000艘增加到17世纪初的近5 000艘。多瑙河和莱茵河成为中欧地区最重要的运输命脉。

2. 早期金融服务贸易的发展

在16—18世纪，随着工商业和对外贸易的迅速扩大，不仅需要更多的货币投入流通，而且需要新的资金融通工具和手段。因此，近代货币信用制度在这个时期的西欧应运而生。西欧在16—18世纪中期实行的是金银复本位货币制度。由于欧洲金属货币存量在16世纪虽有增加，但仍无法满足需要，因而在17世纪后，各种信用工具和手段的创新不断出现，以尽量减少现金交易。例如，私人银行的增加、清算制度和中央银行的建立以及信用工具的发展等。

到17世纪中期，汇票开始成为一种可以转让的票据。在1536年以后，票据贴现的现象已零星出现。在1550年以后，尤其当硬币出现匮乏时，贴现的方法在各国得到普遍采用。

在整个18世纪，英格兰银行一直为国内外客户贴现支票。当1575年后许多私人银行家或者销声匿迹，或者陷入困境时，许多国家的政府决定改建或创建“公共银行”。1587年4月，威尼斯的莱尔托银行开始营业，其主要业务是储蓄、转账和兑换汇票。意大利的其他一些城市不久后也建立了莱尔托式的储蓄与转账银行。1609年营业的阿姆斯特丹汇兑银行的活动与莱尔托银行相似，1660—1710年它是世界上第一个多边支付体系的中心。

3. *交通、通信和金融服务领域的创新及迅猛发展*

(1) 交通、通信服务领域的创新和迅猛发展。第一次产业革命带来的交通运输工具和通信的革命性变化，使商品和人口流动越来越便宜、快捷，因而它在19世纪的世界经济增长中发挥了重要作用。通过促成日益增多的商品交换来扩大市场并开辟商品供应的新来源，通过使某些商品生产集中于少数几个中心促成专业化生产和规模经济的实现，促使人口和资本进行更大规模的区际流动，这些新式运输和通信工具使世界经济的相互依赖性不断增加。

这是19世纪经济发展的一个显著特征，通过在世界范围内重新配置经济活动，运输革命对提高劳动生产率做出了历史性的贡献。

在所有这些革命中，蒸汽机在陆海运输中的使用是最重要的。在陆地，蒸汽机被迅速应用于铁路，从而补充了现有运输手段的不足。最早的铁路是在英国和美国东部建立的，不久就迅速扩散到欧洲大陆，而后又扩散到世界其他大陆。在欧洲，铁路的扩散导致德国和意大利等新国家的形成，而且创造了工业化所必需的巨大市场。北美和俄国也发生了类似的情况，而且是以更大规模进行的。在那里，铁路使整个大陆在政治上由单一的政府主宰，同时使西伯利亚大片荒原上的未开发资源得以开发。在北美和欧洲以外，铁路成了世界经济扩张的重要工具。

帆船由于技术的高度完善而在这一时期的海运中长期占据主导地位，但随着19世纪蒸汽机的发展成熟，从沿海贸易到海洋客运和邮运业务都迅速转为轮船运输，并迅速加入北大西洋运输业务。

1837年世界上首次出现了电报，1866年横贯大西洋的第一条海底电报电缆建成，1870年通过苏伊士运河、经亚丁湾到孟买的海底电报电缆建成，1871年上海与伦敦之间也建立了海底电报联系，1876年从伦敦到巴西的配南布科的海底电报开始营业。这样，通过电报信息，棉花产地、黄麻产地、丝茶产地和咖啡产地与世界市场中心直接联系起来。海底电报使电汇取代了汇票，便利了国际贸易和国际支付。此外，1874年万国邮政联盟的成立，使国际邮政业务变得更加方便和可靠。1876年电话开始出现，并于1878年投入了商用，随后无线电又于1896年来到了世界。

交通、通信领域的革命将越来越多的经济发展水平不同的国家卷入世界市场中。这些运输和通信领域的新发展对世界贸易的增长都具有重大意义。

（2）金融服务领域的创新与迅猛发展。进入19世纪后，私人银行逐步被通过发行股票集资创立的近代资本主义股份银行所代替。在19世纪初，唯一的股份银行是1694年由政府授予特许状创立的英格兰银行。到1844年，英国已有上百家股份银行。同年，英国通过一项银行法案，正式确立了英格兰银行的中央银行地位。

伦敦在18世纪就成为世界金融中心。随着英国在世界贸易中的地位日益重要，伦敦出现了多种有组织的商品市场，这些市场同时又刺激了英国航运业的发展，并使包括运输险在内的金融服务迅速增长，诸如为迅速扩张的国际经济提供了重要服务的贴现行、商人银行和保险公司等各种机构及其他专业金融机构的数目开始增加。

从19世纪初开始，伦敦作为欧洲以及世界金融中心的地位超过了阿姆斯特丹、汉堡和巴黎。此时，伦敦的外汇市场在经营方面已相当成熟，外贸融资和其他国际业务也变得十分复杂。在1820年以后，随着英国对外投资的增长，伦敦的承兑行不再把自己的业务活动局限于短期信贷市场，也开始发行外国证券。在1850年以后，伦敦的各种商人银行专门从事承兑业务或证券发行，外汇业务则集中于伦敦的外国银行手中。在1914年前夕，这些外国分支银行的经营业务开始对伦敦票据作为国际支付工具的霸权地位提出了日益严峻的挑战。由于使用电报技术，这些外国分支银行积累的英镑储备逐渐取代伦敦票据并成为票据交换的支付手段。

19世纪初，只有英国使用金本位制，其他主要贸易国都实行复本位制。在1870年以后，英镑逐渐成为一种国际货币，因为英国维持了英镑自由兑换为黄金的能力，也就是英镑等同于黄金，而且在某些方面比黄金更好，因为它更方便。英镑的坚挺、英国承兑行和保险机构的崇高信誉加在一起，使伦敦成为世界金融中心，而且把英镑变为国际上普遍接受的货币。这个稳定、有效的国际货币制度，与1870年左右出现的多边支付网络一起，共同促进了商品、劳务、资本和收支的国际流动，为世界经济提供了一种促进国际贸易和支付的机制。

（三）现代服务贸易

1. 两次世界大战期间的服务贸易（1914—1945年）

尽管两次世界大战之间的国际贸易量仍继续增长，但增长速度大大放慢。每10年总贸易增长率从1881—1913年的年均约40%下降到1913—1937年的14%。人均贸易增长的下降幅度更大，从1881—1913年的年均34%下降到1913—1937年的3%。

两次世界大战以及20世纪30年代的资本主义大萧条使外汇管制和贸易保护主义开始抬头，各国对于外贸和金融交易的管制主要采取以下两种形式：直接管制国际收支和影响国际个别商品的流动。前一类措施包括外汇管制和与此相联系的各种清算支付协定，后一类措施包括关税、配额、禁运等。

此时，各国在贸易政策方面采用了具有歧视性质的严格贸易限制，贸易保护主义日益盛行，国际支付体系也被外汇管制所取代，结果是商品、资本和劳动力的国际流动严重受阻。随着第二次世界大战的爆发，各国对金融和贸易的限制加强了，导致国际贸易和金融活动进一步减少。

2. 作为货物贸易附属的服务贸易（1945年—20世纪70年代）

在第二次世界大战后，国际贸易的发展速度不仅远超战前水平，而且超过历史上任何时期。

1945—1960年资本主义国家的商品出口总额从1948年的533亿美元增加到1960年的1 123亿美元，年均增长速度达5%；1960—1973年商品出口总额的年均增长率更是高达8%，这种增长速度与19世纪大部分时期和20世纪上半期的世界贸易增长率相比仍然很高。到20世纪50年代初，第二次世界大战后国际经济恢复的第一阶段基本完成，国际经济特别是发达国家经济和国际贸易进入了长达20余年的高速增长阶段，并且世界贸易量的增长速度几乎每年都超过了经济总量的增长速度，也就是贸易引导经济增长。例如，1953—1963年初级产品贸易增长44%，制成品贸易增长83%，同期农业产量增长22%，矿业和制造业产出只增长了54%。然而，世界不同地区在分享这种迅速增长方面并不均衡。除计划经济国家外，欧洲工业国、北美和日本的增长率高于世界平均数，它们在世界出口总额中所占的比重由61%增至70%。1963—1973年工业国在世界出口总额中所占的比重又有增加。需要注意的是，工业化国家的内部贸易在世界贸易中居支配地位，它在1963年时已达49%，在1973年时更是高达54%。

这一时期国际贸易的高速发展在很大程度上得益于第二次世界大战后新经济秩序的重建，如GATT体制的运作减少了国家间的贸易和支付壁垒。

(1) 国际货币基金组织与削减支付壁垒。国家货币基金组织（International Monetary Fund，IMF）于1944年7月在美国布雷顿森林会议上由来自各国的代表签署协议成立，并于1947年3月1日开始营业。IMF有三个主要目标：通过废除外汇管制来建立以世界性货币自由兑换为基础的多边支付体制；以一种有秩序的方式做到维持合理的汇率稳定、避免竞争性货币贬值以及进行必要的汇率调整；为了使各成员能够执行充分就业的国内政策，IMF承担了把汇率稳定与国家在货币和财政事务方面的独立性相结合的任务。

IMF在运营初期的作用有限，因为直到20世纪50年代末期，大多数工业国仍不愿意考虑实行货币自由兑换。1958年，美国出现了第二次世界大战后的首次国际收支逆差，导致美元和黄金大量外流。1958年12月共有29个国家宣布实行非居民的货币自由兑换，即外汇管制只适用于本国居民，外国人可以在经常项目上自由地从一国向他国转移资金。国际货币形势的进一步改善又导致10国于1961年开始执行经常项目自由兑换。

第二次世界大战后的过渡时期于1961年结束。1961—1971年IMF通过两次提高配额，使其资金到1973年末超过了230亿美元，同时通过借款总安排、引入特别提款权和补偿性筹资安排等举措进一步增加了可利用资金或补充了各成员的国际储备，使1960—1970年各成员的提存总额达到了230亿美元。但是，问题依然存在，如对美元的信心问题、欧洲美元问题、《巴塞尔协定》和互惠安排问题等。最后，由于美国的贸易账户自20世纪60年代末开始出现逆差，这使美国维持国际流动资金的"赤字"政策难以继续执行。1971年8月，美国宣布停止美元自由兑换和对进口商品征收10%的附加税，由此导致布雷顿森林体系解体。

在这一时期，IMF在向出现国际收支问题的成员提供短期金融援助和促使这些成员实现经常项目货币自由兑换方面是成功的，它有力地促进了国际贸易中支付壁垒的减少。

（2）关贸总协定与贸易壁垒减少。联合国经济及社会理事会组成的谈判团于 1947 年在日内瓦制定了关贸总协定（the General Agreement on Tariffs and Trade，GATT），该协定将一直实施，直到国际贸易组织缔结有关协议为止。

GATT 因 1947 年首次会议的成功而得以正常运行。GATT 的指导准则包括：①国际贸易的多边和非歧视原则。该原则通过最惠国条款来实现，但也允许有例外。②谴责贸易数量限制原则，但在某些情况下允许有例外。此外，免责条款允许签约国利用配额调节产品的国内营销。GATT 指导准则的基本思想是：各签约国有进入其贸易伙伴国市场的合法权利，作为回报，它也要为外国出口者提供同样的进入本国市场的机会。

在 1970 年初以前，GATT 体制的运转至少对工业国而言是合理有效的，它大幅降低了工业品的关税，使贸易壁垒大为减少，有力地促进了国际贸易的增长。

从第一次世界大战到 20 世纪 70 年代的服务贸易并没有作为独立的经济活动纳入国际贸易的范畴，这一时期的服务贸易主要有以下几方面的特征：

第一，服务贸易的增长速度在两次世界大战之间随着货物贸易增长速度的放慢而大大放缓，但也随着第二次世界大战后货物贸易超过历史上任何时期的高速增长而增长。

第二，运输、通信技术的进步及其服务贸易的发展，对货物贸易迅猛发展的促进作用极为显著。

第三，在两次世界大战之间和第二次世界大战后的大多数时期，几乎所有国家都对许多重要的服务业实行严格管制或保持国家垄断，如电信、运输等。

第四，第二次世界大战后的技术，特别是与计算机有关的技术进步十分迅速，为 20 世纪 70 年代信息技术的出现、服务业的扩张及生产的国际化、服务贸易的大发展以及随之而来的服务贸易自由化趋势打下了坚实的根基。

3. 20 世纪 70 年代以来服务贸易的迅猛发展时期

在这一时期，服务贸易从货物贸易的附属地位中逐渐独立出来，并得到了快速发展。1972 年 9 月，在经合组织提出的《高级专家对贸易和有关问题报告》中最早出现服务贸易的概念。1974 年，美国在《1974 年贸易法》的第 301 条款中，首次使用“世界服务贸易”的概念。

据 IMF 统计，1970—1980 年服务贸易的年均增长率为 17.8%，与同期货物贸易的年均增长率大体持平。在此期间，只有 1979 年的服务贸易增长率超过了同年的货物贸易增长率，该年的服务贸易增长率为 24%，货物贸易增长率为 21.7%。然而，到了 20 世纪 80 年代，服务贸易出现了加速增长的趋势。据统计，1980—1986 年服务贸易的年均增长率为 5.02%，而货物贸易的年均增长率仅为 3.69%。西方发达国家在整个 20 世纪 80 年代的服务贸易年均增长率为 11%，而同期货物贸易的年均增长率仅为 8%。

进入 20 世纪 90 年代，服务贸易的年均增长率与同期货物贸易的年均增长率基本持平。1990—2000 年的服务贸易和货物贸易的增长率均为 6%。进入 21 世纪，世界服务贸易的发展随着世界经济整体走势的变化而波动。在经历了 21 世纪初短暂而轻微的衰退后，世界服务贸易出口总额从 2000 年的 1.49 万亿美元激增到 2018 年的 5.80 万亿美元，年均增长率高达 7.84%；与此同时，服务贸易占国际贸易总额的比重也从 2000 年的 18.3%增长到 2018 年的 23.0%，服务贸易对促进经济全球化的作用日渐重要。特别是在 2012—

2016年期间，受国际金融危机的时滞影响，全球货物贸易量增长放缓，连续5年低于世界经济增长，国际市场商品需求疲软成为拖累全球经济复苏的重要因素之一。相比之下，全球服务贸易额在资源和非资源性商品贸易额仍未摆脱负增长的背景下，率先实现正增长，为自2016年下半年以来的全球经济回升发挥了引领作用。

二、国际服务贸易发展现状

当前，国际服务贸易已成为世界贸易的重要组成部分。

现代科技革命与信息技术进步、经济全球化发展、国际产业结构调整等，有力地推动了全球服务业发展，增强了服务的可贸易性，为国际服务贸易的发展提供了重要基础。如今，服务业与服务贸易的发展水平已成为衡量一个国家现代化水平的重要标志之一。过去，在世界经济的增长与调整中，国际服务贸易发展迅速，在贸易结构、贸易方式、贸易竞争力等方面呈现出一些新变化。未来，国际服务贸易仍有巨大的发展空间。

（一）服务贸易规模不断扩大，占国际贸易总额的比重持续增长

据世界贸易组织（WTO）统计，2000年国际服务出口额为1.49万亿美元，2004年超过2万亿美元扩大至2.25万亿美元，2007年突破3万亿美元增加到3.42万亿美元，2011年超过4万亿美元达到4.26万亿美元，2017年首次突破5万亿美元，达到5.3万亿美元。统计资料显示，世界服务贸易年出口规模从1万亿美元增加到2万亿美元，大约用了10年时间，而从2万亿美元扩大到3万亿美元，只用了4年时间。

从较长时期考察，在过去10年，国际服务贸易与国际货物贸易受到国际金融危机的影响，均出现较大波动。但整体来看，服务贸易出口额的波动幅度明显小于货物贸易出口额，2009年、2010年、2011年国际货物贸易出口额连续出现20%以上波动，2015年、2016年连续出现较大幅度的下滑，而服务贸易出口额则保持相对稳定的增长，国际服务贸易出口额在全球贸易中的占比也从18.99%稳步上升到22.94%。

从各年度考察，国际服务贸易出口额和国际货物贸易出口额的增长率存在差异，但总体走势保持一致（见表1-1）。在经济持续增长期间，服务贸易的增速略低于货物贸易。这主要是由于这些年国际货物贸易出口额受燃料及原料性商品价格上涨和美元贬值的影响十分明显，而以美元计价的国际货物贸易的名义增长率更高。在经济危机期间，服务贸易受冲击的程度略好于货物贸易。在国际金融危机爆发后，国际货物贸易一度直线下滑，服务贸易因其特殊性，跌幅相对而言小于货物贸易，表明其具有一定的抵御危机能力。

表1-1 2006—2016年国际服务贸易占全球贸易的比重

年份	国际服务贸易出口额（十亿美元）	国际货物贸易出口额（十亿美元）	国际服务贸易出口在全球贸易中的占比（%）
2006	2 842	12 120	18.99
2007	3 420	14 012	19.62
2008	3 846	16 132	19.25
2009	3 497	12 531	21.82

续表

年份	国际服务贸易出口额（十亿美元）	国际货物贸易出口额（十亿美元）	国际服务贸易出口在全球贸易中的占比（%）
2010	3 843	15 274	20.10
2011	4 278	18 255	18.99
2012	4 347	18 323	19.18
2013	4 625	18 784	19.76
2014	4 862	18 995	20.38
2015	4 675	16 482	22.10
2016	4 770	15 460	23.58
2017	5 300	17 198	23.55
2018	5 800	19 475	22.94

资料来源：WTO，International Trade Statistics.

在经济全球化的推动下，服务业的国际化和跨国转移成为世界经济贸易发展的重要特征。

经济全球化的深入发展也离不开服务业以及服务贸易的支撑。服务业在全球经济的生产、分配和消费过程中起着重要的杠杆作用，能帮助产品更多地融入国际供应链，在各国产出和就业方面发挥越来越重要的作用。此外，服务贸易已成为各国在国际贸易中获取实际利益多寡的表现。加快服务贸易发展、增强服务贸易竞争力是各国全面参与经济全球化的重要途径，更是发展中国家提高参与国际分工能力和国际贸易水平的战略选择。

近年来，在国际产业结构调整和升级中，国际投资更倾向于服务业，服务业领域的外国直接投资已占全球对外直接投资总流量的 2/3，推动了国际服务贸易的发展。但是，服务业和服务贸易的潜能仍然没有释放出来。目前，服务业几乎占全球经济活动的 2/3，但服务贸易还只占世界贸易的 1/5。由于在国际贸易统计数据中并不包括 WTO《服务贸易总协定》(GATS) 定义下的所有服务贸易，因此国际服务贸易的实际规模是被低估的。

在国际金融和经济危机中，国际服务贸易大跌大涨，但危机只是暂时减缓了服务贸易的发展速度。因为全球产业升级、国际产业结构由制造业向服务业转移的总体趋势不会改变，所以国际服务贸易蓬勃发展的趋势不会改变，今后国际服务贸易仍有巨大的发展空间。服务业和服务贸易不仅是抵御经济震荡的"缓冲器"，也是经济复苏的"催化剂"。金融和经济危机促使各国继续加快经济结构调整，推动高技术含量、高附加值服务业的跨国转移。可以预计，随着国际产业结构的深入调整、服务业国际转移的加速以及跨国公司在全球范围内构建全球服务价值链，服务业和服务贸易在各国经济中的地位还会不断上升，国际服务贸易的规模还将不断扩大，服务贸易仍是全球经济增长的重要动力。

（二）服务贸易发展的地区不平衡性持续存在，发达国家依然占据主导地位

由于科技、经济及服务业发展的不平衡，世界各国的服务贸易水平及在国际服务市场上的竞争实力相差悬殊，服务贸易发展的地区不平衡性突出，预计这种不平衡性将在较长

时间内存在。从地区结构上看，世界服务贸易主要集中在欧洲、北美洲和亚洲三大地区。目前，世界服务贸易的85%左右集中在发达国家和亚洲新兴经济体，欧洲保持了服务贸易额最大的地位。2014 年，欧洲、北美洲和亚洲的服务出口占世界服务出口总额的 90%，其中欧洲占 48%；同年，三大地区服务进口占世界服务进口总额的 82.9%，其中欧洲占 41.9%，见表 1-2。

表 1-2 2005—2014 年世界主要地区服务贸易进出口情况

	2014年出口额(亿美元)	出口年均增长率(%)				2014年进口额(亿美元)	进口年均增长率(%)			
		2005—2014年	2014年	2013年	2012年		2005—2014年	2014年	2013年	2012年
世界	48 615	7	4	5	3	47 405	7	5	6	4
北美洲	7 930	7	3	5	5	5 930	6	3	3	4
美国	6 860	8	3	5	4	4 540	6	4	3	4
中南美洲	1 560	9	6	−2	5	2 020	12	1	7	6
巴西	400	12	6	−2	5	87	17	5	7	7
欧洲	23 490	6	5	7	0	19 880	6	5	8	−1
欧盟	21 530	—	5	8	—	18 100	—	5	8	—
独联体	1 100	10	−8	9	9	1 690	12	−4	15	18
俄罗斯	660	10	−5	12	7	1 190	13	−5	18	19
非洲	940	6	3	−4	7	1 690	10	5	1	2
中东	1 240	—	6	2	4	2 710	—	9	5	5
亚洲	12 360	10	5	3	8	13 490	9	6	4	8
中国	2 220	11	8	−4	17	3 820	18	16	17	18
日本	1 580	5	19	1	−3	1 900	4	12	−8	5
印度	1 540	13	4	2	5	1 240	11	−1	−3	4

资料来源：WTO 的国际贸易数据库，中国商务部，美国商务部。

在 2005—2014 年间，中南美洲、独联体和亚洲地区的服务出口年均增长率分别为 9%、10%和 10%，均高于同期 7%的世界平均水平；而北美洲和欧洲地区的服务出口年均增长率分别为 7%和 6%，均等于或低于同期世界平均水平。独联体和亚洲地区的服务出口是世界所有地区中增长最快的，但独联体在世界服务贸易中所占的份额最小，2014 年其出口占比仅为 2.3%。从总体上看，发展中地区的服务贸易增长快于发达地区，但其服务进口额大于出口额，多处于逆差状态。2014 年，亚洲服务出口和进口增长接近，成为世界服务贸易增长最快的地区。

从国别构成看，美国在世界服务贸易中居绝对主导地位，其服务出口和进口均雄居世界榜首，与其巨额的货物贸易逆差相比，美国的服务贸易处于顺差状态。英国和德国是欧洲两个最重要的服务贸易国家，长期位居世界第二位和第三位。2012 年，中国首次超过英国位居世界服务进出口总额的第三位，2014 年又超过德国位居世界第二位。中国、日本、印度是亚洲地区重要的服务贸易国家。2017 年，在世界服务贸易排名前十位的国家中，只有中国、印度是发展中国家，但它们在世界服务贸易总额中的比重仍然较小，服务贸易出口额的合计占比低于美国，见表 1-3。

表 1-3　2017 年世界服务贸易进出口额排名前十位

位次	出口国/地区	出口额（亿美元）	占比（%）	位次	进口国/地区	进口额（亿美元）	占比（%）
1	美国	7 809	14.87	1	美国	5 381	10.68
2	英国	3 507	6.68	2	中国	4 676	9.28
3	德国	3 041	5.79	3	德国	3 236	6.42
4	法国	2 495	4.75	4	法国	2 405	4.77
5	中国	2 281	4.34	5	英国	2 149	4.26
6	荷兰	2 183	4.16	6	荷兰	2 108	4.18
7	爱尔兰	1 865	3.55	7	爱尔兰	1 988	3.94
8	日本	1 848	3.52	8	日本	1 908	3.79
9	印度	1 840	3.50	9	新加坡	1 707	3.39
10	新加坡	1 647	3.14	10	印度	1 540	3.06

资料来源：WTO 的国际贸易数据库。

发达国家依然占据世界服务贸易的主导地位。2017 年，世界服务出口额与货物出口额之比为 1∶3.4，英国、美国的这一比例远高于世界平均水平，英国为 1∶1.3，美国为 1∶2，同年德国为 1∶4.8，日本为 1∶3.8。发达国家处于世界服务贸易层次的高端，在知识、技术密集型服务贸易上具有很强的竞争优势。2005—2014 年发达国家的计算机和信息服务、金融服务、保险服务等服务的进出口增长最快，而旅游、建筑、通信等服务的进出口增长相对缓慢。

不过，即使在传统服务项目上，发达国家仍占有绝对优势。2000 年世界运输服务出口排名前三的欧盟、美国和日本，合计占世界运输服务出口总额的 64.4%，2017 年世界运输服务出口排名前三的欧盟、美国和新加坡仍保持在 56.6%。

作为一个整体，发展中国家正在积极参与世界服务贸易。在过去 10 年里，发展中国家纷纷调整发展战略，加快服务贸易的发展，因而它们在世界服务贸易中的地位趋于上升。在发展中国家，服务贸易的出口范围不断拓宽，南南服务贸易占有相当大的比重，约占其服务出口市场的近 70%，发展中国家最常用的服务提供方式是境外消费和自然人流动。随着服务外包发展为新的服务贸易方式，印度、巴西、中国、墨西哥、菲律宾等发展中国家承接服务外包与离岸服务贸易的能力迅速提高，使世界服务贸易的格局正在发生变化和调整。

在过去 10 年，世界经济格局变化的一个重要趋势是新兴经济体的经济迅猛增长，经济实力加速提升。其中，“金砖国家”（中国、印度、俄罗斯、巴西、南非）的表现引人注目，这些国家的服务贸易发展也十分突出。从服务贸易出口额及增长速度看，2000—2016年世界服务贸易出口额增长了2.2倍，同期印度、中国、俄罗斯和巴西的服务贸易出口额分别扩大了8.09倍、5.87倍、3.97倍和3.55倍。“金砖国家”是世界服务贸易出口增长最快的一些国家。2005—2014年世界服务贸易出口额的年均增长率为7%，而中国、俄罗斯和巴西分别为11%、10%和12%，同期美国服务贸易出口额增长了8%，德国为6%，英国为4%，日本为5%。

印度的服务贸易增长迅速，其世界地位的提升幅度超过中国，也是发展中国家少有的服务贸易顺差国。运输服务、旅游服务、计算机和信息服务、其他商业服务是印度的主要服务贸易出口项目，约占其服务贸易出口总额的75%。印度的计算机和信息服务发展迅猛。2017年，印度计算机服务的出口额为640亿美元，仅次于欧盟，居世界第二位，占亚洲地区计算机和信息服务出口总额的70%。印度在世界服务贸易中的位次上升较快。2017年，印度的服务贸易出口额上升至第九位（占世界的3.5%），进口额上升至第十位（占世界的3.06%）。

自加入WTO以来，中国的服务贸易进入快速发展期，其增长迅速、贸易规模稳步扩大、贸易结构渐趋优化、国际竞争力正在改善、国际地位不断提升，已成为世界服务贸易的重要国家之一。中国的服务贸易基本形成了旅游服务、运输服务等传统服务与计算机和信息服务、咨询服务、广告服务等现代服务全面发展的格局。中国在世界服务出口中的排名由2000年的第十二位上升到2017年的第五位，在世界服务进口中的排名由2000年的第十位上升到2010年的第二位，均居发展中国家首位。

俄罗斯也是世界服务贸易增长较快的国家。2005—2014年俄罗斯的服务贸易出口额年均增长10%，服务贸易进口额年均增长13%。作为中南美洲地区最大的服务贸易国，巴西的服务贸易发展活跃，2005—2014年巴西的服务贸易出口额年均增长12%，服务贸易进口额年均增长17%，均高于本地区和世界平均增速。巴西的服务贸易进口增速快于服务贸易出口增速，运输贸易、旅游贸易、金融贸易、其他商业服务是巴西的重要服务贸易项目。

当然，与发达国家相比，发展中国家的整体服务贸易发展滞后，在贸易规模、贸易结构、贸易方式等方面还有相当大的差距，在国际分工中仍处于相对劣势。发展中国家在世界服务贸易中所占的比重远低于在世界货物贸易中的比重。“金砖国家”的服务贸易实力与其经济规模及对世界经济的贡献并不相称。在多数发展中国家，服务贸易处于逆差状态，其中最大的逆差项目就是其他商业服务。

（三）服务贸易的壁垒仍然繁复，消除贸易壁垒的进展十分缓慢

与货物贸易相比，服务贸易产品具有无形性，服务贸易产品的生产与消费具有同步性和跨国界的特点。与货物贸易可以通过关税壁垒实施保护不同，服务业没有关税，其壁垒也很难量化。对服务贸易的保护表现为国内法规的限制性规定，如资格（资质）要求、参股比例限制、经营范围和地域要求、行政管理的复杂度及透明度等，因此服务贸易的壁垒更加隐蔽。

WTO的《服务贸易总协定》（GATS）将服务贸易分为四种模式（即跨境交易、境外消费、商业存在和自然人流动），这些贸易模式均可受到政策和规则的影响。由于服务贸

易壁垒的隐蔽性和非数量性，服务贸易自由化远比货物贸易自由化复杂得多，消除服务贸易壁垒的进展十分困难和缓慢。在过去十多年，虽然国际服务贸易取得了显著增长，但与其在国内经济的增加值和对就业的贡献相比，其发展潜力未能释放出来，服务贸易在国际贸易总额中仅占20%左右。这不仅是由于服务贸易的实现要比货物贸易的实现难得多，还在于服务贸易的政策环境没能跟上服务贸易增长的步伐。

在过去十多年，随着竞争压力的加大，许多国家对服务业的管制进行了改革，减少了对服务业贸易与投资的国际壁垒，使国际跨境贸易的空间得到了日益拓展，国内服务业获得了强劲增长。然而，我们也要看到，尽管各国在放松服务贸易管制方面取得了一些进展，但各种管制仍在阻碍服务贸易的增长和创新。在国际服务贸易中，以国家安全为借口的限制、针对商业存在和自然人的限制、贸易政策的普遍适用问题、行业限制等壁垒措施仍普遍存在。在国际金融和经济危机中，面对国内生产与就业遭受重创，服务贸易领域也出现了保护主义倾向，致使服务贸易壁垒有所增加。例如，有些国家出台了“购买本地服务”，对外国服务提供者进入本国市场和在境内的服务活动设置障碍，减少服务外包，对本国服务出口实行隐蔽性的补贴等。

在世界经济一体化的潮流下，服务贸易自由化是大势所趋。各国正在逐渐削减服务贸易壁垒，这将为国际服务贸易的发展提供良好环境。1995年达成的GATS为全球服务贸易自由化提供了一个多边法律框架和制度平台，成为各国发展服务贸易必须遵守的国际规则。近年来，各种区域经济合作或双边自由贸易协定也都加强了对服务贸易有关问题的关注，将其列为主要议题。目前，讨论重点涉及如何评价有关服务贸易的多边规则，如何监督各国服务业开放承诺的履行，如何确认服务贸易壁垒及其经济效应的衡量等。

在WTO多哈回合谈判中，服务贸易是关键领域之一，其核心任务是进一步制定一些规则，以确保国内规章能够推动而不是阻碍服务市场对贸易和投资的开放。市场准入谈判和规则谈判是服务贸易谈判中最重要的两个方面。市场准入谈判依然采取了传统的出价/要价的谈判模式，在双边和诸边展开，各成员或成员集团可就任何服务部门和提供模式向其他成员提出要价或集体要价，表明其在该服务部门或提供方式上的谈判目标。规则谈判主要涉及国内规制、紧急保障措施（ESM）、政府采购与补贴等议题。

在多哈回合谈判中，服务贸易领域的谈判进展远远落后于其他领域。目前，服务贸易谈判的难点是，不仅要对服务贸易市场准入承诺表加以改进和完善，还要就国内规章问题继续展开以文本为基础的谈判。此外，关于最不发达国家执行服务贸易准入模式的义务豁免草案文本也需要进一步讨论，目前仍主要就一些技术性问题进行磋商。在WTO多哈回合谈判中，由于主要谈判方一直在农业和非农产品市场准入等关键领域存在严重分歧，致使谈判的最后期限一再被拖延，最终未能达成协议。

毫无疑问，国际服务贸易的发展有助于各国加强各自在服务业中的比较优势，降低服务业的成本与价格，提高生产效率，促进创新，扩大服务业范围，实现服务贸易自由化。服务贸易的发展不但有利于发达国家，而且有助于发展中国家；减少服务贸易壁垒会为使用服务业产品的产业带来益处。

但是，由于服务贸易的复杂性和特殊性，在消除服务贸易壁垒的过程中，要避免将服务贸易逐步自由化等同于消除各国对其领土内服务业的管制。在现实经济中，服务业的自由化通常是需要管制的，甚至要强化管制，但根据 WTO 的原则和规则，无论这种管制是为了实现经济目的，还是为了实现社会目的，都应当以更透明、更有效的方式加以设计、实施或者执行。在经济全球化深入发展的过程中，为实现服务贸易的可持续发展并促进各国经济特别是发展中国家的经济增长，建立一个开放的多边服务贸易体制势在必行。这需要各国为此做出更多的努力。

三、国际服务贸易迅速发展的原因

当代国际服务贸易迅速发展的根本原因在于世界经济结构发生了深刻的重大变化。从 20 世纪 60 年代开始起步的新科技革命加速了这种历史演变的进程，从而导致国际贸易结构和人们社会生活方式的改变。具体来说，当代国际服务贸易的迅速发展主要有以下几个方面的原因。

（一）世界产业结构的重心向服务业偏移

按照发展经济学经济增长阶段论的说法，随着国家经济能力的增长，该国的产业结构将依次提升，逐步由农业经济发展到工业经济，再由工业经济发展到服务经济。20 世纪 60 年代初，主要西方工业化国家都已完成了本国的工业化进程，开始步入后工业化的发展阶段，即国内经济重心向服务业偏移。新科技革命的介入为这种经济结构的转型提供了杠杆，从而加速了这一进程。

根据统计，1960—1985 年西方主要国家的服务业就业人数占整个就业人口的比重由 51.6%上升到 60.7%，其中美国从 57.2%上升到 65.8%，欧共体国家从 43.4%上升到 56.8%，日本从 40.9%上升到 54.4%。甚至在西方发达国家之后才发展起来的新兴工业化国家和地区（如“亚洲四小龙”等）也都自 20 世纪 80 年代以来不断地提升自己的产业结构，把国内加工制造业等劳动和资本密集型的基础产业转移至发展中国家从事跨国经营，以利用这些国家的自然资源和人力资源。

从服务业增加值占国民生产总值的比重来看，2017 年美国服务业占国民生产总值的比重达到 77.37%，在西方主要大国中一枝独秀，处于领先水平。英国服务业的占比为 71%，法国达到 70.3%，德国为 61.8%。尽管日本以制造和技术立国，不过其服务业的比重同样达到了 69.1%，接近 70%的平均水平。

由各国经济能力增长所带动的产业升级使得世界产业结构发生了大规模的调整。在这一过程中所形成的新的世界经济结构不平衡，导致了对国际服务更大规模的需求。与此相适应，全球服务性产业的贸易总额有了高速增长的潜力。另外，服务业的发展越来越专业化，规模也趋于扩大。规模的扩大和专业化程度的提高提升了服务业的生产率，从而刺激了向国外输出，增加了国际市场的服务供给。

（二）商品贸易和国际投资增长的带动

与国际货物贸易直接关联的传统服务贸易会随着世界商品贸易的增长和自由化而在规模上扩大并在数量上增加，而国际投资的迅速扩大和形式的多样化，同样会使广义服务贸易项目的投资收益（股息、利息、利润）加大。

在关贸总协定贸易自由化原则的带动下，世界各国通过双边和多边的国际协调及谈判，逐步形成了有序运行的国际商贸体系，为各国的商品贸易和投资提供了良好的国际市场环境，推动了贸易和投资的迅速增长。

从第二次世界大战后半个多世纪以来，除了最初的几年各国都处于战后经济恢复状态之外，自 20 世纪 50 年代起，国际商品贸易流量就开始不断扩大。以世界货物贸易出口总值为例，1950 年为 611 亿美元，1960 年为 1 280 亿美元，1970 年为 3 120 亿美元，1980 年为 19 947 亿美元，1990 年则达到 33 949 亿美元，2019 年将超过 20 万亿美元，70 年时间增长了 300 多倍，远超世界工业生产和国民生产总值的增长速度。

国际投资带动国际服务贸易的迅速增长可以从四个方面说明：

（1）速度带动。国际直接投资（FDI）自 20 世纪 70 年代开始快速增长，1970 年全球国际直接投资的净流量为 133 亿美元，2008 年已增长到 21 000 亿美元，增长了约 157 倍。与此同时，世界生产总值从 2.96 万亿美元增长到 62.98 万亿美元，仅增长 20 倍；全球贸易总额由 1970 年的 3 120 万亿美元增长到 2008 年的 15.8 万亿美元，增长了 49 倍。在 2008 年金融危机后，全球的国际直接投资大幅下滑，其复苏速度也慢于世界生产总值和国际贸易的复苏速度，直到 2018 年仍未恢复到 2008 年的水平。

（2）国际直接投资带动国际间接投资和国际贸易（货物和服务）额的增长。因为国际直接投资的主要形式是跨国公司，而国际贸易额中约有 1/3 是跨国公司的内部贸易。

（3）国际投资收益作为要素服务项目，其迅速扩张本身就构成了海外服务贸易流量的扩大。

（4）国际直接投资的产业向服务业倾斜。2005 年，在我国接受的外国直接投资额中，服务业仅占 24.7%，2018 年增长到 68.1%。2018 年全年，我国全行业对外直接投资 1 298.3亿美元，其中，对外非金融类直接投资 1 205 亿美元，流向第三产业的对外直接投资 842.5 亿美元，占 69.9%。由于服务的生产和消费是同时进行的，因此服务业的国际直接投资必然驱动国际服务贸易的进一步发展。

（三）新科技革命的有力推动

新科技革命特别是自 20 世纪 60 年代以来的信息技术革命，有力地推动了国际服务贸易的迅猛发展。

首先，高新技术广泛应用于服务业，使许多原先“不可贸易”的服务转化成“可贸易”的服务，从而使国际服务贸易的种类增加、范围扩大。比如一些传统的教育服务、健康服务一向被认为是“不可贸易”的服务，现今可被储存在磁盘或软件中进行买卖。信息技术和通信的发展，促使银行、保险、商品零售等得以在全球范围内开展业务。由于交通条件的改善，工业组织和劳动市场得以改组，为跨国界提供服务带来了机遇。新的信息技术使得日益一体化的跨行业公司能够分散其生产基地，从而刺激了服务的专业化生产，并可从中享受到规模经济效益。

其次，科技革命加快了劳动力和科技人员的国际流动，因为每一次科技革命必然会进一步推动生产的自动化、机械化，这就促进了专业科技人员和高级管理人才向其他国家流动，为发展中国家所引进，并推动了国际服务贸易的流量扩大。

最后，随着科技的进步，发达国家的产业结构逐渐向电子、航天技术及生物工程等高科技产业转移，而把劳动密集型产业转移到新兴工业化国家和地区，再转移到中国、马来西亚、印度尼西亚等国，使这些国家和地区能够利用本地区丰富廉价的劳动力资源赚取外汇服务收入，形成大规模的境内服务输出。所以，科技革命带来了国际服务贸易变革性的发展。

(四) 跨国公司成为国际服务贸易的主体

跨国公司国际化经营活动的开展，带来了资本、技术、人才的国际性流动，从而促使与其相关或为其服务的世界服务贸易也随之迅速发展。

(1) 跨国公司在世界范围内的扩张过程中所带进的大量追加性服务，如设立为本公司服务的专业性服务子公司，这些服务子公司除满足本公司自身需求之外，也向东道国的消费者提供服务，从而促进了东道国的服务贸易市场发展。

(2) 跨国公司在国际服务贸易市场上提供的继续服务，如银行、保险、会计、法律及咨询等行业，也随着跨国公司的进入在东道国市场上获得了渗透和发展。

(3) 制造业跨国公司对海外的直接投资，产生了“企业移民”。这种企业移民属于服务跨国流动的一种形式，随着设备技术的转移，其技术人员和管理人员也产生了流动，因而带动了服务的出口。

(五) 社会生活国际化的促进

第二次世界大战后持久的和平和经济的发展，使世界各国人民的生活水平和收入水平都有大幅的提高，冷战后意识形态的对立也有所缓和，加之交通、通信工具的便利，使得现代人的社会生活越来越国际化。出国旅游、接受教育以及聘请专门人才，即使对于发展中国家的民众来说也不是可望而不可即的了。在过去的 40 年间，旅游业成为国际上发展得最快的行业之一，许多发展中国家也通过发展旅游业而赚取了大量的外汇收入。当然，社会生活国际化的最大赢家还是西方国家。根据 2017 年美国的官方统计，当年美国的旅游服务收入居各服务项目（除海外投资收益）之首，为 2 107 亿美元；2017 年，美国向世界各国学生提供教育服务的收入超过 420 亿美元。随着各国经济的进一步发展，与社会生活国际化相关的服务贸易将有更长足的发展。

第三节 国际服务贸易的基本特征

一、当代国际服务贸易的特征

在当今世界，国际服务贸易增长迅猛。

全球经济竞争的重点正在从货物贸易转向服务贸易，扩大服务贸易、改善服务贸易结构是各国参与国际分工和提升竞争能力的新举措。当前，国际服务贸易呈现以下新特征。

(一) 服务贸易额占国际贸易额的比重快速上升

服务贸易的快速发展是国际分工深化和产业结构调整的必然结果。20 世纪 70 年代，服务贸易出口与货物贸易出口均保持快速增长且大体持平，年均增长 17.8%。进入 80 年代，服务贸易出口的平均增速开始高于货物贸易，80 年代后期的年均增速更是高于 10%。到了 90 年代，服务贸易的平均增速呈波动下降趋势，约为 6%，恢复到与货物贸易基本持平的状态。在此期间，乌拉圭回合谈判于 1994 年最终签署了《服务贸易总协定》(GATS)，成为国际服务贸易全球化发展的标志性事件。跨入 21 世纪后，服务贸易出口进入稳定增长期，其增幅开始逐渐回升，2004 年首次突破 2 万亿美元。1980—2018 年国际服务贸易出口额从 3 650 亿美元扩大到 5.8 万亿美元，38 年间增长了约 15 倍，占世界贸易出口的比重从 1/7 增长到接近 1/4。随着新的产业革命以及信息经济时代的来临，越来越多的劳动者从实物生产转移到服务生产。

与此相适应，国际服务贸易进入新的大发展时期，预计服务贸易在整个国际贸易中的比重大约每年提高 1 个百分点。到 21 世纪 30 年代末，服务贸易的比重将与货物贸易的比重大体相当，甚至超过货物贸易的比重，成为国际贸易的主要对象和内容。

（二）国际服务贸易市场的多元化

1. 地理位置多元化

随着世界经济的发展，近年来对国际服务贸易的需求及范围日益扩大，地理分布也日趋扩大。在 20 世纪 70 年代以前，西方国家是最主要的劳务输入市场。70 年代后期，中东和北非几个主要产油国每年吸收大批劳动力，成为服务人员输入的主要市场。80 年代以来，亚洲、非洲、拉丁美洲地区一些国家的经济迅速增长，对境外服务的需求增加。进入 90 年代，亚洲地区已成为世界经济增长的热点，特别是普遍的开放性政策带来大量的境外服务进口。

以中国为首的发展中国家在实施开放性经济发展战略的过程中，对发达国家高技术含量的服务需求强劲，无论是工程建筑服务，还是专业服务中的咨询服务、会计服务、计算机处理服务、广告服务和法律服务，或者电信服务、金融服务等，都需要外商的参与和合作；在服务出口市场方面，也呈多元化势态。例如，传统的出口大国美国在国际建筑服务市场中的份额逐年下降就是很好的例证。为了占领世界服务市场，在发达国家之间、发达国家与发展中国家之间以及发展中国家之间进行着激烈的竞争。尽管总体上发达国家占有优势，但这种状况逐渐被打破。

2. 服务贸易内容多元化

在第二次世界大战以前，服务贸易的主要项目是劳务输出。那时，虽然有电信服务、金融服务和运输服务，但它们发展缓慢，所占的比重很低。在第二次世界大战以后，随着第三次产业革命的完成，伴随电信、金融、运输、旅游以及信息产业、知识产权保护的发展，服务贸易加快向新的领域扩展。由于技术进步和经济全球化的发展，国际服务贸易的结构也进一步完善，不仅运输、旅游等劳动密集或资源密集的服务业由于运用了先进的技术手段，在全世界范围内的规模不断扩大、数量不断增加，而且许多从制造业中分离出来的、逐渐独立经营的新兴服务业的发展也很快，一些以高新技术为载体的资本密集、技术密集、知识密集的服务业（如金融、保险、信息、咨询、数据处理等）发展最快。由于第三次产业革命，电信、金融以及各种信息产业、高新技术产业得以迅速崛起并快速进入服务贸易领域。在国际服务贸易的构成中，1970 年国际运输服务贸易占 38.5%，国际旅游服务占 28.2%，其他电信服务、金融服务、保险服务、信息服务、专利或许可等服务仅占 30.8%。到 2016 年，国际运输服务的比重下降到 17.7%；国际旅游服务的比重略有下降，为 25%；电信服务、金融服务等其他商业服务的比重则上升至 53.7%。最近几年，金融、电信服务贸易更是发展迅速，在国际服务贸易中占据着越来越重要的地位。

3. 服务贸易方式多元化

除了传统的服务贸易方式，近年来，随着跨国公司的战略调整以及系统、网络、存储等信息技术的迅猛发展，由业务流程外包（BPO）和信息技术外包（ITO）组成的服务外包逐渐成为服务贸易的重要形式。世界发达国家和地区是主要的服务外包输出地，在全球外包支出中，美国占了约 2/3，欧盟和日本占了近 1/3，其他国家所占的比例较小。发展中国家是主要的服务外包业务承接地，其中亚洲是承接服务外包业务最多的地区，约占全球服务外包业务的 45%。

目前，印度是亚洲的服务外包中心，墨西哥是北美洲的服务外包中心，东欧和爱尔兰是欧洲的服务外包中心，中国、菲律宾、俄罗斯等国正在成为承接服务外包较多的国家。

与此同时，服务外包市场的规模迅速扩大。美国通用电气（GE）就曾提出，公司外包业务的 70%将采用离岸模式。部分跨国公司已在扩大外包业务范围。这表明跨国公司的经营理念将进一步发生变革，非核心业务的离岸外包将成为大的趋势。在世界最大的 1 000家公司中，大约 70%的企业尚未向低成本国家外包任何商务流程，因此服务外包市场的潜力巨大。与此同时，世界服务外包的规模将继续扩大。据联合国贸易和发展会议估计，2017 年全球服务外包总值已突破 1 万亿美元。

（三）国际服务贸易发展的不均衡

一个地区的服务贸易额与它的经济发展水平之间具有正相关关系。

由于经济发展水平的差距，世界各主要地区的服务贸易额在世界服务贸易中的比例也有很大差别。根据 WTO 的统计，西欧是世界上最大的服务贸易地区，其次是亚洲、北美洲、拉丁美洲、非洲。西欧国家大多是经济发达国家，其服务产业的专业化程度相对也比较高。虽然过去十多年西欧地区的服务贸易进出口份额均有所下降，但仍是世界服务贸易最大的进出口地区，而且长期保持着顺差的地位。2014 年，该地区的服务贸易进、出口额分别为 19 880 亿美元和 23 490 亿美元，分别占世界服务贸易进口和出口总额的 41.9%和 48.3%。

亚洲是服务贸易第二大进出口地区，虽然其总体发展水平低于西欧，但经济发展速度快，因而服务贸易的发展速度也居世界首位。2005—2014 年亚洲的进、出口服务贸易年均增长分别达 9%和 10%，超过了其他地区的增长速度。1985 年亚洲地区进出口总额占世界服务贸易进出口总额的 18.3%，2014 年则上升到了 26.9%，但仍保持着逆差的地位。北美地区所属国家比较少，2014 年服务贸易进出口总额占世界服务贸易进出口总额的 14.4%。拉丁美洲和非洲地区所占的份额较低，其服务贸易进出口水平与它们的经济发展程度是较为吻合的。

在国际服务市场上，发达国家是国际服务贸易的主体，占有绝对优势。

根据 WTO 的统计，西欧是世界上最大的服务贸易地区，约占世界服务贸易的半壁江山。其次是亚洲、北美洲、中欧、独联体以及非洲和中东。国际服务贸易发展的不均衡主要表现在以下三个方面：

（1）发达国家和发展中国家的服务贸易发展不均衡。发达国家的服务业发达，在服务贸易中处于绝对优势地位，而发展中国家除了在劳动密集型的建筑、工程承包、旅游等传统项目上有一定优势外，其他行业则相对落后。2017 年，在国际服务贸易出口排名前 10 位的国家中，发达国家占 8 位，占了世界服务贸易出口总额的 46.46%，尤其是美国，一直是服务贸易的强国，多年来一直居于首位；而发展中国家只占 7.84%。近几年，中国的服务贸易发展迅速，由 2001 年的第 12 位上升到 2017 年的第 5 位。

（2）发达国家内部服务贸易发展不均衡。美国是当今国际服务贸易的最大国家，美国通过国际运输服务、国际旅游服务、金融服务和专业服务获取了大量国际服务贸易顺差。2017 年，美国的服务贸易顺差为 2 428 亿美元，同样顺差的还有英国和法国，而其他一些发达国家则逆差居多，德国具有代表性。2017 年，德国的服务贸易逆差为 195 亿美元，紧随其后的是日本，其逆差为 60 亿美元。

（3）发展中国家和地区内部的服务贸易发展不均衡。新兴工业化国家和地区的服务业发展速度快、服务贸易较发达，其他国家较落后。近年来，随着经济发展水平的提高，一些技术、经济实力较强的发展中国家也开始发展技术层次较高的服务出口。一些发展中国家利用其丰富的自然和人文旅游资源大力发展国际旅游业，还有一些发展中国家利用其地理及时差的优势发展境外金融业务，并取得了较好的效益。

（四）新型服务贸易发展迅速

随着现代信息技术的发展，知识密集型和技术密集型的服务业迅速扩张，贸易能力也大大增强。专业和技术服务、信息服务、银行与保险服务、现代健康与教育服务、法律和会计服务已构成当代服务经济的主要内容，无论是服务人员的素质，还是物化了的知识类服务，都朝着高附加值方向发展，整个服务贸易市场也向高增值服务型转移。

二、国际服务贸易的功能

（一）国际服务贸易成为各国对外经济关系的核心

当前，世界经济正在向服务型经济转型，服务贸易是世界经济发展的制高点，也是新形势下各国经济竞争的焦点。服务贸易是将一个国家所具有的服务产品生产能力转变为可贸易的“无形商品”或“无形资产”，转变为贸易的价值形态，以获得增值的贸易形式，是占用较少资源实现更多财富的贸易途径。

随着世界新一轮产业结构的调整和贸易自由化进程的推进，服务贸易在各国贸易中的比重还将不断上升，服务贸易已成为各国在国际贸易中获得实际利益多寡的表现。因此，加快发展服务贸易、增强服务贸易的竞争力已成为各国长期关注的焦点。

1980—2018 年世界服务贸易出口额从 3 600 亿美元增加到 5.8 万亿美元，38 年间增长了约 15 倍；而同期世界货物贸易出口额则从 19 880 亿美元增加到 194 750 亿美元，增长了不到 9 倍。由此可知，服务贸易的增长速度已超过了货物贸易，服务贸易在世界贸易中的地位越来越高。世界各国纷纷制定加快发展服务贸易的战略，在 WTO 新一轮谈判以及区域性经济合作的谈判中，服务贸易都是主要议题。

（1）区域经济一体化覆盖了大多数国家或地区。据世界银行的统计，全球只有 12 个岛国和公国没有参与任何区域贸易协议（RTA）。174 个国家或地区至少参加了一个（最多达 29 个）区域贸易协议，平均每个国家或地区参加了 5 个。当然，各地区之间的差别很大，发展程度也不相同。世界贸易组织全体成员同时又是各区域经济组织成员，有的具有多重区域经济一体化组织成员的身份。全世界近150个国家或地区拥有多边贸易体制和区域经济一体化的双重成员资格。北方国家签署的区域贸易协议最多，平均每个国家为13个。目前，有相当数量的发展中国家已与北方国家签署了双边优惠贸易协议。多数协议发生在东欧、北非和拉丁美洲，东亚各国签署的协议少一些，而南亚各国至今尚无与北方国家签署协议的先例。

（2）区域经济一体化的内容广泛深入。新一轮区域协议涵盖的范围大大扩展，不仅包括货物贸易自由化，而且包括服务贸易自由化、农产品贸易自由化、投资自由化、贸易争端解决机制、统一的竞争政策、知识产权保护标准、共同的环境标准、劳工标准，甚至提出要具备共同的民主理念等。例如，北美、欧盟、南南以及其他一些区域一体化协议中，很多都涉及标准、物流、海关合作、服务、知识产权、投资、争端解决机制、劳工权益和竞争政策等条款。

（3）形式与机制灵活多样。第一，大多数区域经济集团对成员资格采取开放式态度，以加速扩大。除一些明确由双方构成的区域经济，如《美加自由贸易协议》《澳新更紧密经济关系贸易协议》等之外，一般区域经济大多经历了成员由少到多的过程。例如，欧盟历经5次大规模扩大，现已发展至28个成员国。亚太经济合作组织14年来也经历了4次扩大，成员达21个。第二，合作形式和层次由低级向高级发展。许多国家放弃或基于原有贸易优惠安排而成立自由贸易区或关税同盟，有的从关税同盟发展成为共同市场。比如1995年1月，南锥体四国（阿根廷、巴西、乌拉圭、巴拉圭）根据1994年签署的“黑金城议定书”的规定，将自由贸易区提升为关税同盟，并正式开始运转，从而成为世界上仅次于欧盟的第二大关税同盟。

（4）跨洲、跨区域经济合作的兴起和发展。自20世纪90年代以来，区域经济合作的构成基础发生了较大变化，打破了狭义的地域相邻概念，出现了跨洲、跨洋的区域合作组织。例如，日本相继与墨西哥、新加坡签署了自由贸易协议。此外，不同区域经济集团之间也展开了连横合作。南锥体共同市场与其第二大贸易伙伴欧盟之间开始探讨建立自由贸易区，而东盟与欧盟的外长会议就政治、经济领域内的广泛问题进行探讨业已制度化。北美自由贸易区也有意与南锥体共同市场合作，建立从阿拉斯加到阿根廷的整个美洲范围内的自由贸易区。突尼斯、摩洛哥等成员先后与欧盟谈判建立欧盟-地中海自由贸易区，并成为欧盟的伙伴国和联系国。南非则与印度、澳大利亚、马来西亚等国积极筹建印度洋经济圈。

随着多边贸易体制和双边贸易体制的兴起以及服务贸易占贸易总量的比重不断上升，服务贸易已成为各国对外经济关系的核心。

（二）推动了参与国的经济发展

1. 对经济效率的影响

（1）由于外国服务提供者进入了市场，因而东道国的企业能有更多的机会选择质优价廉的服务，以提高企业的经济效率。

（2）东道国能够进口经济发展急需而本国又不能满足的生产性服务，从而有利于解决生产发展与服务贸易落后的矛盾。

（3）外国企业的竞争将迫使东道国的服务企业向国际先进水平看齐，吸收国外先进服务的技术与经验，努力降低成本，提高质量和竞争能力，最终走向世界市场。

(4) 有利于东道国发展自己具有优势的服务贸易，进口不具有相对优势的服务，从而促进经济资源的有效配置，为东道国有优势的服务贸易出口创造更多的机会。加快发展服务贸易有利于产业结构的升级和外贸增长方式的转变。

(5) 有利于引入新的服务种类。服务市场的开放和外资的进入将在相当程度上弥补东道国服务贸易发展中的各种空白，满足国内经济发展和人民生活的各种需要。

2. 对国际收支的影响

东道国可以利用自由化的国际环境设法扩大自己的服务出口。由于能够采用质优价廉的进口服务，东道国有可能降低其物质产品的成本，同时提高质量，增强货物出口的国际竞争力，从而增加收入。与此同时，适度开放金融服务市场还有利于外资的流入，可以改善国际收支状况。

3. 对技术进步的影响

(1) 服务贸易本身可以成为技术转让的渠道。由于技术进步往往首先发生在服务领域，这样就可以使东道国通过技术引进、咨询、培训及其他技术服务形式获得先进技术和其他信息。与此同时，服务贸易的外国直接技术投资也往往伴随着某些技术转让。

(2) 国际竞争的压力会迫使东道国的服务贸易加快技术进步，以提高竞争力，并由此带动其他部门的技术进步。当然，服务贸易自由化也可能对技术进步产生消极影响，如一国过分依赖于外国的高技术服务就可能抑制本国在这方面的研发。但一般来说，服务贸易自由化对技术进步的影响是积极的。

（三）成为世界经济一体化的助推器

近年来，在多边贸易体制的推动下，国际服务贸易的壁垒有所降低。发达国家在服务贸易的许多项目中都具有绝对或相对优势，为了扫清服务贸易的壁垒，以便打开世界服务市场，它们率先削减了本国的服务贸易壁垒。比如在电信领域，美国已允许外国企业持有100%的股权，欧盟也开放了基本电话服务市场，并降低了雇用人员的本地化要求标准。

目前，发展中国家的国际服务贸易也得到了发展。虽然发展中国家在资本、技术密集型服务行业较发达国家明显滞后，但在资源、劳动密集型服务领域中，发展中国家具有一定的优势，因此发展中国家的服务贸易也得到迅速发展，其服务出口占世界服务出口总值的比重不断增加。

在服务贸易商品结构方面，发展中国家在普通劳动力输出、建筑工程承包、部分旅游服务业等领域占有较大的优势，如马来西亚、泰国等发展中国家的国际航空公司在世界优秀航空企业排名表上常常名列前茅；不少发展中国家的旅游资源十分丰富，确保了它们在旅游人数和旅游收入方面有了较大的增长；一些技术、经济实力较强的发展中国家也开始发展技术层次较高的服务贸易，如印度、印度尼西亚、菲律宾、墨西哥等国正着力推进通信业、信息业的建设，泰国正努力将曼谷变为区域性金融中心等。

通过对国际服务贸易国别结构的分析可以看出，不同国家在国际服务产品市场上处于不同地位，同时也使不同国家在服务贸易利益分割中占有不同的比例，这是各国发挥竞争优势的必然结果。这种格局的形成是由于各国经济发展和技术水平的差异。发达国家已进入服务经济社会发展阶段，服务业在国内生产总值中占绝大部分比重，为国际服务贸易的发展奠定了基础；中等发展程度的国家处于从工业经济社会向服务经济社会过渡的阶段，但服务业也是国民经济的主体；低收入国家则在第二产业迅猛发展的同时，逐渐提高第三产业的比重。由于各国的技术条件、资本数量、生产规模不同，决定了服务产品的数量和质量的差异，进而决定了其在国际服务贸易中的地位。发达国家在资本密集型、技术密集型的服务贸易领域具有明显的竞争优势。不同的经济发展水平和技术水平使各国处在国际服务贸易的不同层次，而服务贸易相对于货物贸易更容易带来人员、资本、技术在全球范围内的流动，这种国际分工的不断加强反过来也推动了世界经济的一体化。

本章小结

本章第一节首先从服务入手，介绍了什么是服务以及服务产品的特殊性，进而说明了什么是服务贸易，并介绍了国际上几种常见的关于服务贸易的定义。根据对服务贸易的定义，本节介绍了服务贸易相对于货物贸易存在的一些特点。

第二节先介绍了服务贸易的产生和发展历程。从萌芽时期附属于货物贸易的简单运输服务到地理大发现之后伴随着国际远洋贸易产生的金融、运输、通信方面的服务贸易，进而再到两次世界大战之后形成统一的全球贸易秩序，服务贸易逐渐从货物贸易的附属地位中独立出来，成为当前国际贸易中重要的一部分。随后，本节依次介绍了当前国际服务贸易的发展现状和国际服务贸易得以迅猛发展的重要原因。

第三节重点介绍了当前国际服务贸易的特征以及国际服务贸易在全球经济活动中发挥的重要作用。

课后思考题

1. 服务贸易中的服务与服务业有何区别?
2. GATS 规定的服务贸易方式有哪些?
3. 服务贸易的贸易保护隐蔽性表现在哪里?
4. 日常生活中接触的属于服务贸易范畴的商品有哪些?
5. 服务贸易通过哪些方面带动经济发展?
6. 服务贸易迅猛发展的原因有哪些?

附　录　服务贸易的分类

一、国际货币基金组织（IMF）关于国际服务贸易的分类

1993 年 9 月，IMF 着手对沿用了四年之久的《国际收支手册》(Balance of Payments Manual，BPM)（第 4 版）进行修改，并在此基础上形成了《国际收支手册》(第 5 版)，新版的《国际收支手册》逐渐成为世界各国编报国际收支统计的模本。在《国际收支手

册》（第5版）中，有关服务贸易的所有内容都在“经常项目”下加以统计，并按照交易类型将服务贸易分为“非要素服务贸易”和“要素服务贸易”；非要素服务贸易位于“经常项目——货物与服务——服务”之下，涵盖旅游、运输、通信、建筑、保险、金融、计算机与信息、文化娱乐和其他商业服务等；要素服务贸易主要是指与国际资本流动和金融资产流动有关的服务贸易流量，主要包括无形资产的特许权使用费（位于“经常项目——货物与服务——服务”之下）、投资收益（位于“经常项目——收益——投资收益”之下）以及劳动收益中的移民汇款（位于“经常项目——职工报酬”之下）等。

国际货币基金组织按照国际收支统计将服务贸易分为：

1. 民间服务

民间服务（又称商业性服务）是指1977年国际货币基金组织编制的《国际收支手册》中的货运，其他运输、客运、港口服务等，旅游，其他民间服务和收益。进一步的分类如下：①货运，如运费、货物保险费及其他费用；②客运，如旅客运费及有关费用；③港口服务，如船公司及其雇员在港口对商品和服务的花费及租用费；④旅游，在境外停留不到一年的旅游者对商品和服务的花费（不包括运费）；⑤劳务收入，如本国居民的工资和薪水；⑥所有权收益，如版权和许可证收益；⑦其他民间服务，如通信、广告、非货物保险、经纪人、管理、租赁、出版、维修、商业、职业和技术服务。

一般来说，我们把劳务收入、所有权收益、其他民间服务统称其他民间服务和收益。

2. 投资收益

投资收益是指国与国之间因资本的借贷或投资等所产生的收入与支出。

3. 其他政府服务和收益

其他政府服务和收益是指不列入上述各项的涉及政府的服务和收益。

4. 不偿还的转移

不偿还的转移是指单方面的（或片面的）、不对等的收支，意味着资金进行国际移动后，并不产生归还或偿还的问题。因此，不偿还的转移又称单方面转移，一般是指单方面的汇款、年金、赠予等。根据单方面转移的不同接受对象，又分为私人转移与政府转移两大类。政府转移主要是指政府间的无偿经济技术或军事援助、战争赔款、外债的自愿减免、政府对国际机构交纳的行政费用以及赠予等收入与支出。

私人转移主要是指以下几类：

(1) 汇款，包括侨民汇款、慈善性质汇款、财产继承款等。汇款主要是指侨民汇款，如一个国家长期在外国居住的侨民汇回本国的款项，居住在本国的外国侨民从本国汇出的款项等。

(2) 年金，是指从外国取得或对外国支付的养老金、奖金等。

(3) 赠予，是指教会、教育基金、慈善团体对国外的赠予以及政府的无偿援助等。

综上所述，无论国际服务贸易的定义与分类从何种角度出发，国际服务贸易都存在人员、资本、信息以不同形式进行的跨国界移动，或在一定形式下存在于商品的跨国界移动中。

二、《服务贸易总协定》关于国际服务贸易的分类

乌拉圭回合服务贸易谈判小组在征求了各谈判方的提案和意见后，在综合考虑服务贸

易统计和服务贸易部门开放要求的基础上，提出了以部门为中心的服务贸易分类方法，将服务贸易分为12大类160多个服务项目。鉴于WTO/GATS体系在当前国际服务贸易中的重要作用，目前已有越来越多的文献采用了GATS的划分标准。

1. 商业性服务

商业性服务是指在商业活动中涉及的服务交换活动，服务贸易谈判小组列出了下述6类商业性服务，其中既包括个人消费的服务，也包括企业和政府消费的服务。

（1）专业服务。这类服务涉及的范围包括法律服务，会计、审计和簿记服务，税收服务，建筑服务，工程服务，综合工程服务，城市规划与风景建筑物服务，医疗与牙科服务，兽医服务，助产士、护士、理疗医生、护理人员提供的服务，其他专业性服务，共计11个服务项目。

（2）计算机及其有关服务。这类服务包括与计算机硬件装配有关的咨询服务、软件开发与执行服务、数据处理服务、数据库服务、其他有关服务，共计5个服务项目。

（3）研究与开发服务。这类服务涉及的范围包括自然科学的研究与开发服务、社会科学与人文科学的研究与开发服务、交叉科学的研究与开发服务，共计3个服务项目。

（4）不动产服务。这类服务是指不动产范围内的服务交换，但不含土地的租赁服务，具体包括产权所有或租赁、基于费用或合同的不动产服务，共计2个服务项目。

（5）设备租赁服务。需要注意的是，这类服务不包括其中可能涉及的操作人员的雇用或所需人员的培训服务。这类服务具体包括与船舶有关的租赁服务、与飞机有关的租赁服务、与其他运输工具有关的租赁服务、与其他机械设备有关的租赁服务、其他有关租赁服务，共计5个服务项目。

（6）其他商业服务。这类服务具体包括广告服务，市场调研与民意测验服务，管理咨询服务，与咨询人员有关的服务，技术测验与分析服务，与农业、狩猎、林业有关的服务，人员的安排与补充服务，安全调查，有关的科学技术咨询服务，设备的维修（不包括船舶、飞机及其他运输工具），建筑物清洁服务，摄影服务，包装服务，印刷、出版服务，会议服务，其他服务，共计16个服务项目。

2. 通信服务

通信服务主要由公共通信部门、信息服务部门、关系密切的企业集团和私人企业间进行信息转接和服务提供。

（1）邮政服务。

（2）快件服务。

（3）电信服务。电信服务包括声频电话服务，组合开关数据传输服务，电路开关数据传输服务，用户电报服务，电传服务，传真报告，私人租用电路服务，电子邮递，声频邮件，有线信息与数据检索，电子数据交换，增强/附加值传真服务（包括存贮与传递、存贮与检索），法规与议定书变更，有线信息或数据处理（包括交易处理），其他电信服务，共计15个服务项目。

（4）视听服务。视听服务包括电影和录像带的生产与批发服务、电影放映服务、无线电与电视服务、无线电与电视传输服务、录音服务、其他视听服务，共计6个服务项目。

（5）其他通信服务。

3. 建筑及有关工程服务

建筑服务主要是指工程建筑从设计、选址到施工完工的整个服务过程，具体包括建筑物的一般建筑工作、民用工程的一般建筑工作、安装与装配工作、建筑物的修饰与装潢工作、其他建筑工程服务，共计5个服务项目。

4. 销售服务

销售服务是指在产品销售过程中的服务交换，主要包括代理机构的服务、批发贸易服务、零售服务、特许经营服务、其他销售服务，共计5个服务项目。

5. 教育服务

教育服务包括初等教育服务、中等教育服务、高等教育服务、成人教育服务、其他教育服务，共计5个服务项目。

6. 环境服务

环境服务包括污水处理服务、废物处理服务、卫生及其他相关服务、其他环境服务，共计4个服务项目。

7. 金融服务

金融服务是指银行和保险业及相关的所有金融服务活动。

（1）所有基于保险的服务。具体包括生命、事故与健康保险服务，非生命保障服务，再保险与交还，与保险有关的辅助服务（包括经济与代理服务），共计4个服务项目。

（2）银行及其他金融服务（保险除外）。具体包括公众存款及其他可偿还资金的承兑，所有类型的贷款（尤其包括用户信用、抵押信用、商业交易的代理与融资），金融租赁，所有支付货币的传递服务，担保与承诺，户主账户或顾客账户的交易形式（不论是柜台兑换或者其他形式），参与各种证券的发行（包括作为代销商的承包与安排以及与证券发行有关的服务措施），代理借贷款的经纪人服务，资产管理服务（如现金或有价证券管理、所有形式的集体投资管理、养老金管理、存款保管与信托服务），金融资产的结账与清算服务（包括证券、衍生产品与其他可转让票据），咨询服务与其他辅助性金融服务（包括信用查询与分析、投资与有价证券的研究与查询、收购通知与公司战略调整介绍等），其他金融服务提供者所提出的关于金融信息、金融数据处理及其他有关软件的转让与供给，共计12个服务项目。

（3）其他金融服务。

8. 健康与社会服务

健康与社会服务包括医院服务、其他与人类健康相关的服务、社会服务、其他有关服务，共计4个服务项目。

9. 旅游及相关服务

旅游及相关服务包括宾馆与饭店提供的住宿餐饮服务、旅行社与旅游经纪人提供的服务、导游服务、其他相关服务，共计4个服务项目。

10. 娱乐、文化与体育服务

这里的娱乐、文化与体育服务不包括广播、电影、电视在内，而是指剧场、乐队与杂技表演等娱乐服务，新闻机构服务，图书馆、档案馆、博物馆及其他文化服务，体育及其他娱乐服务，共计4个服务项目。

11. 交通运输服务

交通运输服务分列出 8 个小类，分别是：

（1）海运服务。具体包括客运、货运、船舶包租、船舶的维护与修理、推船与拖船服务、海运的支持服务，共计 6 个服务项目。

（2）内河航运。内河航运的具体内容与海运服务相同，也由 6 个服务项目组成。

（3）空运服务。具体包括客运、货运、包机出租、飞机的维修、空运的支持服务，共计 5 个服务项目。

（4）空间运输。

（5）铁路运输服务。具体包括客运，货运，机车的推、拖服务，铁路运输设备的维修，铁路运输的支持服务，共计 5 个服务项目。

（6）公路运输服务。具体包括客运、货运、包车出租、公路运输设备的维修、公路运输的支持服务，共计 5 个服务项目。

（7）管道运输。具体包括燃料运输、其他物资运输，共计 2 个服务项目。

（8）所有运输方式的辅助性服务。具体包括货物处理服务、存贮与仓库服务、货运代理服务、其他辅助服务，共计 4 个服务项目。

12. 其他服务

第二章

国际服务贸易理论

学习目标

1. 复习李嘉图的比较优势和赫克歇尔-俄林模型的自由贸易学说
2. 熟知新贸易理论和传统贸易理论的异同
3. 掌握服务产品的价值和使用价值
4. 了解服务贸易自由与保护的政策

引　子

分工产生交换。国际贸易思想的起源和发展可以追溯到出现分工交换思想的古罗马、古希腊时代。

最早提出分工学说的是古希腊思想家柏拉图。柏拉图强调，每一个人都有多方面的需求，但是人们生来却只具有某种才能，因此一个人不能无求于他人而自立自足，而不得不有待于互助。他还进一步指出，一国中应该有专门从事各行各业的人。

国际贸易的思想还产生于宗教神学。宗教中关于贸易的最早表述可以追溯到公元前4世纪的利巴涅斯。利巴涅斯和他的追随者提出了地理位置不同造成产品不同的观点。这种观点在17世纪一度被扩展为生产要素禀赋、气候、技能以及偏好的不同产生不同优势。到了20世纪，则进一步发展成赫克歇尔-俄林的生产要素禀赋理论。

第一节 国际服务贸易的比较优势理论

一、大卫·李嘉图与比较优势理论

（一）比较优势理论的产生背景

主张贸易自由的比较优势说（或比较成本说）是英国新兴资产阶级与封建地主斗争的锐利武器。

1815 年，英国政府为维护地主贵族阶级的利益而修订了《谷物法》，用于限制国外廉价的谷物进口。在《谷物法》颁布后，英国的粮价上涨、地租猛增，它对地主贵族有利，但严重损害了产业阶级的利益。

昂贵的谷物使工人的货币工资被迫提高，从而工业品的生产成本增加、利润减少，削弱了工业品的竞争能力；与此同时，昂贵的谷物也扩大了英国各阶层的吃粮开支，从而减少了他们对工业品的消费。《谷物法》还招致外国以高关税阻止英国工业品对它们的出口。为了废除《谷物法》，工业资产阶级采取了多种手段鼓吹谷物自由贸易的好处，而地主贵族阶级则千方百计地维护《谷物法》，他们认为英国能够自己生产粮食，根本不需要从国外进口，因而反对进行谷物自由贸易。

此时，新兴的工业资产阶级迫切需要找到谷物自由贸易的理论依据。李嘉图适时提出了著名的比较优势理论。李嘉图认为英国不仅要从外国进口粮食，而且要大量进口，因为英国在纺织品生产上所占的优势比在粮食生产上的优势还大。因此，英国应专门发展纺织品生产，通过出口纺织品换回粮食，以获得国际贸易的比较利益。

（二）比较优势理论的内容

比较优势理论有六个前提条件：

（1）假设世界上只有两个国家、两种产品、两种要素。

（2）国家之间存在某种特征差异。

（3）各国比较利益的静态是不变的，不存在规模经济。

（4）自由贸易是在完全竞争的结构下进行的，以物物交换为形式。

（5）生产要素在一国国内可以自由流动，在两国间则不能流动。

（6）不存在技术进步、资本积累和经济发展。

大卫·李嘉图是著名的英国经济学家，他是资产阶级古典经济学的完成者，其主要代表作是 1817 年出版的《政治经济学及税赋原理》。李嘉图认为，各国不一定要专门生产劳动成本绝对低的产品，而只要生产劳动成本相对低的产品，便可进行对外贸易，并能从中获益和实现社会劳动的节约。

因此，两国之间应该按照“两优取其更优，两劣取其次劣”的比较优势原则进行分工。

比较优势理论的一种例外情况是，当一国与另一国相比，在两种产品的生产上都处于绝对不利地位，而且两种产品生产的绝对不利程度相同或者绝对不利比例相同时，没有互惠贸易发生。

比较优势理论可以表述为：每个人都消费本国和世界各国所生产的产品或者劳务，一个可以用较少投入生产该产品的人被称为在生产该产品上具有绝对优势，生产该产品的机会成本比较小的人称为具有比较优势，而贸易的好处则是基于比较优势而不是绝对优势，贸易可以使每个人的境况变得更好，因为它使人们可以专门从事自己具有比较优势的活动，但这个原理并不仅仅适用于个人。在两国间，劳动生产率的差距并不是在任何产品上都是相等的。处于绝对优势的国家应集中力量生产优势较大的产品，处于绝对劣势的国家应集中力量生产劣势较小的产品，然后通过国际贸易互相交换，这样两国都节省了劳动并得到了益处。

比较优势理论是在绝对成本理论的基础上发展起来的。根据比较优势理论，一国在两种产品的生产上与另一国相比均处于绝对劣势，但只要处于劣势的国家在两种产品生产上的劣势程度不同，处于优势的国家在两种产品生产上的优势程度不同，则处于劣势的国家在劣势较轻的产品生产方面具有比较优势，处于优势的国家则在优势较大的产品生产方面具有比较优势。如果两个国家分工，专业化生产和出口其具有比较优势的产品，进口其处于比较劣势的产品，则两国都能从贸易中得到利益。这就是比较优势理论。

（三）李嘉图的自由贸易主张

李嘉图继承了亚当·斯密的经济自由思想。

李嘉图认为："在充分自由贸易的制度下，每个国家自然会将其资本和劳动投入到那些对它来说最为有利可图的行业。而且，对个人利益的追求同全社会共同利益相一致。通过推动工业的发展，通过对能工巧匠的报偿，通过最有效地利用大自然赐予我们的特有权利，这样的制度就可以最有效同时又是最经济地分配劳动。这样一来，由于产量的普遍提高，它还必定会将利益扩散开来，通过共同的利益和相互交换，把个人同社会，各个国家同整个文明世界联系在一起。"由此可见，李嘉图不仅对亚当·斯密论述的那只神奇的"看不见的手"推崇备至，而且还将它伸向了整个世界。

从经济自由主义思想出发，李嘉图极力主张推行自由贸易的政策。他分析说："所有贸易，其目的无非是为了增加生产。同在煤炭供应不足情况下的产量相比，如果向某一制造商充分供应煤炭，他利用相同数量的资本能生产出更多的铁，这对一个国家说来是有利的。如果煤炭短缺，该制造商用同样多的资本和劳动生产出某种商品，并用该种商品去进口铁，且能达到煤炭充足供应条件下的同样数量，那么，国内铁的增加同样给国家带来利益。"

李嘉图还举例说明，如果个人或厂商迫于政府的限制，不得不用他们不擅长生产的产品（即他们需要花费更多资本与劳动成本的产品）去交换别国的产品，则不仅他们个人的利益受损，整个国家的利益也势必受到损害。据此，他大声疾呼：我们必须大力促进那些自然价格下降的产品的出口，这样的措施必将完全改变自然形成的产业结构。因此，他倡导实行自由贸易的政策。

李嘉图的比较优势理论成为英国工业资产阶级推行自由贸易政策的理论基础，并由此形成了以英国为中心的国际分工格局，最终导致资本主义生产方式统治了世界。

二、赫克歇尔-俄林生产要素禀赋理论

1919年，瑞典经济学家赫克歇尔提出了生产要素禀赋理论的观点。随后，另一个瑞典人俄林以此为基础创立了生产要素禀赋理论。

萨缪尔森是当代美国的经济学家，凯恩斯主义新古典综合学派的主要代表，他的代表作是1948年出版的《经济学》，曾于1970年获得诺贝尔经济学奖。萨缪尔森发展了与赫克歇尔-俄林生产要素禀赋理论（H－O理论）有关的要素价格均等化学说。

（一）相关概念

1. *生产要素禀赋与要素丰裕度*

赫克歇尔、俄林的生产要素禀赋是指一个国家所拥有的可用于生产的全部资源的总称，是生产要素在一个地区的天然供给状况，包括土地、劳动和资本等。要素丰裕度是指一国的要素禀赋中某种要素的供给相对于别国同种要素供给的丰裕程度。这是一个相对的概念，与一国拥有的生产要素的绝对数量无关。

衡量要素丰裕度的方法有两种：

（1）以生产要素的供给量来衡量。

（2）以生产要素的相对价格来衡量。

使用第一种方法，在A、B两国中拥有的资本数量为K，劳动数量为L，则两国资本和劳动的禀赋比例分别为K_A/L_A和K_B/L_B，如果$K_A/L_A<K_B/L_B$，那么相对于A国而言，B国是资本丰裕型国家；相对于B国而言，A国是劳动丰裕型国家。

如果按照第二种方法，在A、B两国中资本要素的价格为I，劳动要素的价格为W，则两国的要素价格比例分别为I_A/W_A和I_B/W_B，如果$I_A/W_A>I_B/W_B$，那么相对于B国而言，A国是劳动丰裕型国家；相对于A国而言，B国是资本丰裕型国家。

2. *要素密集度*

要素密集度是指生产某种产品所投入的不同要素的比例。要素密集度是一个相对的概念，与生产要素的绝对投入量无关。一般来说，如果某要素的投入比例大，可以称该产品为该要素密集型产品，如劳动密集型产品、资本密集型产品。

（二）赫克歇尔-俄林生产要素禀赋理论（H－O理论）的主要内容

H－O理论是建立在一些假定基础之上的，这些假定是为了使分析更严谨而又不影响结论，主要有：

（1）世界上只有两个国家，只生产两种产品，只投入两种生产要素。

（2）产品可以在国内外自由流动，而要素只能在国内移动。

（3）产品和要素市场完全竞争。

（4）两国的生产技术水平相同。

（5）两国的生产资源都被充分利用，并且要素密集度不可逆转。

（6）两国消费者需求偏好相似。

（7）自由贸易且各国贸易平衡。

虽然赫克歇尔-俄林生产要素禀赋理论与李嘉图的比较优势学说的内容完全不同——

前者是从生产要素以及资源占有的差异来论证国际贸易的原因，而后者则是从生产成本入手来论证国际贸易的必要性，但要素禀赋理论与比较优势学说在政策主张上都是竭力倡导贸易自由的。所以，生产要素禀赋理论也归属于自由贸易理论，被后人称作新古典国际贸易理论。

在赫克歇尔、俄林看来，现实生产中投入的生产要素不止一种，而是多种，而且投入生产要素是生产过程中的基本条件。

赫克歇尔、俄林认为，在各国生产同一种产品的技术水平相同的情况下，两国生产同一种产品的价格差别来自产品的成本差别，而这种成本差别来自生产过程中所使用的生产要素的价格差别。这种生产要素的价格差别取决于各国各种生产要素的相对丰裕程度，即相对禀赋差异，由此产生的价格差异导致了国际贸易和国际分工。

H－O 理论的主要内容包括生产要素供给比例理论和要素价格均等化理论。

1. 生产要素供给比例理论

赫克歇尔、俄林认为，产品价格的国际绝对差异是国际贸易产生的直接原因。产品价格的国际绝对差异是同种产品用同种货币表示的在不同国家的价格差异，是国际贸易产生的源泉。产品价格低的国家向产品价格高的国家出口，并从国外进口价格低（相对于本国生产）的产品，这样双方都能从交换中获利。

其次，产品价格的国际绝对差异是由生产同种产品时的成本差别造成的，因为成本决定价格，所以各国生产同一种产品的成本不同将导致价格不同。

最后，产品成本的差别是由生产要素价格不同造成的。要素价格是指劳动、资本和土地等生产要素的价格或报酬。

在此，生产要素的价格差异是由各国生产要素的供给比例不同引起的。各国所拥有的土地、劳动、资本和管理等生产要素的数量及质量不同，丰裕要素的价格便宜，稀缺要素的价格昂贵，所以生产要素的供给比例不同导致了生产要素的价格比例不同。例如，新西兰、澳大利亚等国的土地资源比较丰裕而劳动、资本相对稀缺，因而地租相对便宜，工资和利息相对较高，所以澳大利亚出口小麦、羊毛等产品充分利用了要素供给的比较优势。

综上所述，生产要素供给比例理论的主要观点为：一国的比较优势是由其要素丰裕度决定的。一国应出口较密集地使用其较丰裕要素生产的产品，进口较密集地使用其较稀缺要素生产的产品。资本要素相对丰裕的国家应出口资本密集型产品、进口劳动密集型产品，而劳动要素相对丰裕的国家应出口劳动密集型产品、进口资本密集型产品。

2. 要素价格均等化理论

H－O 理论的另一个重要内容是要素价格均等化理论。该理论阐述了两国在发生贸易后，它们的资源禀赋所发生的变化。

（1）要素价格均等化理论的内容。俄林认为，虽然各国的要素缺乏流动性，但产品贸易可以部分代替要素流动，所以国际要素价格存在均等化趋势。萨缪尔森将这一理论进一步完善，他认为在满足生产要素禀赋理论全部假设的前提下，自由的国际贸易通过产品相对价格的均等化，将使同种要素的绝对和相对报酬趋于均等。

（2）要素价格均等化的过程。生产要素禀赋理论说明了国际贸易对收入分配的影响，即国际贸易使各国之间生产要素的价格差别逐步缩小并趋于相等。因为劳动资源丰富的国家出口劳动密集型产品、进口资本密集型产品，而资本资源丰富的国家出口资本密集型产品、进口劳动密集型产品，因而国际贸易的结果是：在前一种国家，劳动价格上升而资本价格下降；在后一种国家，资本价格上升而劳动价格下降；最后，这两种国家劳动的价格与资本的价格趋于相等。这样也有利于各国国内的收入分配更为平等。这就是由生产要素禀赋理论引申出来的要素价格均等化理论。

例如，印度的劳动价格相对便宜，因而生产劳动密集型产品具有比较优势；美国的资本价格相对便宜，因而生产资本密集型产品具有比较优势。如果两国发生贸易，则印度输入资本密集型产品、美国输入劳动密集型产品。随着贸易量的增大，印度越来越多的劳动被用来生产劳动密集型产品以供出口，因而劳动需求增加、劳动价格开始上升，其与美国劳动价格之间的差距越来越小；而美国越来越多的资本用于生产资本密集型产品以供出口，因而资本需求增加、资本价格开始上升，其与印度资本价格之间的差距也越来越小，最终两国要素价格趋于均等化。

(3) 里昂惕夫之谜。里昂惕夫是当代著名的美国经济学家，投入产出经济学的创始人，曾于 1973 年获得诺贝尔经济学奖。里昂惕夫的代表作为《投入产出经济学》。

从 1953 年开始，里昂惕夫挑起了对赫克歇尔-俄林理论的大论战。通过检验，里昂惕夫提出了生产要素禀赋理论的反论——里昂惕夫之谜。

很显然，美国是一个资本丰富而劳动稀缺的国家，根据 H－O 理论，美国出口的应当是资本密集型产品，进口的应当是劳动密集型产品。可是，里昂惕夫两次运用投入产出模型分析了 1953 年和 1956 年美国的对外贸易结构，结果却得出了与赫克歇尔-俄林理论相反的结论。里昂惕夫发现，美国进口的是资本密集型产品，而出口的却是劳动密集型产品。换句话说，美国是利用国际贸易来缓解本国的就业压力，而不是获得所谓的贸易利益。这就是里昂惕夫之谜。

三、传统贸易理论对服务贸易的指导

传统的比较优势理论从产生至今，仍然占据着西方国际贸易理论的主流地位。无论是第二次世界大战后实施的 GATT 体制，还是现行的 WTO 体制，均以比较优势理论作为基础。

服务贸易是国际贸易的新形式，并且与货物贸易密不可分，所以传统的国际贸易理论（包括比较优势理论和生产要素禀赋理论）依然处于指导国际贸易实践的主要理论地位。

（一）比较优势理论是国际服务贸易的理论基础

传统的比较优势理论基于这样一个命题：每个贸易者都关注的共同利益来源于使其自身效率更高的行为。服务贸易的新理论都不同程度地以传统贸易理论为基础。比较优势理论一直是解释国际贸易成因和格局的最基本方法。

亚当·斯密的绝对优势理论解释了两国分别在不同产品的生产上具有不同优势而形成专业化分工的情况，这种生产的价格差是贸易的前提。

提出比较优势理论的大卫·李嘉图认为，只要两国在生产两种产品时，它们的机会成本存在差异，也可以进行国际分工和国际贸易。劳动生产率的差别或技术差别是各国在生产同一产品时存在价格差别的基本原因，这种价格差别及其生产者对较高价格的追求是国际贸易的原因和动力；每个国家专门生产自己有优势的产品并根据自己对产品的需要进行交换是国际分工的结构；各国通过国际贸易获得实际收入水平的提高则是国际贸易的结果。基于获得和维持这一结果的因素，国际贸易得以维持和发展。

由于产品与服务之间存在着差别，所以比较优势的一般原理在国际服务贸易领域的适用性受以下几方面因素的影响：

（1）各国对服务贸易领域大多进行各种形式的干预，或者完全不符合李嘉图理论做出的完全竞争市场结构的假设。

（2）许多服务贸易与外国直接投资密切相关。许多国家对服务领域的外国直接投资的各种担心以及由此引发的对服务领域的限制政策也会影响到它的适用性。

（3）在确定比较服务优势时，很难用比较优势的一般原理来分析服务优势。第一，服务经济的统计困难。第二，服务经济的分析公式、规模变量太多。尽管如此，但比较优势理论毕竟是各种交易理论中最具说服力的逻辑体系。理论界普遍认为，比较优势既存在于产品生产，也存在于服务生产。主张加快服务贸易自由化的人士也多引用比较优势理论来证明开放政策的福利。利用显性比较优势研究服务贸易还会遇到某些技术困难：第一，各国统计分类的不统一影响到评价其他服务类比较优势指数的准确性。第二，服务贸易的统计分类很笼统，特别是其他服务部门几乎得不到能够说明竞争力的指标。其忽视的问题有三个方面：一是比较优势的竞争地位不仅取决于一个国家在世界服务市场中的地位，而且取决于该国产品在世界市场上能够获得多大的份额；二是只有跨国服务贸易才被列入统计范畴，货物出口中包含的服务及跨国公司和海外子公司提供的服务没有被考虑；三是指数不能说明形成竞争力的来源。

R. 迪克（R. Dick）和 H. 狄克（H. Dick）于 1979 年提出了借助显性比较优势（revealed comparative advantage，RCA）来分析知识密集型服务贸易。RCA 为显性比较优势，它是一种出口专业化指标，用来衡量一国某类产品的出口量占世界出口总额的比重，即

$$\text{RCA}=\frac{\text{某国某种产品的出口额/该国全部产品的出口额}}{\text{世界该种产品的出口额/世界全部产品的出口总额}}$$

若 RCA＞1，则意味着该国以出口该种产品为主。

R. 迪克和 H. 狄克以要素禀赋为基础，对各种显性比较优势指标进行了回归分析。其结果发现，在 18 个经合组织成员中，没有证据表明比较优势可以决定服务贸易模式。虽然这种现象可以归咎于非关税壁垒的存在，但他们坚持认为：若不考虑贸易扭曲，那么要素禀赋在服务贸易中的决定作用并不明显。对于 RCA 指数，许多最贫困的发展中国家却具有服务出口的比较优势，它们的服务显性比较优势指数均大于 1。

1981 年，皮萨尔和卢茨根据国家间的要素禀赋和技术差异分别讨论了货运、客运和其他民间服务的竞争状态，认为要素禀赋不仅是产品贸易而且是服务贸易的重要决定因素。皮萨尔进一步提出，服务贸易的比较优势是动态的，发展中国家具有成为服务出口国的潜力。

(二) 国际服务贸易理论对生产要素禀赋理论的补充与发展

生产要素禀赋理论认为，在现实生产中投入的生产要素并不只是一种劳动力，而是多种生产要素，并且投入两种生产要素是生产过程中的基本条件。

赫克歇尔和俄林从生产要素禀赋的角度出发，分析了国际贸易产生的原因。根据他们提出的 2×2×2（两个国家，两种产品，两种生产要素）模型，在各国生产同一产品的技术水平相同的情况下，两国生产同一产品的价格源于产品的成本差别。这种成本差别源于生产过程中所用生产要素的价格差别，而这种生产要素的价格差别取决于该国各种生产要素的相对丰裕程度。

要素禀赋的差异不仅可以说明产品与产品之间的相对价格差异，通常也可以说明产品与服务之间以及服务与服务之间的相对价格差异。在不考虑技术因素的条件下，服务的成本取决于生产所需的要素密集度和要素价格。劳动密集型服务的相对价格在劳动丰富的国家较低，在劳动稀缺的国家较高；资本密集型服务的相对价格在资本丰富的国家较低，在资本贫乏的国家较高。一般来说，一个国家的服务要素比较优势表现为密集使用其禀赋相对丰裕的生产要素的服务，通过出口密集使用其禀赋相对丰裕的生产要素的服务和进口密集使用其禀赋相对稀缺的生产要素的服务而获得利益。在现实生活中，发达国家的资本禀赋相对丰裕，而欠发达国家的劳动禀赋相对丰裕，因此发达国家的服务相对价格平均高于欠发达国家。就不同的服务而言，资本密集型的服务在发达国家的相对价格要低于欠发达国家，而劳动密集型服务的相对价格则相反。比如发达国家在以金融、运输、电信等为基础的资本密集型现代服务贸易领域拥有比较优势，而发展中国家在以劳动密集型为基础的饮食、劳务输出与输入等服务贸易领域拥有比较优势。

第二节 国际服务贸易学说

一、新贸易理论产生的背景

在第二次世界大战后，国际贸易活动出现了新特点、新现象。

首先，从 20 世纪 60 年代末开始，由于日本、西欧在国际经济领域的地位迅速上升以及发展中国家经济的发展，使得美国的经济霸主地位受到极大动摇，并且发达国家与发展中国家客观存在贸易的不等价交换。国际贸易活动在第二次世界大战后大幅增加，但不是发生在经济互补的国家，而是发生在发达国家之间。这种贸易的相似性，改变了传统上对国际贸易的看法。这就需要有一种新的贸易理论对世界贸易现象做出更为客观和切合实际的解释。

其次，随着国际贸易的大幅增加，在国际贸易中增长最快的不是要素互补的发达国家和发展中国家之间的贸易，而是要素禀赋极其相似的工业化国家之间的贸易，各国之间进行的大多数贸易也不是产业间贸易，而是发生在同一产品内部的产业内贸易。国家与国家之间的贸易活动已不再完全取决于各国之间的资源优势差异，而是取决于一个国家在某个行业中所具有的规模优势，比较典型的是大部分国际贸易活动是“飞机式的贸易”。飞机制造所需要的经济规模使得整个世界上只有为数不多的飞机制造者，而且世界上也只有少数几个飞机制造中心，即使日本和美国两国之间没有差异，似乎也只有其中一个国家才会生产宽体喷气式飞机。新贸易理论认为，相当一部分国际贸易，特别是经济特征相似国家之间的贸易，其产生原因主要是规模报酬递增形成的国际分工，而不是国与国之间在资源禀赋上存在的差异。传统的国际贸易理论无法对此做出合理的解释。

最后，许多产品市场中的完全竞争不是经常存在的，而不完全竞争是经常存在的，少数垄断企业由于规模报酬递增而获得市场地位，从而导致了国际分工。传统的国际贸易理论无法对这种贸易现象做出合理解释，因此，能够合理解释这些现象的国际贸易理论应运而生。

二、新贸易理论的主要内容与特征

（一）新贸易理论对贸易动因与贸易基础的解释

产业内贸易、发达国家之间的水平分工与贸易的迅速增长成为当今国际贸易的主要现象。新贸易理论认为，这是因为产生国际贸易的动因与基础发生了变化，不再只是因为技术和要素禀赋的差异就能带来贸易。新贸易理论从供给、需求、技术差距论等不同角度分析了国际贸易的动因与基础。

（1）从供给角度揭示了规模经济性和不完全竞争市场结构下企业的垄断竞争行为成为贸易产生的重要动因与基础。1977年，迪克希特和斯蒂格利茨建立的D-S模型阐述了在不完全竞争市场结构下消费者需求多样化和企业生产规模经济的两难冲突问题。在具有规模经济的条件下，企业倾向于扩大生产规模，对生产者来说，产品差别越少越好；而消费者则要求产品具有多样性，即产品差异。国际贸易可以解决这一矛盾——各国专业化大规模生产具有某方面差异的同种产品并进行贸易，这样既利用了规模经济性获得了比较优势，又满足了消费者对差异产品的需求。

克鲁格曼看到了应用D-S模型解释贸易问题的潜力，通过将它应用到国际贸易分析中，进而建立了规模经济理论，即一个由规模经济引致贸易的模型。通过采用张伯伦垄断竞争分析方法，他得出的结论为：贸易并不是技术或要素禀赋差异的结果，它可能只是扩大市场和获取规模经济的一种途径。国际贸易的意义就在于能够形成一个一体化的世界市场，厂商可以打破单一、狭小的国内市场限制，在世界范围内扩大产品销售市场，并从别国进口其他差异性产品，以满足消费者需求。

综上所述，关于贸易发生的原因，新贸易理论从供给角度分析，认为在不完全竞争的市场结构下，规模经济形成了引起专业化与国际贸易的重要原因。即使在各国的偏好、技术和要素禀赋都一致的情况下，也会产生差异产品之间的产业内贸易，并且国家间的差异越大，产业间的贸易量就越大，而国家间越相似，产业内的贸易量就越大。

（2）新贸易理论还强调了需求因素对贸易产生和贸易结构的影响。从需求角度进行探索，填补了贸易动因研究的一大空白。瑞典经济学家林德提出的代表性需求理论将需求与产品差异结合起来解释了产业内贸易产生的原因，他指出：一国平均的收入水平或者大多数人的收入水平就是一国的代表性需求。生产者只有专门生产代表此水平的产品才有可能达到规模经济，因此一国应集中生产本国具有代表性需求的产品，然后出口该产品，并从与本国收入水平相似的其他国家进口相似产品，以满足本国其他收入水平消费者的消费需求。新贸易理论表明，规模经济容易在各国具有代表性需求的产品上产生，因此收入水平越相似，国家之间的产业内贸易越多。

(3) 技术差距论以不同国家之间的技术差距为分析前提，认为技术差距和模仿时滞决定了现实的贸易格局。1959 年，美国经济学家波斯纳运用技术创新理论修正了赫克歇尔-俄林理论，提出了技术差距论。该理论在解释发达国家与发展中国家的贸易时，就是著名的生命周期理论。与此同时，该理论也可以解释发达国家之间的贸易：即使两个发达国家在技术开发方面具有相同的能力，但它们开发出的技术与产品仍会有差异，从而促成了国际贸易的产生。因此，技术水平接近的国家会因为追求产品的差异性而产生贸易，从而解释了发达国家之间的产业内贸易。

(二) 在贸易政策方面的两个论点——利润转移论和外部经济论的提出

传统的贸易理论是建立在完全竞争的市场结构框架下，完全竞争市场是最有效率的市场，任何干预只会带来效率损失，因此传统贸易理论强调了自由贸易的重要性。

新贸易理论认为，现实中市场的有效性值得怀疑，并提出了两个干预贸易的论点——利润转移论和外部经济论，然后在此基础上提出了战略性贸易政策理论。

利润转移论认为，由于存在寡头垄断、市场分割和规模经济效应，从国际竞争和竞争战略的角度来看，对于存在规模经济效应的产业，采用进口保护措施可以保护本国产业的发展，增强本国产业的比较优势，进而促进出口。

外部经济论认为，一些具有技术创新的高新技术产业可以通过知识外溢为其他部门带来收益，即产生了有益的外部经济性。政府应该对这些产业进行扶持，从而推动整个社会的经济发展。

以上述两种理论为基础，新贸易理论提出了战略性贸易政策理论，即应针对那些对本国经济有重要促进作用的战略性产业进行扶持补贴。比如日本在 20 世纪 80 年代中期从美国手中夺得的半导体产业的控制权，就是战略性贸易政策使用的结果。战略性贸易政策对美国 20 世纪 90 年代的贸易政策有重大影响力，同时也影响了欧盟条约的内容。

(三) 新贸易理论提出了参加贸易并不总能得到利益的论点

传统贸易理论并未对国际贸易的福利效应做专门分析，因为其结论是按比较优势进行分工对各国都有利益，相关的贸易利益源于专业化生产效率的提高。新贸易理论认为贸易利益不仅源于比较优势，还源于规模经济性以及增加了不完全竞争产业的竞争程度和产品的差异性等。与此同时，新贸易理论指出：尽管存在着潜在贸易利益，但不完全竞争市场也产生了风险，使一国经济有可能不仅无法利用潜在的贸易得益，而且实际上还会遭受损失。当贸易使得本国规模递增的行业和高度垄断的行业收缩，但贸易带来的其他利益不足以弥补这种收缩带来的损失时，贸易将使本国受损。这说明参加贸易并不是总能得到利益。

(四) 新贸易理论开始注重国际贸易理论与国际直接投资理论的融合

传统的国际贸易理论将贸易与投资问题孤立地进行研究。经济全球化使人们认识到贸易与投资实际上是厂商国际化经营中的不同选择方式，出口或到东道国建立基地需要考虑的因素实际上是相似的，国际贸易可以看作以产品为载体的要素的国际流动。在第二次世界大战后，跨国公司成为国际经济生活的主要载体，对国际贸易格局产生了重大影响，因此一些学者开始将贸易与投资置于统一的框架中进行研究，而注重贸易与国际直接投资理论的融合也是新贸易理论的重要特征之一。

三、传统贸易理论与新贸易理论的区别

国际贸易理论作为现代经济理论的专门分支始于亚当·斯密，他在《国富论》中提出了绝对成本的概念，后经李嘉图修正，形成了比较成本理论。比较成本理论提示了互利贸易的基础以及贸易利益的来源。随后，俄林在《区域间贸易与国际贸易》一书中对此做出了解释，提出了生产要素禀赋理论。该理论指出，比较成本差异的原因在于各国资源禀赋的不同，并且它还对国际贸易的产品和要素模式做了确定性的结论。至此，奠定了传统国际贸易理论两个层次的核心，即比较成本理论与生产要素禀赋理论。此后，雷布津斯基、萨缪尔森等人在此基础上进行了完善和补充，形成了我们所熟知的国际贸易理论的内容。

传统国际贸易理论的最大特点是逻辑严密、形式完美，但这也是它的弱点所在。因为现实的世界毕竟不如它想象的完美。事实上，自传统国际贸易理论的诞生之日起，就不断遭到严峻的挑战。里昂惕夫首先通过实证研究对传统国际贸易理论关于国际贸易产品和要素模式的预测提出了疑问。在第二次世界大战后，尤其是 20 世纪 60 年代以后，国际贸易领域出现了许多新的现象，比如发达国家间（即要素禀赋相似国家间）的贸易以及相似产品之间（即生产所需要素比例相似的产品之间）的贸易等，对此，传统国际贸易理论一筹莫展。自 80 年代以来，许多西方经济学家致力于利用产业组织理论和市场结构理论来解释国际贸易现象，他们用不完全竞争、规模报酬递增和相异产品等概念及思想来构造新的贸易理论模型。以斯蒂格利茨、克鲁格曼、格罗斯曼以及赫尔普曼为主要代表的一批经济学家创建了一个新的分析框架，他们吸取了以往诸多贸易理论的合理因素，并发展出了自己的理论。这一理论因其理论的新颖、分析方法的独到和解释现实的能力而被大家所赞同，其地位已远超传统国际贸易理论。为此，格罗斯曼、克鲁格曼先后获得了克拉克奖。该理论又被称为新贸易理论。

（一）国际贸易形成原因的不同

传统国际贸易理论的鼻祖李嘉图认为，各国的生产力水平决定了劳动生产率的差异，由此引起了国际交换的必要。赫克歇尔与俄林继承了李嘉图自由贸易的主张，借助“需求偏好”和“生产要素的所有权分配”决定了对最终产品需求的观点，并由此推理得出“要素的派生需求和要素的供给决定了要素价格，而要素的价格（生产技术）决定了一国产品的价格”。最终，在世界市场上，产品价格的绝对差异成为国际贸易的直接原因。

由此可见，传统的国际贸易理论假定了两国需求偏好与生产技术是相同的，得出两国间相对要素禀赋的差异决定了两国相对要素报酬的差异，又直接导出了两国相对产品价格的差异、相对要素报酬差异和相对产品价格三者在解释贸易原因的功能上是等效的。归根结底，相对要素禀赋的差异是根本的原因；反之，如果两国间不存在相对要素禀赋的差异，则两国间的贸易就不会存在。

新贸易理论的新奇之处在于，它考虑了规模经济的情况。新贸易理论认为，由于规模经济的存在，两国产品相对价格的差异就不能由要素价格差异直接得出，必须加入生产技

术的因素。在其他条件相同的情况下，两国经济规模的不同就会导致生产成本的不同，就会影响到产品的价格。产品相对价格差异的决定轨迹为，要素禀赋的相对差异决定了要素价格的相对差异，要素价格的相对差异和国家间的经济规模差异（具体地说，是产出水平的差异）共同决定了产品相对价格的差异。因此，要素禀赋的相对差异与要素价格的相对差异是等价的，但两者与产品相对价格差异不再等价。要素禀赋的相对差异与国家大小决定的经济规模差异共同作用的结果是贸易的根本原因；反之，即使两国间没有要素禀赋的相对差异，由于经济规模的不同也会出现贸易。这就解释了传统贸易理论面临的发达国家间存在大量贸易这一难题。

（二）国际贸易的产品模式

传统的贸易理论根据 2×2×2 模型得出：一个国家将要出口的是那些需要密集使用该国相对丰饶和便宜要素的产品，而进口的产品是那些需要密集使用相对稀缺和昂贵要素的产品。这里存在着一种必然性，劳动相对丰裕的国家出口劳动相对密集型产品、进口资本相对密集型产品，另一国则相反。

新贸易理论突破了 2×2×2 模型的限制。新贸易理论认为，当贸易产品的数量大于要素的数目时，两国产品生产和产品贸易中存在着不确定性。一国在一个生产模式下可以出口一种产品，在另一个生产模式下则可能进口该产品，而生产模式却可能是由一些偶然的历史原因决定的，如政府计划等。假定存在两个国家（甲、乙），两种要素（K 和 L），3 种产品（X、Y、Z），下面解释这种可能情况。设全世界的总资源为 $K=7$，$L=9$。X 产品、Y 产品、Z 产品的生产函数分别为 $X=1K+3L$，$Y=2K+2L$，$Z=3K+1L$。假设：第一，资源集中于一国，则可生产 $X=2$，$Y=1$，$Z=1$，经济达到充分就业均衡。第二，资源分布于两国，甲国为 $K=3$、$L=5$，乙国为 $K=4$、$L=4$，则有以下两种生产模式：①甲国 $(X, Y, Z)=(1, 1, 0)$，乙国 $(X, Y, Z)=(1, 0, 1)$；②甲国 $(X, Y, Z)=(1.5, 0, 0.5)$，乙国 $(X, Y, Z)=(0.5, 1, 0.5)$ 都能使两国达到充分就业均衡，即生产模式是不确定的。此外，在第一种情况下，甲国出口产品 Y 到乙国；在第二种生产模式下，甲国从乙国进口产品 Y。对一国而言，产品 Y 既可能是出口产品也可能是进口产品，即贸易的产品模式也是不确定的。

（三）贸易的要素模式

传统贸易理论的贸易要素模式很简单，其要素的净流动方向为：一国出口本国相对丰富的要素，进口本国相对稀缺的要素。

新贸易理论指出，即使两国的贸易是平衡的，一国也可能是所有要素的净流入国。其原因是，由于规模经济的存在，公司不可能遵循边际成本定价原则。与此同时，如果由于规模、政府管制或是其他原因使进入受到限制，则规模报酬递增的行为中存在着垄断利润（经济租），当这些产业的产品出口到国外时，垄断利润将从国外获得。当两国获得的垄断利润的幅度（即垄断利润率）由于不同管理程度而不等时，一国就可以利用获得的垄断利润购买另一国产品，甚至可能达到进口所有要素的状况。这部分解释了当前世界贸易中初级产品生产国贸易条件不断恶化的现象。发达国家的产业一般具有规模经济和垄断程度。以美国为例，在原铝、电话电报器材、机动车、合成纤维等行业中，前四大公司的工业产量均占全行业的90%以上。1987年，埃克森公司、通用汽车公司、福特汽车公司、莫比尔石油公司的销售额竟超过了挪威、希腊、芬兰等中等发达国家的国民生产总值。凭借这些强大的垄断优势，发达国家的工业制成品在世界市场上以高价出售，因此获得了巨额的垄断利润，再从初级产品生产国获得廉价的原料、燃料，从而间接占有了这些国家的资源。随着这种垄断趋势的加强，初级产品生产国的贸易条件不断恶化。

（四）贸易构成和贸易量

传统的贸易理论认为，一国必然出口本国相对丰富要素密集的产品，而进口本国相对稀缺要素密集的产品。两国间只存在产业间贸易，产业内贸易（要素密集度相似的产品的贸易）不可能存在。在一定范围内，两国的要素禀赋相对差异越大，贸易量越大。当两国的要素禀赋无相对差异时，不存在相互贸易。

现实情况却不然，不仅许多产业内（如小汽车、机械、电子等）存在着大量贸易，而且第二次世界大战后世界贸易量的增长速度远超经济增长速度。更有甚者，发达国家之间的贸易增长更快，这些都是传统贸易理论无法做出解释的。

新贸易理论引入了相异产品的概念来建立贸易模型。相异产品是指在确定了产品部门结构后，属于这一产品部门的不同种类的产品。譬如我们确定“石英表”为一个产品部门，则精工牌、北极星牌、海达牌等市场上可以买到的各种品牌的石英表均为“石英表”这一产品的相异产品（又称“变体”）。不仅如此，还有更多的变体可以逐渐生产出来。例如，一年后可能会出现“梦想牌”“虚构牌”石英表，这些都属于新贸易理论相异产品的范畴。最重要的是，各种相异产品都能因其自身有价值（市场上总有一些人喜好这种变体）而存在，并且相异产品越多，消费者可选择的余地越大，社会福利越高。然而，在一国自给自足的情况下，由于规模的限制，变体的种类不可能很多，因为变体的数目越多，则生产规模越小，而生产规模越小，则规模经济效益就会受到限制。变体的种类将保持在与规模经济均衡的水平上。在开展贸易后，两国市场合并，两国分别生产几种变体且互不重合，但总数目大于贸易前任一国的数目。在需求方面，由于可消费变体数目的增加将提高福利，所以两国互相进口对方的变体，于是产业内贸易产生。就贸易量而言，存在相异产品的世界经济与传统的贸易理论之间存在着根本的区别，此时，国家的相对规模对贸易量产生了极大的影响。国家越相似，产业内贸易量越大。就总的贸易量而言，要素禀赋的相对差异（决定产业间贸易量）和国家的相对规模（决定产业内贸易量）共同决定了贸易量。

（五）贸易利益

传统的贸易理论认为，不考虑贸易产生的动态利益，当存在要素禀赋相对差异的两国分别进行不完全专业化生产，各自发挥比较优势，然后进行贸易，则双方都能获利。这种静态的贸易利益来自专业化生产的生产效率提高。

新贸易理论指出，在规模经济和不完全竞争的市场结构下，经济不可能达到完全竞争市场下的资源最佳配置状态，只能在一种次优状态下运行。然而，与各国自给自足的情况相比，在开展贸易后，全世界的总体福利水平提高。这不仅源于传统的比较优势利益，而且是由于存在以下的潜在得益：

（1）生产效率效益。贸易使规模报酬递增的产业由于市场的扩大而扩大，致使规模经济增加，从而提高了生产率。

（2）生产集中。贸易使规模报酬递增的产业集中在世界上效率最高的国家生产，这可使商品的价格下降。

（3）生产的合理化。贸易的开展增加了不完全竞争产业的竞争，减少了垄断利润，缓和了价格扭曲，促使资源配置优化。

（4）产品多样性。贸易使世界市场远大于国内市场，消费者可选择的变体增多，福利增加。然而，新贸易理论也指出，对一国而言，也存在着贸易受损的可能性。当贸易使得本国规模递增的行业和高度垄断的行业收缩，但贸易带来的其他利益不足以补偿这种收缩带来的规模经济损失和垄断利润损失（此时，垄断利润由外国获得）时，贸易将使本国受损。当然，这种可能性不大，但我们要重视的是贸易利益分配不公的问题。

第三节　服务产品的价值与使用价值

一、服务产品与实物产品

伴随社会分工的深入与细化发展，在流通领域会形成两种形式：一类是以实物（物品）形式存在的劳动成果（即实物劳动成果，或称实物产品、货物）的流通，比如小麦、飞机、石油的国际流通。另一类是不以实物形式存在的劳动成果（即非实物的劳动成果）的流通。非实物的劳动成果是客观存在的，虽然它能被人们感知，但不像实物劳动成果那样具有可以触摸的形体。这些非实物劳动成果被称为服务产品，或称服务。

非实物劳动成果之所以要被纳入社会产品的范畴，有两个原因：

第一，根本原因在于它与实物劳动成果一样，都有满足人们需要的功能。在消费对象相对稀缺的情况下，人们为了满足物质和精神需要，以求生存、繁衍、发展和享受，必须通过劳动创造能满足其需要的劳动成果。这种劳动成果就是产品。不管劳动成果是采取非实物形式还是实物形式，只要能消除相对稀缺、满足人的需要、达到了人类从事劳动的目的，就会被认为是产品。非实物劳动成果（如教育服务、医疗服务、文艺服务、交通服务、旅游服务、信息服务等）都无可争辩地具有满足人们多方面需要的功能，并由此与实物劳动成果形成互补或替代关系。这样，它们就理所当然地被包括在社会产品之下。

第二，其历史原因在于服务业飞速发展的事实引起人们的认识发生了飞跃。在现代社会中，需求结构正迅速向服务比重增大的趋势发展，生产的社会化、专业化使实物生产阶段或阶段性劳动成果独立化，科技进步使生产过程对“软件”的需求增大。这些变化都使得非实物劳动成果在生产结构和消费结构中的地位日益重要，从而为人们比较透彻地认识其产品属性提供了客观条件。因此，当代社会产品的范畴必然要突破实物形态的范围，它应是社会在一定时期内创造的、能满足人们需要的实物劳动成果和非实物劳动成果的总和，包括实物产品和服务产品两大类。

社会产品观的更新使得产品突破了传统经济学设定的物质产品范畴，打破了以物质产品为中心划分生产、交换、分配和消费的旧模式，代之以物质产品和服务产品为对象来划分生产、交换（流通）、分配和消费的新模式。这不仅可以全面、客观、真实地反映全社会投入与产出的情况，而且丰富了马克思的两大部类理论。

按照产品的用途，服务产品可以分别归入第Ⅰ部类（农业、矿业）、第Ⅱ部类（轻工业、重工业、机械制造业、石油化工业等）和第三产业（商业批零、交通物流、建筑业、金融保险服务等）。第Ⅰ部类、第Ⅱ部类生产所需的服务产品（如农业科技服务、农业销售服务、工业运输服务、工业信息服务等）以及第三产业生产所需的服务产品，如流通部门所需的信息咨询服务，商业部门所需的仓库、维修、货运服务，科技部门所需的电信、保安、清洁服务等，构成了服务形式的生产资料；用于生活消费的服务产品，如居民生活服务（美容美发和家政服务等）、教育服务、卫生服务、文化娱乐服务、客运服务、旅游服务等，构成了服务形式的消费资料，即服务消费品。

至于智力劳动所直接生产的、具有一定思想内容的、用于满足人的精神智力需要的成果，可称为精神产品。精神产品或是采取实物形态，或是采取非实物形态，可分别列入实物产品或服务产品之下。其中，一类是以实物形态存在的精神产品，如设计图纸、书刊、报纸、图画、雕塑、唱片、音像、磁带、照片、电影拷贝、手稿、讲稿、计算机软件等；另一类是以服务形式存在的精神产品，如咨询服务、演出服务、教学服务等。需要注意的是，这里精神产品的分类只是以存在形式为标准的。很明显，以实物形态存在的精神产品，其价值或效用主体仍是服务，而不是服务的载体。

由此，我们可以得出结论：精神类服务产品或服务形式的精神产品（如教育、科研、技术、文艺服务等）以及非精神类服务产品（如医疗、交通、旅游、商业、通信等服务）是由服务业生产的。非精神类实物产品（工农业产品）是由工业和农业生产的。至于精神类实物产品（报刊、唱片等）则是由工业和服务业联合生产的。

二、服务产品的使用价值与价值

服务产品转换为服务商品后加入了商品的世界，成为普通商品中的一员。作为商品，它必然具有使用价值和价值。

（一）服务产品的使用价值

马克思说：商品首先是一个外界的对象，一个靠自己的属性来满足人的某种需要的物。这种需要的性质如何，例如是由胃产生还是由幻想产生，是与问题无关的。服务具有使用价值——非实物的使用价值，这是一种不采取实物形式，与劳动过程紧密结合在一起，只能在活动状态中被消费，从而满足某种需要的使用价值。由工农业生产的实物产品，其使用价值具有离开生产者和消费者而独立存在的形式，能在生产和消费之间的一段时间内存在，可称为实物使用价值。马克思把前者称为“运动形式”的使用价值，而把后者称为“实物形式”的使用价值，并提及“不以物品资格但以活动资格供给的特别的使用价值”“未来音乐的创作家”生产的使用价值等非实物使用价值。

服务的使用价值具有一般功能和特殊功能。首先，非实物使用价值具有实物使用价值所具有的一般功能。

（1）服务具有满足人的某种物质或精神需要的功能。与实物产品功能相同的服务产品的使用价值，在消费中与实物产品可以相互替换，具有消费替代性；与实物产品功能相异，但有联系的服务产品的使用价值，在消费中与实物产品可以相互补充，具有消费互补性；与实物产品的使用价值在功能上存在因果链联系的服务产品，在消费中会引起以后对其他使用价值的一系列消费，具有消费引致性。服务产品的使用价值具有消费替代性、消费互补性、消费引致性的根本原因，在于非实物使用价值具有一切使用价值均具有的共性——可消费性。

(2) 非实物使用价值也是构成社会财富的重要内容。其原因在于，人们追求财富的目的是获得多样性的使用价值来满足自己多方面的需要，以达到健康、幸福的境界。所以，财富是与使用价值等同的东西。不论财富的社会形式如何，使用价值总是构成财富的内容。

随着社会生产力的发展，使用价值本身在一个生产和需要的体系中发展起来，因而财富内容本身及其概念也在不断变化：农业社会主要以农业使用价值为财富内容；工业社会主要以工业使用价值为财富内容。在现代社会，满足各种需要的社会财富日益分化为以实物使用价值为内容的实物财富和以非实物使用价值为内容的非实物财富，后者的比重正在上升。

(3) 非实物使用价值在市场经济中也是交换价值的物质承担者。马克思说：商品是以铁、麻布、小麦等使用价值或商品体的形式出现的。这是它们日常的自然形式。但它们所以是商品，只因为它们是二重物，既是使用物品又是价值承担者。价值本质上是商品生产者相互交换劳动的一种社会关系，因此，它必须以劳动产品的交换为前提。而产品只有具备使用价值，才能被投入交换，进而被衡量交换价值和价值。这就决定了价值必须以使用价值为承担者。只要使用价值凭它能满足交换双方某种需要的有用属性，使产品能够投入交换，它就可以并且实际上充当了交换价值的承担者。因为非实物使用价值能够实现上述职能，所以它同样可以充当交换价值的物质承担者。

此外，服务的使用价值还具有实物商品所不具有的特殊功能。首先，服务使用价值的特殊功能表现在节约劳动时间上。它为一切消费服务的人们节约生产时间、工作时间。自我服务转变为社会服务的根本原因，就在于社会服务比自我服务具有更高的劳动效率。节约劳动时间与提高劳动效率是因果相连的，劳动时间的节约，就是劳动效率的提高。其次，服务使用价值具有节约社会劳动时间的特殊功能，同时也就具有提高社会劳动生产率的特殊功能。例如，交通运输服务、邮电通信服务、商业服务、金融服务、咨询服务、信息服务等构成社会经济循环系统和神经系统的一部分，使各部门、各地区、各企业以及人与人之间互相联系，从而使社会生产顺利进行下去。

(二) 服务产品的价值和价值量

服务产品具有价值的原因：

(1) 凝结性。凝结性是指生产服务产品耗费的劳动凝结在非实物使用价值上，形成价值实体。从价值的定义可知，价值是凝结在产品中的社会必要劳动。也就是说，只要服务中凝结着人类劳动，它就应该具有价值。从事服务生产的人员，他们在生产服务产品的过程中，与工人、农民一样，经过了辛勤的劳动，付出了刻苦的努力。可以说，在任何一种服务产品中，都凝结着服务提供者的辛勤劳动。

(2) 有用性。有用性是指服务产品具有满足人们需要的使用价值。按照劳动价值理论，创造价值的劳动首先应该创造出使用价值。从使用价值的定义可知，使用价值是指能满足人们某种需要的物品与服务的有用性或效用。也就是说，只要服务产品能够满足人们的某种需要，它就具有使用价值。

马斯洛把人的需要分为生理需要、安全需要、社交需要、自尊需要、自我实现需要五个层次。根据这一理论，从生理需要到自我实现需要，每一层次都存在着需要的满足问题。后三种需要都是为了满足人类的精神需求，能够给人带来幸福与快乐。

在物质匮乏年代，人们的需要主要是生理需要，只要能吃饱穿暖，人的欲望就得到了满足。而到了物质充裕年代，人们的需要已经从生理需要上升到精神需要，此时人们不仅要吃饱穿暖，而且要吃好、穿好、玩好，实现自我。此时，人们对精神需要的追求已经超过了对物质需要的追求，这就是服务产品在世界经济中所占比重越来越高的根本原因，也是服务产品具有使用价值的实证。

（3）社会性。社会性是指私人劳动与社会劳动的矛盾使生产服务产品的劳动取得社会形式，从而表现出价值。例如，艺术家在家唱歌、跳舞是个人行为，上台表演就可以被认为是社会劳动，从而表现出价值。

（4）抽象等同性。抽象等同性是指服务产品与实务产品不能按异质的使用价值度量，只能按其中凝结的同质的抽象劳动量进行交换，从而以价值为尺度决定其交换比例。按照劳动价值理论，创造价值的劳动还应该具有交换价值。从交换价值的定义可知，交换价值是指当一种物品在进行交换时能换取到的其他物品的价值。也就是说，只要服务产品能够在市场中进行交换，它就具有交换价值。

马克思指出：服务本身有使用价值，由于他们的生产费用，也有交换价值。有些服务的价值可以用社会平均劳动耗费来衡量，如理发师、司机、售票员等，可以从一定时期内服务时间和费用的平均值中反映出来；有些服务不太容易计算价值，如教育、科研、培训、研发等。但是，统计与计量上的困难并不是否定服务劳动创造价值的理由。

从逻辑上说，既然服务业提供的非实物劳动成果也是一种产品——服务产品，即这种产品具有非实物使用价值，那么只要服务产品是为交换而生产的，则它就是商品，也就具有使用价值和价值两个因素。从理论上说，市场经济中的服务产品具有价值的原因包括：

（1）生产服务耗费的劳动凝结在非实物使用价值上并形成价值实体。

（2）私人劳动和社会劳动的矛盾使生产服务产品的劳动取得了社会形式，从而表现出价值。

（3）服务产品与实物产品不能按异质的使用价值度量，只能按其中凝结的同质的抽象劳动量进行交换，从而以价值为尺度决定其交换比例。

简言之，服务价值是由服务劳动的凝结性、有用性、社会性及抽象等同性共同决定的。既然服务价值是服务产品生产者劳动消耗的单纯凝结，那么它当然是服务业劳动者创造的，并不是从别的领域转移或者再分配过来的。

服务产品的价值量也由三个部分构成：在服务生产过程中消耗的燃料、物料或辅助材料的价值，以及服务工具和设施的折旧费；服务劳动者的必要劳动所创造的价值，即维持劳动力在生产和再生产方面所必需的生活资料的价值；劳动者的剩余劳动所创造的价值。

服务产品的价值量决定分为两种情况：

（1）重复性服务产品。因为服务劳动过程中主客观条件的差别，因而生产同种服务产品需要不同的个别劳动时间，故其价值量是由生产这种产品所耗费的社会必要劳动时间决定的。

（2）创新型服务产品。它的非重复生产性、扩散性和共享性使其价值量可由最先生产出的这种产品所耗费的个别劳动时间决定。服务产品的价值量也由三个部分构成：①不变资本（C）——服务生产过程中所消耗的燃料、物料或辅助材料的价值，以及服务工具和设施的折旧费。随着社会科学技术的不断进步，服务产品中不变资本所占的比重有不断增长的趋势。②可变资本（V）——服务劳动者的必要劳动所创造的价值。③剩余产品价值（M）——服务业乃至整个社会发展的基础。由于传统观点认为服务业的生产率增长要慢于工农业，因此以实物产品为等价形态的非服务产品的相对价值呈增大的趋势，而服务产品的价值增幅将大于工农业产品。

（三）服务产品的市场价值和市场价格

马克思的社会必要劳动时间是指在现有的正常生产条件下，在社会平均的劳动熟练程度和劳动强度下，制造某种使用价值所需要的劳动时间。

社会必要劳动时间有两种含义：社会必要劳动时间的第一种含义是指在生产同种产品的不同生产者之间形成的社会必要劳动时间，它涉及同种产品在生产上的劳动耗费。社会必要劳动时间的第二种含义是指在生产不同产品的生产者之间形成的社会必要劳动时间，它涉及社会总劳动时间在各种产品上的分配，其意义是不同产品的价值量被社会接受的程度。

社会必要劳动时间决定产品的价值量。如果说社会必要劳动时间的第一种含义是指价值的决定，那么它的第二种含义则是指价值的实现。

社会必要劳动时间的两种含义在分析角度上的区别：

（1）第一种含义是从社会生产条件的角度来说明社会必要劳动时间的，第二种含义是从社会需要的角度来说明社会必要劳动时间的。

（2）第一种含义决定的是单位产品的价值，第二种含义决定的是部门总产品的价值。

（3）第一种含义涉及劳动消耗，第二种含义涉及社会范围内的使用价值。

经济调节的目标就是将社会总劳动时间按社会必要劳动时间配置到各个部门中。

与货物产品的价值实现一样，服务作为一种产品，其价值的实现是由供求双方在服务市场上决定的。

当产品的供给价值超过需求价值时，由于需求价值（即消费者的购买能力）的制约，使产品的市场价值趋于需求价值；当需求价值超过供给价值时，由于供给价值所代表的社会必要劳动时间的制约，又会使产品的市场价值趋于供给价值。供给价值与需求价值的失衡就意味着两种含义的社会必要劳动时间的要求不一致，并使产品的市场价值在供给价值和需求价值之间波动。在现实的经济活动中，它就表现为市场价格围绕市场价值波动。

市场价格作为市场价值的具体表现形式，是由市场价值决定的。市场价格的变化在一定程度上反映了市场价值的变动，从而体现了两种含义的社会必要劳动时间在比例关系上的变动。但在市场活动中，由于供求、竞争、劳动生产率的变化等因素的影响，市场价格往往与市场价值相背离，其背离的方向及程度主要取决于供给价值和需求价值在比例关系上的变动。供求是指对产品使用价值的供求。供求平衡是偶然的、暂时的现象，供求不平衡则是必然的、长期的现象。当供大于求时，生产者提供到市场上的产品量必然超过消费者有支付能力的需求，从而造成价格向下的压力，甚至还会有一部分产品得不到社会承认，导致其价值无法实现。此时，产品的市场价格所表现出的市场价值趋近于产品的需求价值；当供不应求时，消费者对产品的需求量将超过生产者向市场提供的产品，将造成价格向上的压力。此时，卖者在买卖双方的竞争过程中居于主导地位，使产品的市场价格所表现出的市场价值趋于供给价值。正是由于市场价格围绕市场价值上下波动，从而不断引导市场主体调整各自的经济行为，使供求逐渐趋于平衡。

从上述内容可以看出，服务产品市场价值的决定具有如下特点：

（1）市场价值的决定是总量决定。社会必要劳动时间Ⅱ在既定的经济条件下确定了全社会的总需求价值，然后这一客观的需求价值总量通过收入分配所形成的消费者实际购买力，转化为消费者对产品的需求价值。这一转化过程是以供给价值为基础，通过市场机制完成的。从这个意义上讲，社会必要劳动时间实际上是以社会必要劳动时间Ⅰ为基础发挥作用的。这两种社会必要劳动时间相互作用，就表现为供给价值和需求价值共同确定市场价值的过程。所以，市场价值的决定首先是总量决定。

（2）市场价值是由供、求两种经济力量共同决定的。这里所说的供、求是指供给价值和需求价值，而不是指使用价值的供求。它们的主要区别在于前者是以价值规律为基础，反映了按比例分配社会劳动的客观要求，具有一般性、抽象性等特点；后者是供求规律的直接体现，它从物质形态方面反映了市场上供、求两种经济力量的对比消长。供给价值和需求价值共同决定了产品的市场价值，在现实的经济活动中最终表现为对使用价值的供求。因此，这两种供求之间的联系可以概括为内容和形式、抽象和具体的辩证关系。

（3）市场价值是以现实的市场为基础形成的，受社会再生产过程中多种经济因素的干预和影响。产品价值是在生产领域形成的，排除了多种经济因素的干预，有利于揭示价值的本质。市场价值主要是解决价值量的决定问题，因此需要从抽象上升到具体，分析社会经济活动（即商品经济下的市场）对市场价值形成的影响，如社会资源的配置、国民收入的分配及市场功能等都在一定程度上对市场价值产生了影响。

综上所述，服务产品的价值是由生产过程中所耗费的社会必要劳动时间决定的，而市场价值则是由两种含义的社会必要劳动时间所规定的供给价值和需求价值的比例确定的。服务产品的价值在形式上表现为供给价值和需求价值的相互作用，在内容上则是两种社会必要劳动时间的对比消长。

三、服务产品的价值构成

（一）服务产品的概念

1. 一般概念

服务产品是指生产者通过由人力、物力和环境所组成的结构系统来销售、实际生产及交付的能被消费者购买、实际接收及消费的“功能和作用”，即服务劳动者运用一定的设备和工具为消费者提供服务所产生的结果。服务劳动者为消费者提供的服务劳动必须具有一定的效用、形成特定的使用价值、达到一定的结果。

2. 经济学概念

经济学中的服务通常有两种含义：一是第三产业中的服务劳动，它与非物质生产劳动"大致相同，但有交叉"；二是服务产品，即以非实物形态存在的劳动成果，主要包括第三产业部门中一切不表现为实物形态的劳动成果（由于经济过程的复杂性，现实中第一产业、第二产业的部门中也混杂了少量的服务产品）。如果在劳动意义上使用服务概念，就称为"服务劳动"；若在产品意义上使用服务概念，就称为"服务产品"。

（二）服务产品的特征

创造任何服务产品都要耗费一定的物质资料和活劳动，无论其最终结果的形态如何，只要具有一定的使用价值、能满足社会一定的需要，就是客观存在。

1. 服务产品是无形的

服务不同于商品，在购买之前，购买者是无法感受到服务（如视、听、闻、尝、触等方面）的物理特征的。因此，从本质上讲，服务提供商提供给顾客购买的是一种承诺。

2. 服务提供商与服务消费者的同时性

这是指服务的生产过程同时也是消费过程，两者在时间和空间上不可分割。此外，消费者必须直接参与生产过程，并与服务提供者发生联系。服务产品不同于其他产品，它需要买、卖双方在服务产品的开发和分销中相互合作，而消费者对服务提供商的感知会转变成消费者对服务本身的感知。

3. 服务质量差别大

由于企业很难对服务进行标准化，所以服务质量的差别也会很大。服务消费是以不同的顾客为中心，服务生产是不同的服务人员为不同的顾客提供同一种服务。由于不同顾客的感知不同，所以他们感知的不同服务人员提供的服务品质也不同；另外，同一个服务人员在不同的生理和心理状态下提供的服务也会有所不同。如同是欣赏一台歌舞晚会，有人津津乐道，有人却味同嚼蜡；同是聆听一个老师的讲授，有人茅塞顿开，有人却不知所云。正如专家所言，消费者的知识、经验、诚实和动机影响着服务行业的生产力。

4. 服务价格差别大

由于服务提供商无法存储服务，因此在需求旺盛时，服务价格会上升；反之，其价格会急速下滑。对于不同的服务提供者，其价格差别也很大。

5. 服务具有不可储存性

服务具有不可储存性又称服务的易逝性，某些服务的价值只存在于服务的"真实瞬间"。对于某些批量生产出来的服务来说，如果不能当时消费掉，就会造成损失（如车、船的空位，旅馆的空房间，剧院的空位等）。需要注意的是，服务的不可储存性是对"真实活动"的储存，真实活动只能与服务生产者或生产商共存。

（三）服务产品的价值构成

服务产品的价值同样要依据它本身所具有的产品生产要素来构成、决定和衡量。

服务作为一种特殊的产品，它与一般产品不一样，是在一定的生产要素结合下提供和生产出来的。一般产品的生产必须具备两个基本要素：生产资料和劳动。然而，由于服务的提供是建立在服务提供者要具有一定的知识与技术的基础上，因此可以把服务的基本要素分为三个部分：资本、劳动力和知识与技术（即人力资本）。

1. *资　本*

首先，服务同样离不开资本要素的投入，这是构成生产的基本条件。在服务生产过程中的资本投入，主要是用来购买生产资料，如生产设备、原材料及其他辅助设施等。在有些服务行业中，流动资金在资本总量中占相当大的比重。其次，服务业中的资本要素还要用于对服务人员的培训。服务提供者只有经过专业培训，才能进入市场为消费者提供服务。最后，与其他产品的生产一样，服务产品的经营也需要一定的广告、宣传费用。

2. *劳动力*

劳动力是服务的提供者或服务的载体，在一切经济活动中，劳动力都是最基本的要素。服务行业也不例外，而且许多服务部门还是劳动密集型的。

3. *知识与技术*

知识与技术属于人力资本的基本要素，除了直接接触式服务外，大多数服务都是提供知识或技术的，所以与其他行业相比，服务业需要更丰富的知识与技术。因此，知识与技术既是提供服务的条件与手段，又是服务的基本内容。

在此，我们把知识与技术作为独立的生产要素：一是因为它们在服务提供过程中占据了重要的地位；二是因为作为人力资本的知识与技术和实物资本之间存在着显著差异。实物资本随着时间的推移将逐渐被消耗，但人力资本却不同。首先，信息、训练或知识是不易消耗的。其次，正像马克思所说的，劳动者是生产力中最活跃的因素，大多数劳动者在劳动和学习中会不断地提高他的知识与技能，即人力资本的增值。人力资本在服务生产过程中发挥了重要的作用并成为经济增长的杠杆，相比之下，机器在生产过程中则起到被动的作用。当然，各种要素之间并不是相互孤立的，它们在一定的资源配置方式下可以结合在一起，进而提供适当的产品。在一定的经济条件下，要素之间的关系是一种互补的关系，如人力资本和劳动之间的互补性就是这样的情况。

（四）货物产品与服务产品的差异——有形与无形

在人们的传统观念中，只有实物形态的产品才是产品，才是构成社会物质财富的内容。随着科学技术的进步和社会经济的发展，服务产品在社会总产品中的比重不断增大，人们对物质财富的观念也在逐渐改变，承认服务产品的物质性的人越来越多。

两者的物质形态不同：实物产品是有形的，所以又称有形产品；服务产品一般是无形的，所以又称无形产品。两者的生产过程不同：实物产品的生产过程、劳动者、劳动资料、劳动对象是统一的，是由生产者进行的，再经过时间和空间运动，最后到达消费者手中。因此，通常实物产品的生产、流通和消费在时间和空间上是分离的。服务产品的生产过程则与此不同，劳动者和劳动资料作为提供服务劳动的前提，是事先准备好的，而劳动对象往往要等消费者到达之后才能确定。例如，对于旅店、照相、理发、修理、咨询等行业，如果消费者不来购买服务产品，则人员和设备都会闲置在那里；只有等消费者到达并提供或指示了劳动对象，生产过程才能开始。许多服务业（如运输、邮电、饮食等）还具有边生产、边消费的特点，其生产过程不能独立于消费之外，而是与消费过程结合进行。

第四节　国际服务贸易政策

一、服务贸易政策的演变

在资本主义生产方式的准备时期，为了促进资本的原始积累，西欧各国广泛实行重商主义的强制性贸易保护政策，它们通过限制货币（贵重金属）出口和扩大贸易顺差的办法增加了货币积累。

在资本主义的自由竞争时期，资本主义生产方式占据统治地位，世界经济进入了商品和资本国际化的阶段。在这个时期，对外贸易政策的基调是自由贸易。英国是主张实行自由贸易政策的国家，但由于各国经济发展水平不同，一些经济发展起步较晚的国家（如美国和德国）采取了贸易保护主义政策。

在资本主义垄断时期的前期（19 世纪 90 年代到第二次世界大战前），垄断加强，资本输出占据统治地位。1929—1933 年的资本主义经济大危机使得市场环境迅速恶化，出现了超保护贸易政策。

20 世纪 70 年代中期以后，在世界贸易自由化的同时，兴起了新贸易保护主义。此时，管理贸易政策的内容是：国家对内制定各种对外经济贸易法规和条例，加强对本国进出口贸易有序发展的管理；对外通过协商，签订各种对外经济贸易协定，以协调和发展缔约国之间的经济贸易关系。

早期的国际服务贸易规模较小、项目单一，在全部服务贸易的收入中，与运输服务和侨汇等相关的银行服务就占 70%以上。新的服务贸易内容，包括电信、计算机软件，甚至是信息高速公路、多媒体技术、知识产权类服务及其他与现代生活相关的服务，是在第二次世界大战之后才出现的，有些则是在 20 世纪 80 年代末 90 年代初刚刚兴起的。因此，在贸易政策上，早期的服务贸易限制较少，再加上当时的世界政治经济体系主要由少数几个工业发达国家所操纵，所以在全球范围内基本上采取的是服务贸易自由化政策。在第二次世界大战后，西方国家为了恢复经济，从国外大量引进服务人员，并欢迎技术转让和金融入境服务，因此服务贸易进入了有组织的、以商业利益为导向的发展阶段。在这一阶段，美国作为世界经济的“火车头”，通过《马歇尔计划》和《道奇计划》分别对西欧和日本进行了“援助”。伴随着货物输出，美国将大量的资金和技术等服务也输往境外，并取得了巨额的服务收入。在该阶段，发达国家总体上的服务贸易壁垒较少，但发展中国家对服务贸易表现得并不积极，反而设置了种种障碍，以限制境外服务的输入。

在 20 世纪 60 年代以后，随着各国经济的迅速发展，它们普遍意识到服务外汇收入是一项重要的外汇来源。与此同时，基于国家安全、领土完整、民族文化与信仰、社会稳定等政治、文化及军事目标，各国均对服务的输出（入）制定了各种政策和措施。其中，有鼓励性质的，但更多是限制性质的，再加上传统的业已形成的限制性经营惯例，从而极大地限制了国际服务贸易的发展。

由于服务贸易项目繁杂、方式多样，因此规范它的政策和法规层出不穷，加之各国基于本国的发展水平和具体情况又实施了不同的管理手段，因而进一步加重了它的复杂性。如果说服务贸易自由化更多地体现于一些鼓励性的措施和法规，那么对服务贸易的保护通常是依靠一国政府的各种法规和行政管理措施等非关税壁垒来实施的，很难对其加以数量化的分析。由于在壁垒和“合法”保护之间存在着许多“灰色”区域，所以服务贸易自由化目标的实现比产品贸易要困难得多，其中充满着不确定性和主观随意性。从国家角度来看，发达市场经济国家因国内服务业的竞争力较强，一般主张服务贸易自由化，要求发展中国家开放服务市场，以便它们具有优势的服务业进入发展中国家的服务市场。对于服务业比较落后并且在某些服务部门不具有优势的发展中国家来说，它们往往对服务业进行保护，对发达国家的服务业进入本国服务市场做出各种限制性规定。然而，有时为了引进外资和先进的服务，有些发展中国家不仅开放了某些服务项目，还常常以税收减免等优惠鼓励外国的服务业进入本国市场。

二、自由的服务贸易政策

虽然产品与服务的国际贸易有很大的差异，但赞成产品国际贸易的理由同样适用于服务国际贸易。

以亚当·斯密和李嘉图为代表的西方自由主义经济学家主张贸易自由化，其理论基础为著名的比较成本理论。该理论认为，若每个国家都专门从事对自己来说相对成本较低的产品的生产，然后再彼此交换，那么参与国际贸易的国家就会得到贸易利益。

如果将该理论推广到服务领域，赞成服务贸易自由化的人们就认为，那些在服务业方面拥有优势的国家应扩大其经济及出口中服务所占的比重，其他国家应开放本国的服务市场，同时发展其他部门的生产与出口，用以与服务出口国相交换；或者当各国在不同的服务行业享有比较优势时，各自集中生产自己所擅长的服务，用以与别国的其他服务相交换，实现服务业的内部贸易。类似产品的国际贸易，上述做法必然会提高世界的资源配置效率，从而使有关各方均能获利。

目前，国际服务贸易已占到世界贸易总额的1/4，若再加上物化服务（软件、音像制品等），则要占到1/3以上。显而易见，服务贸易自由化将促进国际贸易的发展，使其在世界经济中占有更高的地位。不仅如此，国际贸易的发展对国际经济关系的影响实际上要比表面数字所体现的意义重大得多。这是因为有许多服务（如投资服务、技术服务、人员流动等所谓的要素服务）已属于生产要素国际流动的范畴，因而它对世界生产与贸易格局变化的影响要比产品的国际贸易深远，标志着国际经济联系的不断加强以及生产和分工国际化的进一步深化。在没有生产要素的国际流动之前，各国只是凭借各自的生产要素优势生产自己有比较优势的产品进行交换，而在生产要素国际流动之后，各国可以直接拿自己占有优势的生产要素与外国交换，并且生产要素贸易和产品贸易可以相互替代。即使是对产品的国际贸易来说，服务贸易的自由化也十分重要，因为有许多服务（如国际运输服务、广告服务、维修服务、经销服务等）都是与产品的国际贸易密切相关的，特别是在非价格竞争成为国家竞争主流的今天，这些服务贸易对国际产品贸易的意义就更不容忽视。另外，有些服务（如金融服务、技术服务、保险服务、交通运输服务、电力服务、保管服务等）则属于产品生产中不可缺少的投入，国际服务贸易在这些方面的发展会提高这些部门的效率、降低其成本，从而促进国际产品贸易的发展。

对于服务贸易的自由化，国际上基本有两种态度：一种是无条件的服务贸易自由化，即对所有的外国服务及服务提供者开放本国服务市场；另一种是采取对等原则，即根据他国给予本国服务及服务提供者的待遇来决定本国给予该国服务和服务提供者的待遇。若某个国家对本国的服务及服务提供者采取自由开放的态度，则本国亦对该国的服务及服务提供者开放服务市场；反之，若某个国家对本国服务及服务提供者实行限制政策，则本国亦限制该国服务及服务提供者的进入。显然，对等原则实际上是对于无条件的最惠国待遇原则的退步。

近年来，在许多国家（特别是发达国家），无条件的自由化原则逐渐被对等原则所替代。例如，1995 年美国国会就拟讨论通过《金融服务公平贸易法案》，旨在按他国对美国金融业的开放程度来决定美国对该国金融业的态度。

三、国际服务贸易保护政策

（一）国际服务贸易保护政策产生的原因

1. 经济方面的因素

（1）自然垄断。当某个行业或部门需要高额的原始投资和高技术时，就必然导致该行业或部门的自然垄断。投资服务行业原则上并不具有经济壁垒，但由于上述生产要素往往需要巨大的初始投资，因而有可能阻碍其他竞争者自由地进入服务市场，从而形成自然垄断。

（2）信息的不完全和不对称。前者是指服务的消费者在消费服务之前无法提前知道服务的质量；后者是指对于所提供的服务而言，服务提供者知道的信息要比消费者多。信息的不完全和不对称易导致道德风险及逆向选择的发生。例如，大多数服务的质量会随着时间的推移而发生变化，因而存在道德风险问题；逆向选择则存在于大多数专业化服务当中，因而减少了市场交易次数。为了保护国内消费者的利益，有必要采取谨慎的管制措施。

（3）经济外部性。如果消费者直接关注另一个经济代理人的生产或消费，那么可以说这种经济情形包含了消费者的经济外部性或外部效应。当某个厂商的生产可能性受到其他厂商或消费者选择的影响时，就会产生生产的经济外部性。经济外部性最主要的特征是存在人们关注但又不在市场上出售的产品。在有限的竞争性市场中，一家厂商做广告势必迫使另一家厂商也做相应规模的广告，以打破前者的市场垄断。然而，当竞争厂商发展到一定程度，其巨大的研发投入将对其他中小厂商自由进入该服务市场构成自然垄断。

2. 非经济方面的因素——意识形态的原因

教育、新闻、娱乐、影视、音像制品等服务部门和产品属于国家意识形态领域。为了保护本国在政治、文化上的独立性，国家必须对这些领域进行干预和限制。但是，贸易（包括货物贸易和服务贸易）保护者并不否认自由贸易对福利的增进作用，即财富创造作用，其主要关注财富的分配问题。他们认为：资源配置效率与平等和长期发展之间存在着潜在的冲突，即自由贸易产生的效率不可能补偿由其导致的长期损失和不平等，所以他们强调贸易收益的分配和通过初始保护使国内经济获得动态比较优势。

（二）国际服务贸易保护政策的分类

服务贸易保护是由关税和非关税壁垒共同构成的。服务贸易壁垒是指一国政府对外国服务生产者或提供者的服务提供或销售所设置的有障碍作用的政策措施。也就是说，凡直接或间接地使外国服务生产者或提供者增加生产或销售成本的政策措施，都有可能被外国服务厂商认为是服务贸易壁垒。按照不同的分类方法，服务贸易壁垒具有不同的形式。

（1）把服务交易模式与服务提供和消费结合起来，可以将服务贸易壁垒划分为四种形式：产品移动壁垒、资本移动壁垒、人员流动壁垒、开业权壁垒。

1）产品移动壁垒。国家规定服务提供的最高限额，当外国提供者提供的服务超过此限度时，完全阻止外国服务产品进入国内市场，而只用本国服务。具体采取的措施有数量限制、当地成分或本地要求、补贴、国家垄断、政府采购、歧视性技术标准、税收制度以及知识产权保护协议等。

2）资本移动壁垒。资本移动壁垒的主要形式有外汇管制、浮动汇率体系和投资收益汇出的限制等。外汇管制主要是指一些发展中国家采取控制外汇在本国境内的持有、流通与兑换，以及对外汇的出入境实行管制的政策。外汇管制将影响到除外汇收入贸易以外几乎所有的外向型经济领域，不利的汇率将严重削弱服务竞争优势，或者增加经营的成本，或者削弱消费者的购买力。浮动汇率体系是指一国的货币汇价不规定上下波动的幅度，外汇汇率是由供给和需求的市场力量决定，分为自由浮动和管理浮动两类。对投资者投资收益汇回母国的限制，如限制外国服务厂商将利润、版权、管理费汇回母国，或限制外国资本抽调回国，或限制汇回利润的额度等措施，也在相当程度上限制了服务贸易的发展。

3）人员流动壁垒。作为生产要素的劳动力的跨国流动是服务贸易的主要途径之一，也是构成各国政府吸纳服务提供者进入本国或进入本国后从事生产经营的主要手段之一。人员流动壁垒包括种种移民限制和烦琐的出入境手续。其中，移民限制是指对外国劳工进入本国服务市场所做的限制性政策。

4）开业权壁垒，又称生产者创业壁垒。开业权壁垒是指禁止外国服务提供商进入某些行业或地区设立机构和提供服务，或者是政府对某些行业实行政府垄断，或者是禁止外国服务人员进入本国从事职业服务工作。即便政府放松了对开业权的严格限制，但在外国服务提供者进入东道国承诺对外开放的服务部门的过程中，也会受到影响此机构开业、运营的种种国内规章制度的管制。开业权壁垒主要表现在资格限制、股权限制、经营业务限制以及许可证制度四个方面。

资格限制一般是指对外国个人与组织在本国经营某种服务业的权利进行限制。股权限制是指允许外国服务提供者在本国开业，但东道国要求必须参股，并通常要求控股，以维持本国对该行业的控制，这是对国际服务贸易领域进行管制的措施。经营业务限制是通过对外国服务实体在本国的活动权限进行限制，以限制其经营范围、经营方式等，甚至干预其具体的经营决策。许可证制度主要是指在生产服务部门和专业服务部门（如通信、运输、建筑、医疗、法律、教育、娱乐等行业），东道国各服务领域的行政主管部门经审批而给予外国服务提供者许可经营或许可从事某项业务的制度。

（2）按照乌拉圭回合谈判采纳的方案，服务贸易壁垒可以分为两类：影响市场准入的措施和影响国民待遇的措施。

1）影响市场准入的措施。市场准入的限制措施是指对进入东道国的各种服务性企业和机构加以种种限制、管制甚至禁止，或是采取自由放任的态度。由于服务部门对国家政治、经济、军事、外交和文化利益影响的重要性，各国对服务部门的市场准入都非常谨慎。

2）影响国民待遇的措施。国民待遇原则会影响服务业外国投资企业的经营状况，其中有很多方面是大多数跨国服务企业考虑是否进行投资的关键因素。目前，各国在服务贸易的国民待遇原则方面存在的主要限制措施有：对经营范围和介入当地金融市场的限制；企业经营业绩的要求；对外汇管理的规定；对服务提供者人事资格的限制。

（三）国际服务贸易壁垒和国际服务贸易自由化

在第二次世界大战以后，关贸总协定八轮谈判的进行，使得关税不断削减，贸易自由化程度持续提高。

在乌拉圭回合谈判前，服务贸易自由化仍是一片空白。为了促进乌拉圭回合服务贸易谈判的成功和推进全球服务贸易自由化，自20世纪80年代中期以来，关贸总协定、世界银行、国际货币基金组织、经合组织等国际组织或机构的专家进行了国际服务贸易壁垒和国际贸易自由化的研究。各国学者在这一问题上的研究主要包括三个方面的内容。

第一，关于服务贸易自由化意义的研究。许多学者分别从理论和实证两个方面阐述了服务贸易自由化的意义及重要性。1985年，萨皮尔阐述了服务贸易自由化对于发展中国家的重要意义。他指出，服务尤其是作为基础设施的服务部门提供的服务和教育服务在经济发展中具有非常重要的意义，而发展中国家在这方面又非常短缺，因此应该推进服务贸易自由化、扩大服务的进口。1989年，经合组织的一篇研究报告将发展中国家实现服务贸易自由化的好处归结为三个方面：①增加出口机会；②促进经济发展；③促进获得多边贸易的好处。1990年，伯格斯建立了一个将“服务作为中间投入品”的模型，探讨了服务贸易自由化对于所有国家贸易和经济发展的普遍意义。按照伯格斯的分析，由于服务通常可以作为中间投入品和经济发展的基础结构，因而服务贸易自由化可以降低世界最终产品生产的成本，促进货物贸易的发展，实现一个国家的帕累托改进，提高整个国家的福利水平。1997年，豪克曼等人在一篇论文中以生产者服务贸易为例，阐述了服务贸易在全球经济发展中的重要性，探讨了服务贸易壁垒对于经济发展的阻碍。他们指出，服务贸易自由化对于一国企业的国际化生产和经营是至关重要的，而且有确凿的证据表明，限制服务部门竞争的政策代价是非常昂贵的。

第二，关于国际服务贸易壁垒的研究。1985年，萨皮尔在前面提到的那篇论文中分析了发展中国家设置服务贸易壁垒的原因，主要包括：①保护幼稚产业的愿望；②国际收支困难；③服务业在国家基础结构中的重要作用。

1985年，巴格瓦蒂认为，发展中国家之所以对服务贸易自由化缺乏热情，主要原因为：①发展中国家认为服务贸易自由化的好处将主要由占有比较优势的发达国家获得；②发展中国家担心服务贸易自由化将把世界各国的注意力从发展中国家占有比较优势的货物贸易上移开；③服务业包括具有政治意味的基础结构和活动，发展中国家不愿涉及。

1995年，特里比尔科克（M. J. Trebilcock）和豪斯（R. Howse）把服务贸易壁垒分为四类：

（1）直接明显的歧视性壁垒，即直接针对服务业的明显贸易壁垒，如电视和广播中对国内内容的管制、对外国人建立和拥有金融机构的限制等。

（2）间接但明显的歧视性壁垒，是指并非专门针对服务业但明显歧视外国人或要素在国际流动的贸易壁垒，如对移民或以工作为目的的暂时入境的限制、并非专门针对服务业的对外国投资的限制、向国外汇款和支付的限制等。

（3）直接但明显中性的壁垒，即对国内外单位和个人都进行限制的服务业管制，如铁路和电信的国家垄断。

（4）间接和明显中性的壁垒，是指并非针对服务业，也并非针对外国人的壁垒，如国内标准、职业服务中的许可证、文凭或凭证规定等。

第三，关于国际服务贸易自由化途径的研究。按照前面提到的萨皮尔、豪克曼、特里比尔科克、豪斯等人的观点，推进国际服务贸易自由化的途径主要有以下几条：①充分发挥关贸总协定和世界贸易组织的作用，积极推进多边贸易谈判；②在区域性经济集团内部率先实行服务贸易自由化；③服务贸易壁垒大多涉及贸易以外的部门，需要在各国之间的国内政策尤其是竞争政策上加强协调；④为提高发展中国家参与服务贸易自由化的积极性，发达国家应该在发展中国家占有比较优势的货物贸易上推行充分的自由化等。

四、国际服务贸易的部门政策

与产品的国际贸易相比，国际服务贸易具有万象纷呈的多样性，因而对不同服务部门的国际贸易就必须实施不同的政策，适用于所有服务部门的具体政策是不存在的。下面仅就一些重要服务部门的国际贸易政策做简要论述。

（一）对国际海运业的政策

国际海运业是一项历史悠久的国际服务贸易，它是随着国际贸易的产生和发展而出现及发展的。随着交通工具的进步，虽然航空运输等新的运输方式发展迅猛，但到目前为止，海运仍是国际货物运输最主要的方式。海运运费对进出口产品的价格也有很大的影响，海运运费平均要占产品离岸价的7%～10%，占大宗货物离岸价的30%～50%，海运运费成了影响国际产品价格及贸易格局的重要因素——在很多领域，海运运费的高昂甚至可能使国与国之间在该领域的贸易变得完全不可能。国际海运业不仅对产品的国际贸易具有举足轻重的作用，而且它本身就是一项十分重要的服务贸易，许多国家的海运业都是其外汇收入的重要来源。不仅如此，国际海运业对一国对外贸易的自主权也是十分关键的。如果一国缺乏一支实力雄厚的海运队伍，不能满足本国对外贸易对运输的需要，则不仅本国对外贸易的发展会受到很大阻碍，而且会使本国的对外贸易受制于外国的海运企业，从而严重威胁本国对外贸易的自主权。有鉴于此，当今世界各国的政府都十分重视本国海运业的发展，并采取了各种措施加以扶持。

1. 对外国参与的控制

由于国际海运业在一国对外经济贸易关系中占有举足轻重的地位，因而绝大多数国家对外国资本参与本国的海运业持反对态度。例如，虽然美国是世界上对外资开放程度最高的国家之一，但它对于海运业也规定了极为严格的限制。根据美国1952年通过的《琼斯法案》，美国政府对外资参与本国船运企业做了如下规定：①只有悬挂美国国旗的船舶才可以在美国从事船运业，美国认为这么做可以加强对本国船运业的控制，并有利于在必要时（如战争需要）征调本国船舶。②只有在美国制造的船舶才可以用于在美国从事的船运业，但不禁止外国人出资在美建造船只并将其用于在美国从事船运业，或是由外国人驾驶本国船只。③船运企业必须至少有75%的有投票权股份为本国居民持有，其总经理、董事长必须为美国公民，外国董事在董事会中的比例不能使其能控制董事会的决定。

2. 政府的直接参与

政府直接投资经营海运业，因其直接参与了海运业的日常业务活动，故可使政府更好地了解该行业的需要以及存在的各种问题，政府对该行业的影响也更直接、更大。政府兴办的国有海运企业可以成为海运业私营企业的指导者，在运费定价、行业发展方向等方面起到表率的作用。若整个行业实现了完全国有或国有企业占据了绝对优势，则政府对海运业的控制将更为有力。政府的直接参与还使政府更易于对海运业进行扶持和资助，在与外国竞争时能提供更多的保护，使本国海运业更具国际竞争力。在一些国家，海运业国有化的主要目的就是为了消除或对抗外国竞争。需要注意的是，海运业的国有化也存在弊端，由于体制方面的缺陷，国有海运企业往往缺少私营海运企业所具有的效率和活力，而且由于直接参与了海运业的经营，政府往往会失去看问题的全面性和公正性，无法就海运业做出全局规划。

3. 政府的采购

如前所述，政府采购是贸易保护主义的一项重要措施。目前，世界上有许多国家运用此方法来发展本国的海运业。政府在履行其政治、军事、经济职责时，以及国有企业在其经营活动中，往往需要购买一些船舶或海运服务，而在采购船舶及海运服务时，政府通常会对本国的造船企业或海运公司给予照顾。例如，阿根廷规定，只有阿根廷公民拥有或控股的公司才有权获得政府的船舶采购订单。加拿大政府规定，政府的船舶采购订单只能给予本国的造船公司。

4. 进口限制

许多国家的政府还通过立法限制本国企业购买外国的船舶及海运服务。例如，1972年秘鲁曾做出一项规定：秘鲁企业不得再从外国购买本国可以制造的船舶，任何外国船舶的采购都必须经秘鲁国家工业委员会的推荐，确认对本国造船业无害后才可以得到批准。所有悬挂秘鲁国旗的船只均需在秘鲁造船厂制造，其维修也必须在秘鲁船厂进行。除非秘鲁船厂无力完成维修任务，或是在十分紧急的情况下，才可以在国外维修。造船及维修船只所需的原材料、零部件以及船舶用水、食物、用具等的采购也只能在本国进行。

5. 政府的信贷优惠

为了支持本国的海运业，政府还可以对造船业提供资金支持，因为造船业是一国海运业发展的物质基础，它本身又是重要的产品出口项目。政府对造船业的信贷支持可以从两个方面进行：一是对本国的造船厂提供融资；二是对购买本国船只的外国客户提供融资。前者称为卖方信贷，后者称为买方信贷。目前，买方信贷在船舶融资中占了主要地位。例如，希腊为了发展本国的海运业，规定无论是本国海运企业还是外国海运企业，凡购买悬挂外国国旗的船舶并打算购买后悬挂希腊国旗的，政府授权私人商业银行对海运企业给予信贷支持。

（二）国际旅游业的政策

在国际服务业中，旅游业的历史也是较为悠久的。旅游（tourism）一词最早出现于19世纪初。虽然跨国旅行在此之前早就存在，不过它多带有功利性质，如为了经商、宗教活动或是探险，纯粹为了娱乐目的而旅行的人为数寥寥，有组织的此类活动更为罕见。导致这种局面的主要原因是当时的交通运输条件极差，国际旅行既耗费时间，又十分艰苦，并有很大的风险。在19世纪以后，随着工业革命带来的运输工具的进步，现代旅游业才逐渐出现。19世纪中叶，英国人托马斯·库克开创的火车包价旅游被公认为是现代旅游业诞生的标志。

为了发展旅游业，使其更好地为本国的经济发展服务，同时尽力避免国际旅游业所带来的副作用，政府有必要积极干预本国国际旅游业的发展。这就导致了第二次世界大战后政府在旅游业中的作用日渐增大，而且越是旅游业在经济中占有重要地位的国家，政府的干预程度往往越高。概括地说，政府对旅游业的管理可以从以下几个方面着手：

（1）政府的管理机构。

（2）规划与开发政策。

（3）旅游业的对外推销政策。

（4）旅游资源的保护与修复。

（5）旅游企业的审批和监督。

（6）对旅游业的支持。

（7）人力培训计划。

（8）城市和文明建设。

（9）政府的协调功能。

（三）国际金融业的政策

国际金融业在国际服务贸易中占有十分重要的地位，也是服务业中目前对国际经济贸易影响最大的行业之一。对国际金融业的管理在第二次世界大战后一直是有关国家政府及国际社会都十分关心的问题。下面分别从母国和东道国两个方面分析对国际金融业的政策。

1. 母国对本国金融业海外业务的管理

各国政府对本国金融业从事海外业务大多制定了许多管理措施，有些措施是专门针对金融机构的海外业务制定的，有些措施虽然不是针对金融机构的海外业务制定的，但其实施在客观上也会影响本国金融机构海外业务的发展。这些措施主要有：

（1）业务的申请。

（2）业务范围的限制。

（3）财务数据的申报与检查。

（4）存款准备金要求。

（5）外汇交易管理。

2. 东道国对外国金融机构的管理

东道国对外国金融机构建立在本国的分支机构的经营活动以及外国金融机构对本国居

民的金融业务的管理，自20世纪70年代以后不断加强。在这方面，各国的态度及做法有很大的差异。大致说来，对外国金融机构的态度可以分为4类：①完全禁止外国金融业的进入。②对外国金融机构采取国民待遇原则，即与本国金融机构一视同仁。③虽然允许外国金融业进入，但对其经营活动存在许多限制。④对外国金融业的进入采取鼓励、优惠政策。比较上述4种态度，其中的第1种态度较为极端，故采用的国家很少，目前仅有伊拉克、利比亚、坦桑尼亚等15个国家是完全禁止外国金融机构进入的。后3种态度都有不少国家和地区采用。应该说，第2种态度（即国民待遇原则）是较为公平合理的，无论是对整个国际社会还是对东道国自身也是最有利的，也符合GATT的基本原则。目前，发达国家对外国金融机构大多采取这一原则。

（四）文化娱乐业的国际服务贸易政策

像教育、电影、电视、广播、音乐、戏剧、音像制品、新闻等行业，在一般人眼里通常都被认为是非生产性的，但只要这些服务的提供是有偿的，国际上也把它们归入服务贸易之列。在第二次世界大战后，随着各国之间的联系日益紧密，各国之间文化娱乐领域的交流发展十分迅速，已成为一项不容忽视的国际服务贸易类别。文化娱乐业的服务贸易可以分为两大类，像音像制品的版权交易、电影放映、歌星的海外演出等可以算是纯粹的服务贸易，与一般的服务贸易没有什么不同。但是，像磁带、唱片、录像带等也具有物质形态，因而具备物质产品的许多特征（如可贮藏、可运输、生产与消费在时间和空间上可以分离），然而其所含的物质消耗成本与服务消耗成本相比实在是微不足道的，从这点上看，它与服务很相近，故被称为物化服务（embodied service），其交易亦归入服务贸易之列。

文化娱乐业的服务贸易往往是由一类产品带动一系列相关产品的出口，从而使其能创造出更大的收益。比如拍摄一部电影，除了赚取放映收入之外，还可以将电影制成影碟、录像带出售或出租以获利，可以出售电影的原声带，按电影情节设计电子游戏，转让与电影有关的名称和肖像（如迪士尼公司的米老鼠和唐老鸭的名称及形象）的使用权，制作与电影有关的物品（如玩具、服装等），这些附属的收入甚至可能远超电影的放映收入。

在乌拉圭回合关于服务贸易谈判的最终阶段，以法国为首的欧共体国家突然提出：文化、艺术不是一般的产品，不能像其他服务那样按拟定的《服务贸易总协定》（GATS）的要求实行自由化，应予以特殊的待遇。因此，它们与美国发生了激烈冲突，最终美国不得不做出让步，同意在乌拉圭回合谈判中不就文化娱乐业的国际服务贸易签订专门的协议，而将其放到以后的贸易谈判中做进一步的讨论。不过，在国际交流日益便利的今天，要想完全避免外国文化娱乐业的竞争也是不可能的。因此，许多国家在对外国文化娱乐服务的进入采取限制措施的同时，还由政府出面大力扶持本国的文化娱乐事业。例如，许多国家的政府都对本国的文化娱乐业提供补贴、拨款，并设有专门的机构负责此事。

由于单个发展中国家的力量薄弱，很难与占有垄断优势的发达国家的文化娱乐业相抗衡，因此发展中国家经常联合起来对抗发达国家的文化娱乐业。它们为此召开了一系列的国际会议，如1973年的阿尔及尔会议，1975年的基多和利马会议，1976年的圣何塞、新德里、科伦坡和内罗毕会议，1977年的佛罗伦萨会议，1978年的巴黎会议，1979年的吉隆坡会议，1980年的贝尔格莱德会议等。在这些会议上，发展中国家提出了“信息主权”的概念，并将其作为建立国际经济新秩序的重要组成部分。发展中国家认为，应改变目前国际新闻业为发达国家新闻媒介所垄断的局面，要加强对发展中国家的正面新闻报道，使发展中国家目前的情况能得到全面真实的反映，不能只津津乐道于报道发展中国家的战争、灾难、饥荒、暴乱、政变和军事阴谋、落后野蛮的风俗习惯、腐败的政治等阴暗面，以迎合西方读者的兴趣。为此，发展中国家还联合成立了一家国际通讯社，称为不结盟国家通讯社联盟，有40个发展中国家的新闻机构参与。

本章小结

本章第一节首先以大卫・李嘉图的比较优势理论作为切入点，论证了国际分工应该按照“两优取其更优，两劣取其次劣”的比较优势原则进行分工的观点。随后，在比较优势理论的基础上提出了生产要素禀赋理论，即各国的要素禀赋和要素丰裕度会影响国际贸易的对象。

第二节介绍的新贸易理论打破了传统贸易理论中“完全竞争”和“规模报酬不变”的关键假设，为解释贸易动因和基础开辟了新的源泉，使新贸易理论不断发展壮大。

第三节主要介绍了服务的使用价值和价值，并进一步解释了服务产品的价值和价值量之间的关系以及服务产品的价值构成。

第四节以服务贸易政策的演变历程作为切入点，介绍了服务贸易的自由化政策和服务贸易的保护政策，并对一些重要服务部门的国际贸易政策做了简要论述。

课后思考题

1. 大卫・李嘉图的比较优势理论的假设前提有哪些？
2. 传统贸易理论对服务贸易的指导有哪些？
3. 新贸易理论从哪些角度分析了国际贸易的动因和基础？
4. 服务产品具有价值的原因包括哪些？
5. 服务产品的价值构成包括哪些？
6. 国际服务贸易保护政策产生的原因包括哪些？

第三章

《服务贸易总协定》

学习目标

1. 掌握《服务贸易总协定》(GATS) 界定的服务范围
2. 熟知服务贸易中的国民待遇与货物贸易的区别
3. 掌握服务贸易谈判所达成的两个具体协议
4. 了解服务贸易区域性协定的形成

引　子

有关国际服务贸易的一些协定早在18世纪和19世纪就已经出现。在第二次世界大战后，国际服务贸易在世界经济、政治中的地位日益提高。随着世界经济一体化、区域集团化的发展，有关国际服务贸易的国际性协定和区域性协定不断达成，并逐渐形成了一个相对完整的体系，从而促进了国际服务贸易的发展。

从1986年开始的关贸总协定第八轮谈判——“乌拉圭回合”谈判，首次将服务贸易列为三大新议题之一，目的是为了促进服务贸易自由化，制定各缔约方普遍遵守的国际服务贸易规则。然而，由于各国的服务贸易发展不均衡，而服务贸易牵涉范围广，因此这个谈判过程充满曲折。

本章着重介绍了《服务贸易总协定》(GATS) 的形成过程、主要内容以及后续发展。

第一节　乌拉圭回合的服务贸易谈判

一、埃斯特角部长会议——发达国家、发展中国家立场的对立

在乌拉圭回合是否将服务贸易列入谈判议题的争论中，美国代表采取了强硬的立场，他们表示：若不讨论服务贸易，美国就拒绝参加谈判；巴西、印度等国强烈反对讨论服务贸易，只有在尊重各国有关服务贸易法律和规章的前提下，才同意把服务贸易作为单独的议题。

发达国家（特别是美国）考虑到服务贸易的发展速度已超过货物贸易的事实，而当时的关税与贸易总协定（GATT）没有服务贸易方面的规则，如果在服务贸易方面不制定国家层面的规则，各国就会各自行动，不会促进自由化的进一步展开。因此，美国要求把服务贸易作为乌拉圭回合谈判的重点议题，如果不将服务贸易放入重要议题，美国就不参加乌拉圭回合谈判。

在发展中国家方面，由于服务产业的竞争能力很薄弱，因而反对把服务贸易放进新回合，它们的主要理由是：

（1）发展中国家对国内服务业采取了种种保护政策。

（2）如果在服务贸易谈判中发展中国家不能做出承诺，发达国家就不会对货物贸易做出承诺。

（3）如果把货物贸易、服务贸易的规则放到关税与贸易总协定中并成为一个规则，那么发展中国家若在服务贸易领域采取限制措施，则发达国家就会在货物贸易方面采取对抗措施。所以，印度、巴西等发展中国家主张把服务贸易放到谈判中，但要放在关税与贸易总协定框架之外。

由于发展中国家的激烈反对，埃斯特角部长会议只能规定了例外的做法。《埃斯特角会议宣言》（以下简称《宣言》）的第二部分对服务贸易做了如下规定：

（1）谈判目的，要在透明度和逐步自由化的条件下扩大服务贸易，确立服务贸易的原则和多边框架，规定各个部门的纪律。

（2）谈判手续使用关税与贸易总协定的程序和惯例。

（3）谈判参加国的范围与货物贸易一样。

（4）在服务领域的谈判过程中，秘书处要给予支持。

从《宣言》的形式来看，它比较接近发展中国家的意见。乌拉圭回合的具体谈判分为货物贸易谈判和服务贸易谈判两个领域：货物贸易谈判是在关税与贸易总协定缔约国全体同意之下开始谈判的，而服务贸易谈判不是由缔约国全体同意，而是在部长同意之下开始谈判的，并且服务贸易谈判的成果以何种形式实施（是在关税与贸易总协定的框架内实施，还是在别的国际组织的框架内来处理），要到谈判结束后确定。总之，各国承认服务贸易谈判要在乌拉圭回合的框架中进行，而谈判结果是否放入关税与贸易总协定还没有决定。

二、布鲁塞尔部长会议

此后，服务贸易谈判遇到挫折。1989 年 4 月的谈判同意今后谈判的主要内容是关税与贸易总协定中的各种原则（最惠国待遇、国民待遇等）对服务贸易领域的适用范围。

1990 年 7 月，在前一阶段谈判的基础上，由服务贸易谈判组提出服务贸易协定组长方案，此后的谈判以组长方案为基础。但是，由于在布鲁塞尔会议中的农业谈判破裂，因而服务贸易谈判也没有很大进展。

美国认为，在制定服务贸易规则的同时，要把对服务贸易自由化措施的约束作为重点，因此在谈判中要突出服务贸易自由化的具体措施，对服务贸易自由化进行约束的谈判与协定方案的讨论要同时进行。但是，有些发展中国家认为，应通过对协定方案的讨论来确定权利和义务，因此必须优先讨论协定方案。其结果是，各国同意在部长会议上先提出自由化措施的清单（市场准入）。

当时的主要问题有：

（1）最惠国待遇和“搭便车”问题。最惠国待遇（所有国家平等对待）原则是关税与贸易总协定的基本原则之一。乌拉圭回合前的服务贸易一直是在相互主义原则下进行市场开放的，因此，在服务贸易方面是否也可以适用最惠国待遇原则就成为谈判的重要内容。美国想通过服务贸易协定促进各国开放市场，强调最惠国待遇原则的有条件适用，即要区别对待关闭市场不实施自由化的国家和努力开放市场的国家，防止“搭便车”，即不付出代价就享受服务贸易谈判的成果。

（2）金融服务。为了维持金融服务的信用秩序，金融管理必须要用特殊的方法，因此金融服务必须要制定一个特别的附录。在谈判中，美国等发达国家主张金融服务要规定独立的高水平义务。但是，发展中国家反对制定这样的义务，主张尽可能确保金融服务自由化。布鲁塞尔部长会议提出的服务贸易协定方案，在金融附录方面只列出了基本原则，还没有规定具体内容。

（3）劳动者的移动。提供服务贸易大多要通过人来完成，所以服务贸易要伴随“劳动者的移动”。在服务协定中，对于“劳动者的移动”的范围，从一开始就是发达国家和发展中国家争论的内容。发展中国家主张协定要包括所有的劳动者（含非熟练者），要把一般劳动者的移动作为服务贸易的内容。发达国家主张服务贸易的劳动者应限于做出减让的特殊服务部门。

围绕上述问题，布鲁塞尔部长会议只是反复陈述各自的主张，并没有具体的进展。

（4）协定的部分不适用。在关税与贸易总协定中，由于政治、经济等原因，有些条款对某些国家可以不适用，即某些国家可以不承担关税与贸易总协定规定的权利和义务。在服务贸易协定的组长方案中也有类似的内容，即协定的不适用规定。但是，美国、欧共体要求自由化还不充分的国家开放市场。关税与贸易总协定的不适用规定可以不适用于服务贸易协定，它只能用于特定的领域、特定的国家，即部分不适用。

三、邓克尔调解方案

布鲁塞尔部长会议以后直至美国在 1991 年 6 月最终确定授权延长时为止，针对服务贸易协定方案的讨论一直没有大的进展。为了在服务贸易自由化方面有一些成果，美国政府要求各国尽早开始谈判，各国同意在 2—5 月开始进行相互市场准入的双边谈判，在秋季以后开始服务贸易的约束谈判（初期减让谈判）。

在当年的夏季前，针对服务贸易协定方案的讨论再次开始，特别是对于在权利和义务方面的规定及发展中国家的相关条文。但是，最惠国待遇及“搭便车”问题还没有统一。1991 年 12 月 20 日，“邓克尔文本”对于在服务贸易谈判中意见对立的问题提出了调解的方案。

（1）最惠国待遇。最惠国待遇是服务贸易协定的基本原则，但服务贸易协定可以维持最惠国待遇的例外措施。具体做法是：在服务贸易协定生效之前，进行例外措施登记；在服务贸易协定生效之后，应按照服务贸易协定所规定的手续实施，在得到各成员的承认之后，可以维持例外措施。

（2）金融服务。服务贸易协定明确了金融服务的适用范围，并制定了记载金融服务内容的“金融服务附录”。其中，为了维持信用秩序，各国在金融消费者的保护、金融体系健全性的保证方面，可以采取必要的措施。在服务贸易协定规定的义务外，还制定了“金融服务承诺的谅解书事项”。

（3）劳动者的移动。服务贸易协定制定了“提供服务自然人移动的附录”，规定自然人移动对就业、市民权、居住权或者永久就业等措施不适用。此后，针对提供服务的所有自然人的移动，各国可以进行相应的谈判。

（4）协定的不适用。在各成员之间，如果其中的一方成为协定的成员，而另一方对协定的适用尚未做出承诺，那么当事各成员之间的整个协定均不适用，即排除了部分不适用。

四、乌拉圭回合谈判的终结

此后，对服务贸易协定方案的讨论基本上以“邓克尔文本”为基础进行，主要围绕协定文本的定义问题及技术性修正问题进行。

“邓克尔文本”明确规定了初期谈判的程序和进程。初期谈判主要围绕进行服务贸易自由化的具体部门的约束，即围绕市场准入的保证和内外无差别待遇的约束、约束方面是否有保留、最惠国待遇的例外措施是什么等问题展开。在这一基础上，从提出“邓克尔文本”到乌拉圭回合谈判结束的两年内，各成员在日内瓦又进行了谈判，其结果记载在各成员的减让表上。其中，对于金融、海运、电影和广播、基础电信等部门，要求市场开放的成员与不同意市场开放的成员之间还存在对立。今后，电影、广播还要在美国和欧共体之间进行双边谈判，而海运、基础电信在乌拉圭回合谈判结束后还需要继续谈判。金融服务在世界贸易组织协定生效后的半年之内要完成修改自由化约束的谈判。

第二节 《服务贸易总协定》概要

一、服务贸易概念的界定及分类

(一) 概念界定

根据提供服务的方式,《服务贸易总协定》第 1 条第 2 款对服务贸易下的定义是"提供服务",具体包括以下四种形式:

1. 跨境交付(cross border supply)

这是指服务提供者在一成员境内向其他成员境内提供服务。例如,在美国的律师为在英国的客户提供法律咨询服务。这种服务提供方式特别强调卖方和买方在地理上的界限,跨越国境和边界的只是服务本身。

2. 境外消费(consumption abroad)

这是指服务提供者在一成员境内向其他成员境内的消费者提供服务。这种服务提供方式的主要特点是,消费者到境外去享用境外服务提供者提供的服务。例如,一成员的消费者到另一成员领土内旅游、求学等。

3. 商业存在(commercial presence)

这是指一成员的服务提供者以设立商业据点的方式在其他成员境内提供服务。这种方式既可以是在一成员领土内组建、收购或维持一个法人实体,也可以是创建、维持一个分支机构或代表处。例如,一成员的银行或保险公司到另一成员领土内开设分行或分公司,提供金融、保险服务。这种服务提供方式有两个主要特点:一是服务的提供者和消费者在同一成员的领土内;二是服务提供者到消费者所在国的领土内采取了设立商业机构或专业机构的方式。一般认为,商业存在是四种服务提供方式中最重要的方式。

商业存在可以完全由在当地雇用的人员组成,也可以有外国人参与。在后一种情况下,这些外国人以自然人流动方式提供服务。

4. 自然人流动(movement of natural persons)

这是指一成员的服务提供者以自然人身份进入另一成员境内提供服务。例如,某人是 A 国的律师,他来到 B 国后,没有设立自己的律师事务所,而是直接提供法律咨询服务。

自然人流动与商业存在的共同点是,服务提供者到消费者所在国的领土内提供服务;两者的不同之处是,以自然人流动方式提供服务,服务提供者没有在消费者所在国的领土内设立商业机构或专业机构。

(二) 服务部门分类

《服务贸易总协定》将服务分为 12 个部门,即商务服务,通信服务,建筑和相关工程服务,分销服务,教育服务,环境服务,金融服务,健康服务,旅游服务,娱乐、文化和体育服务,运输服务,其他服务。这 12 个部门又进一步细分为 160 多个分部门。《服务贸易总协定》对部门和分部门的分类与定义,参考了联合国中心产品分类系统对服务的分类与定义。

在具体谈判中，各成员对于准备列入减让表的具体服务部门，可以保留自由定义的权利。

《服务贸易总协定》对服务部门和分部门的分类与定义不是一成不变的。目前，服务贸易理事会下设的具体承诺委员会负责有关服务部门和分部门调整的技术性工作。

（三）服务贸易与第三产业的区别

国际服务贸易，曾译为国际劳务贸易，是指一国与另一国服务交换的活动，它与产品贸易、国际无形贸易、第三产业有密切关系，但又存在差异：

（1）国际服务贸易与产品贸易的区别在于：服务的生产与消费是同时进行的，而贸易中的产品则不一定；服务不能存储，而贸易中的产品却可以存储；服务是无形的，而产品是有形的。

（2）国际服务贸易与国际无形贸易大致等同，但从严格意义上说，国际无形贸易比国际服务贸易的范围广，它除了包括国际服务贸易中的所有项目外，还包括国际直接投资收支、捐赠、侨汇、赔款等。

（3）第三产业又称服务行业，它主要是对于以农业、采掘业等为主的第一产业和以加工制造业为主的第二产业而言的，可根据服务对象分为4类：

1）消费者私人服务行业，如旅馆业、饮食业等。

2）社会服务行业，如文教行业、保健业等。

3）生产者服务业，又称中间服务业，如咨询业、银行业等。

4）分销服务业，如公共运输业、批发和零售业。

其中，社会服务基本上是由国内提供的，而真正能作为国际贸易标的的服务，则只包括其余三种。当然，我们必须承认，凡提供服务的产业部门皆属第三产业。

国际服务贸易与国际劳动力流动也是有区别的。国际劳动力流动是指一国劳动力到另一国谋取工作，为国外雇主所雇用，为其工作并获得工资作为劳动报酬；而国际服务贸易则是一国的企业或个人对外提供服务，它可以涉及人员流动，也可以不涉及人员流动，如在国内为国外厂家加工产品就是一种劳务输出，但服务人员是以独立的身份为顾客提供服务的，而不是顾客的雇员，故劳动力的身份未发生变化，这就与殖民地劳工输出有着本质的区别。

二、《服务贸易总协定》概要

《服务贸易总协定》由6个部分、29个条款组成，内容包括文本、附录、部长会议决定以及各国的减让表。《服务贸易总协定》的协定文本在第一部分规定了协定的适用范围和定义，在第二部分规定了各成员适用的一般义务及其例外，在第三部分规定了减让适用的个别自由化原则和义务，在第四部分规定了减让谈判的框架，在第五部分规定了包括争端解决机制在内的制度条款，第六部分是把其他规定放在了最终条款内（见表3-1）。

表 3-1 《服务贸易总协定》

第一部分 适用范围/定义
- 第 1 条 服务范围/定义

第二部分 一般义务/纪律
- 第 2 条 最惠国待遇
- 第 3 条 透明度
- 第 4 条 发展中国家扩大参与
- 第 5 条 经济一体化
- 第 6 条 国内规定
- 第 7 条 承认（资格/许可）
- 第 8 条 垄断/专营服务提供者
- 第 9 条 贸易惯例
- 第 10 条 紧急措施保障
- 第 11 条 支付/转让
- 第 12 条 收支平衡的保障限制
- 第 13 条 政府采购
- 第 14 条 一般例外
- 第 15 条 补贴

第三部分 自由化约束
- 第 16 条 市场准入
- 第 17 条 国民待遇
- 第 18 条 追加约束

第四部分 逐步自由化
- 第 19 条 自由化谈判
- 第 20 条 约束表的修改
- 第 21 条 约束表

第五部分 机构规定
- 第 22 条 协商
- 第 23 条 争端处理/执行
- 第 24 条 服务贸易理事会
- 第 25 条 技术合作
- 第 26 条 与其他国际组织的关系

第六部分 最终条款
- 第 27 条 利益否定
- 第 28 条 术语定义
- 第 29 条 附录

部长会议决定：
- GATS 机构安排的决定
- GATS 争端处理决定
- 自然人移动的决定
- 服务贸易与环境的决定
- 金融服务的决定
- 海运服务的决定
- 基础电信谈判的决定
- 专家服务的决定

服务贸易协定（GATS）附录：
- （1）两条例外的附录
- （2）自然人提供服务的附录
- （3）航空运输服务的附录
- （4）金融服务附录 1
- （5）金融服务附录 2
- （6）海运谈判附录
- （7）电信服务附录
- （8）基础电信谈判附录

金融自由化约束的谅解

（一）《服务贸易总协定》的目标

《服务贸易总协定》是通过建立服务贸易的各项规则和原则，在透明度和逐步自由化的条件下扩大服务贸易，从而促进所有贸易伙伴和发展中国家经济的增长及发展。

（二）《服务贸易总协定》的范围和提供服务的形式

《服务贸易总协定》第1条第3款把服务贸易的范围限定在各成员采取的影响服务贸易的各项措施，具体包括中央政府和地方政府的措施以及由政府授权而行使权力的非政府团体所采取的各项措施。

《服务贸易总协定》第1条第2款对服务贸易的定义是“提供服务”，具体包括以下4种方式：

（1）跨境交付，是指服务提供者在一成员境内向其他成员境内提供服务。

（2）境外消费，是指服务提供者在一成员境内向其他成员境内的消费者提供服务。

（3）商业存在，是指一成员的服务提供者以设立商业据点的方式在其他成员境内提供服务。

（4）自然人流动，是指一成员的服务提供者以自然人身份进入另一成员境内提供服务。

（三）服务贸易自由化的一般义务

最惠国成员在制定和实施服务贸易的措施时必须遵守一般义务。《服务贸易总协定》第2条规定，有关本协定的任何措施，每一成员方给予任何成员方的服务或服务提供者的待遇，应立即无条件地以不低于前述待遇给予其他成员方相同的服务或服务提供者。

（四）服务贸易自由化的具体义务

各成员在实施服务贸易自由化的特定减让义务时，要遵守市场准入义务和国民待遇义务，它与最惠国待遇的一般义务有所不同，是在自己实施的减让义务范围之内必须承担的特定义务。

（五）逐步自由化

为了实现服务贸易自由化的目标，各成员要定期进行谈判，承担特定义务，逐步减少直至取消对服务贸易有影响的限制措施。乌拉圭回合谈判只是最初的谈判，在乌拉圭回合谈判结束后，各成员还要定期举行谈判，分阶段实施服务贸易自由化的目标。

（六）国内规定

《服务贸易总协定》第6条规定，各成员除了要承担最惠国待遇、市场准入保证及国民待遇义务外，在减让表中承担了特定义务的部门，若有新的将对服务贸易发生影响的管理措施，应确保在合理、客观和公平的前提下实施。

（七）例外措施

《服务贸易总协定》第14条规定，本协定的规定不得解释为阻止任何成员方采取以下措施。这些措施包括：

（1）为维护公共道德或维持公共秩序所必需的措施。

（2）保护人类、动植物的生命和健康所必需的措施。

(3) 不违反《服务贸易总协定》的法律和法规所必需的措施。

(4) 国家安全例外。

(八) 税收例外

《服务贸易总协定》第 14 条及第 22 条规定了税收例外：

(1) 在征收直接税时，对其他成员可以采取与本国国民不同的差别待遇。

(2) 成员可参加任何防止双重课税的国际协定，成员间可以实施不同的差别待遇。

(3) 有关双重课税方面的争端，不是根据程序来磋商，而是提交服务贸易委员会仲裁。

(九)《服务贸易总协定》生效以后的谈判

以下事项在《服务贸易总协定》生效后进行谈判：

(1) 有关资格条件、技术标准及许可证方面的措施。

(2) 对无差别原则的紧急保障措施问题。

(3) 世界贸易组织协定生效后两年内进行政府采购服务的双边谈判。

(4) 在补贴方面可能扭曲服务贸易的影响。

(十) 协商和争端解决

世界贸易组织规定的争端解决程序，适用于货物贸易各部门，也适用于服务贸易各部门。如果某成员认为另一成员未能实施《服务贸易总协定》规定的责任和特定义务时，该成员可以要求通过争端解决机构来解决。

第三节 《服务贸易总协定》的减让表规则与其他规定

减让表规则用于处理服务贸易的市场准入和国民待遇问题。与前文所列的一般义务和纪律不同，减让表规则仅适用于成员在减让表中做出的具体承诺。其他规定包括机构规定和最终条款。

一、关于市场准入

《服务贸易总协定》规定，一成员对来自另一成员的服务或服务提供者，应给予不低于其在具体减让表中所列的待遇。该规定表明，与货物贸易减让表中的承诺类似，服务贸易承诺也是约束性承诺，它确定了给予其他成员的服务或服务提供者的最低待遇；在实际中，各成员亦可给予它们更为优厚的待遇。

《服务贸易总协定》列举了 6 种影响市场准入的限制措施，具体包括：限制服务提供者的数量，限制服务交易或资产总值，限制服务网点总数或服务产出总量，限制特定服务部门或服务提供者可以雇用的人数，限制或要求通过特定类型的法律实体提供服务，限制外国资本参与的比例或外国资本的投资总额。除了在减让表中明确列明外，各成员方不得对其他成员的服务或服务提供者实施这些限制措施。

二、关于国民待遇

《服务贸易总协定》规定，各成员在实施影响服务提供的各种措施时，对满足减让表所列条件和要求的其他成员的服务或服务提供者，应给予其不低于本国服务或服务提供者的待遇。

《服务贸易总协定》对国民待遇原则的规定，与1994年关税及贸易总协定的有关规定十分相近。但是，《服务贸易总协定》的国民待遇只适用于成员方已做出承诺的服务部门，这是由服务贸易的特性决定的。在货物贸易领域，尽管外国货物可在本国市场享受国民待遇，但在进入本国市场时，仍要受进口关税、数量限制及其他边境措施的限制；而在服务贸易领域，如果绝大多数服务的外国提供者获得了国民待遇，特别是当这些服务是以在进口方市场的商业存在和自然人流动方式提供时，就意味着外国服务提供者在实际中享有了完全的市场准入。

与市场准入一样，减让表中应列举有关服务贸易国民待遇的所有限制措施。减让表中列明的条件和要求是给予外国服务或服务提供者的最低待遇；在实际中，成员方也可以超出所做承诺，给予它们更为优惠的待遇。

《服务贸易总协定》还规定，成员方可就影响服务贸易的其他措施进行谈判，谈判结果形成附加承诺。附加承诺主要是关于资格要求、技术标准和许可条件的承诺等。

三、关于减让表的修改或撤回

《服务贸易总协定》规定了成员方修改或撤回减让表的具体承诺应遵循的规则。从原则上说，任何承诺在《建立世界贸易组织协定》生效起3年内都是不可修改或撤回的。此后，成员方可在做出相应通知并给予相关成员方一定补偿后，修改或撤回某项具体承诺。此外，改变具体承诺的要求至少应提前3个月提出。

补偿问题通常是在改变承诺的通知发出后，在受影响成员的要求下，通过谈判解决的。如果谈判能就新的承诺达成协议，弥补了撤回承诺造成的影响，则有关成员间服务贸易承诺的整体水平不会降低。补偿应按最惠国待遇原则实施。

但是，有关成员可能难以就补偿问题达成协议，其原因是多方面的，比如有关成员方很难估计一成员改变服务贸易的某项具体承诺所产生的影响，有关的贸易数据也可能不完整，而且补偿的形式既可以是市场准入新承诺，也可以是国民待遇新承诺。为此，《服务贸易总协定》规定，当有关补偿的谈判达不成协议时，允许有权获得补偿的成员将此问题提交仲裁。如果仲裁认定应给予补偿，则有关成员在补偿前不能改变原有承诺；若成员方对原有承诺做了不符合仲裁结果的改变，则受影响的一方有权采取报复措施，撤回与仲裁结果实质上相等的承诺。此时，受影响方承诺的撤回仅针对改变承诺的那一方实施。

《服务贸易总协定》规定，成员方最迟应于2000年1月开始新一回合的谈判，以逐步实施更高水平的服务贸易自由化。在确定未来谈判的指导原则时，服务贸易理事会应就发展中成员极为关注的两个问题做出决定：一是如何对待各成员自上一回合谈判以来做出的开放市场努力；二是应给予最不发达成员的特殊待遇。

四、关于机构规定和最终条款

《服务贸易总协定》的机构规定和最终条款与乌拉圭回合谈判达成的其他协议的机构

规定和最终条款相似。机构规定就争端解决、服务贸易理事会的设置、技术合作、与其他国家组织的关系等做了规定。最终条款允许成员方不把有关服务贸易的具体承诺给予来自非成员方的服务或服务提供者。最终条款还对《服务贸易总协定》使用的一些关键术语（如“服务的提供”“法人”等）做了定义。

案例导读：中国加入 GATS 的减让承诺

中国为复关分别对银行、保险、法律、会计、医疗、教师、计算机、翻译、建筑、房地产、农林畜牧业、旅游、广告、海运、水运、公路运输、陆上石油运输服务等做了以下减让承诺：

(1) 金融：允许外国金融机构在沿海 13 个城市来华投资和开发业务。这 13 个城市是广州、深圳、汕头、珠海、厦门、海口、上海、天津、青岛、南京、大连、宁波、福州。允许外国金融机构经营的业务范围是外资银行、外国银行分行、中外合资银行、外国独资财务公司和中外合资财务公司。但是，这些金融机构只能经营外汇业务，不能经营人民币业务。外国保险公司可以采用两种方式在上海提供保险服务：①设立外国保险公司分公司；②与中国开办合资保险公司。

(2) 法律：经过司法部批准，外国律师事务所可以在中国境内设立办事处。中国允许它们开展服务的范围是：为顾客提供有关所在国法律、国际公约、协定和惯例的咨询；代表外国顾客在中国境内委托中国律师事务所从事法律活动；代表中国客户处理有关法律问题。

(3) 会计：年收入 2 000 万美元、人员在 200 名以上的会计师事务所，经市场测试后可在中国发达地区设立办事处，经营范围按照财务部的有关规定。

(4) 医疗：外国人可以按照中国的需要建立合资或合作医院或者诊所。

(5) 教师：经国家外国专家局和国家教委颁发许可证，同时获得学士以上学位或具有一个适当专业头衔（如教授、工程师、讲师等）的外国人，可以在中国提供教育服务。

(6) 计算机：具有学士以上学历并在该领域有 5 年以上工作经验的外国人，可以在中国提供计算机咨询服务或软硬件开发。

(7) 翻译：具有国家外国专家局和其他主管部门办理的许可证，有一定翻译工作经验并掌握工作语言的外国人，可以在中国提供翻译服务。

(8) 建筑：外国服务者可以按照中国有关外国建筑工程公司的资格许可条例，通过公开招标进入中国建筑市场；允许外国公司与国内建筑工程公司举办中外合资、合作的建筑工程公司。

(9) 房地产：可以通过中外合资或合作企业的形式提供服务，并在合同中规定投资比例。

(10) 农林畜牧业：外国服务者可通过合作企业的形式，经过对外贸易经济合作部和其他主管部门按照《中外合作经营企业法》的规定批准后，在中国建立服务公司。

(11) 旅游：外国服务提供者可以合资或合作的形式新建和经营饭店及餐馆设施。与在华的合资饭店、合资餐馆签有管理合同的外国经理人员、高级行政管理人员和专家，可入境提供管理服务。

（12）咨询服务：允许外国投资者以合资或合作形式投资设立公司，提供有关方面的咨询服务业务。

（13）广告服务：允许外国企业在中国境内设立合资、合作广告公司。外国企业、组织、个人在中国境内发布广告和承揽广告，应当委托中国具有外商广告经营权的广告经营者代理。

（14）海运和水运：根据经济发展需要，通过合营形式建立海运公司；根据需要开辟班轮航线；通过合营形式从事集装箱装卸业务和仓储业务；外国公司可以在对外开放的港口从事国际货物运输；有关方面的船运公司可通过双边协议，按中国有关合资和独资企业的法律，为其自有或经营的船舶或按提单、运价本运送的货物在华建立合资企业或子公司；中国允许外国轮船公司或合资船务公司为其自有船舶办理签单、结汇、签订业务合同，从事国际运输经营活动。

（15）公路运输：可根据实际需要成立中外合资经营企业来从事公路运输业务。

（16）陆上石油服务：外国服务提供者可在中国政府批准的区域内提供服务。开采石油的应与中国石油天然气勘探开发公司以合作的方式开采。为了执行石油合同，外国服务提供者应在中国境内设立分支机构、子公司或代表机构，并依法办理登记手续。

第四节　服务贸易的区域性协议

近年来，作为GATT/WTO体制允许的例外，区域经济一体化及与此相关的区域贸易协定（regional trade agreement，RTA）的发展非常迅速。特别是随着服务业在一国国民经济中的地位和作用日益显著，全球经济竞争的重点从制造业转向服务业，因而RTA突破了传统的货物贸易领域，逐渐涵盖了服务贸易的内容。为了适应这个发展趋势，乌拉圭回合谈判达成的《服务贸易总协定》规定了RTA中的服务贸易规则应当遵循的规范，即GATS第5条规定的经济一体化。

一、服务贸易区域性协定的形成

（一）服务贸易被纳入区域经济一体化的现状

服务贸易作为一个国际贸易品种被纳入区域经济一体化中较晚，因而早期的区域经济一体化几乎没有服务贸易的相关规则。在现有的区域经济一体化协定中，将服务贸易纳入其中的仍然不算很多。截至2017年，依据GATS第5条“经济一体化”的规定，向WTO通报的有效区域贸易协定（RTA）达647个，生效的有433个。在这些协定中，大部分是发达国家之间的协定，属于比较完善的区域性服务贸易规则。

除上述协定外，还有一些包含服务贸易的经济一体化协定。在这些协定中，有些是依据“授权条款”通知给WTO的，如东盟于1995年制定的《东盟服务贸易框架协定》，但很多包含服务贸易的协定还没有通知给WTO。这些协定大多属于发展中国家之间或者发展中国家参与的经济一体化，它们在服务贸易方面通常缺乏实质性的自由化措施。但是，近年来发展中国家逐渐认识到服务贸易的重要性，并在服务贸易的法律机制上给予强化，比较典型的如《东盟服务贸易框架协定》，这是当今世界上第一个专门的区域性服务贸易协定。

（二）服务贸易被纳入区域经济一体化的动因

纵观区域经济一体化的发展和服务贸易纳入其中的状况，可将这一过程的动因归纳为以下几个方面：

1. 服务贸易能够促进区域内经济的整体增长

近年来，服务贸易以高于货物贸易的速度迅速增长，它作为一个新的国际贸易领域和产业进步的标志，使越来越多的国家认识到：开展区域性服务贸易，有助于建立高效、富有活力和竞争力的服务部门；有助于在成员之间增加货物贸易，进而增加各成员生产部门的效益，提高它们在世界市场上的竞争力；有助于减少由于贸易转移造成的国内价格上涨所增加的福利成本。

2. 服务和服务贸易的特点使其更适于区域内的合作

服务具有非储存性、用户-生产者的互动性、无形性、不可分离性、质量的差异性、所有权的缺乏性等特点；一些重要的服务贸易领域，如金融、电信、沿海运输等，均涉及一国的国计民生；服务贸易壁垒主要采用歧视性国内规定的形式，往往属于国内政策领域且较多涉及国家主权等敏感问题；发展中国家和发达国家之间在服务贸易领域有着巨大的差距。

上述因素使各国出于自身政治、经济利益上的考虑，往往实行较严格的贸易保护主义，因而在多边贸易体制内很难协调各参加方的立场和利益；与多边贸易体制不同，区域经济一体化往往是在地缘政治与经济发展水平上相容或类似的国家和地区间进行的，因而它容易做出考虑各方利益的安排，使有关方在多边贸易体制下暂时无法实现的自由化利益在区域范围内首先得以实现。从这个意义上讲，服务贸易更适于区域的合作。

3. 发达国家的推动有利于区域内服务贸易自由化的发展

发达国家在服务业上的比较优势和20世纪80年代中期以后多边贸易谈判的漫长、坎坷，促使其转而寻求通过区域内的合作来推进服务贸易自由化。例如，1989年《美加自由贸易协定》的生效标志着美国对区域经济合作的态度发生了重要的转折，它放弃了反对区域经济合作的立场，转向参与和主导地区自由贸易协定，以获取更多的经济和政治利益。

4. 发展中国家开展区域内服务贸易的特惠合作也推动了区域性服务贸易的发展

针对实力强大的发达国家服务提供者，广大发展中国家也寻求通过为区域内服务提供者提供特惠及加强有关参加方在服务贸易领域的合作，将服务贸易自由化纳入区域经济一体化，以巩固本区域内的服务贸易市场，同时增强各参加方参与多边服务贸易谈判的能力。发展中国家这一“顺应时势”的做法也推动了区域性服务贸易的发展。

综上所述，在WTO多边贸易体制已经遭遇重大挫折的大背景下，尚在肆虐的金融危机使多边贸易体制更是雪上加霜，现实促使更多国家转向区域贸易安排。相比货物贸易较易受到外部环境（如能源价格变动、通货膨胀、贸易摩擦等因素）的影响，服务贸易则较少受到这些因素影响，而且具有附加值高、吸纳就业多、能耗低、污染少的优势。根据WTO的统计，2005—2016年服务贸易出口波动幅度明显小于货物贸易，说明服务贸易具有稳定经济的作用。2016年，服务业出口额占世界贸易出口额的比重高达23.58%，而且其发展势头明显快于货物贸易。服务贸易已然成为各国贸易发展的制高点。

（三）GATS 第 5 条的产生

在 GATS 中增加区域性的服务贸易规则，既是客观的需要，同时也与一些国际区域贸易组织（主要是 EU、NAFTA 等）的大力推动有关。在乌拉圭回合谈判时，各缔约方决定将多边贸易体制的范围由货物贸易扩大到服务贸易。在此期间，欧盟主张对该领域的区域贸易安排问题进行规定并提出了相关建议，而且得到了瑞士、澳大利亚和新西兰等国的支持。1988 年 12 月，服务贸易谈判组（GNS）在蒙特利尔召开的乌拉圭回合谈判中期评审会上对此做了报告，部长们同意从 1989 年 8 月开始将"经济一体化"列入服务贸易谈判的议题。此后，各缔约方提交了各种书面建议及口头陈述。1989 年 12 月，服务贸易理事会主席印发了一个文件，允许成员方根据它们之间所谈判的条件进行服务贸易的区域安排，从而偏离了非歧视原则。

在谈判中，各方的争议主要围绕偏离最惠国待遇的两种不同方法展开。尽管有些成员主张这种偏离应当与协议中服务贸易自由化的程度有关，但其他成员提出这种偏离应当以 GATT 第 24 条关于关税同盟和自由贸易区的规定为蓝本来拟定，从而尽可能保证关于服务的框架协议规定与货物领域相当。此后，双方达成了妥协，它们借用了 GATT 第 24 条的一些关键术语和规则原理，将其列为 GATS 的第 5 条，作为 WTO 体制对成员间服务贸易区域一体化的制度性规定。

GATS 第 5 条首先承认 WTO 的成员有权缔结服务贸易领域的经济一体化区域（economic integration area，EIA）协议，但对这类协议的制订及参加规定了一系列的约束条件，包括 EIA 需要符合的内在条件、EIA 参加方与外部的 WTO 成员之间的贸易关系、WTO 对 EIA 的监督与审查以及对发展中国家的优惠待遇等方面。这些规定不仅反映了各成员在谈判 GATS 时拟将经济一体化纳入多边服务贸易法律体制的努力，而且也给传统的区域经济一体化概念带来了创新，使其更适合国际贸易自由化的需要。但是，GATS 第 5 条并未对 EIA 在多边服务贸易体系中的地位进行规定，而且在经济一体化的认定标准、审查机制等方面留下了许多尚待补充和完善的地方。

二、国际服务贸易区域一体化的实践

（一）欧盟的服务贸易规则

目前，欧盟拥有 28 个成员国，自 1957 年签订《欧洲经济共同体条约》后，欧盟的一体化水平就不断提高。就贸易而言，欧盟内部已实现了非常高的自由程度，其中包括服务贸易自由。

为了促进欧盟成员国之间服务贸易的自由发展，2006 年 12 月欧盟颁布了《关于内部市场服务业指令的第 2006/123/EC 号欧洲议会和理事会指令》（以下简称《指令》）。《指令》规定了促进服务贸易的具体措施。

1. 简化行政管理

《指令》第 2 章要求，成员国应简化相关的行政程序，承认对方国出具的相关证书效力；建立一站式窗口，服务供应商可以通过该窗口完成行政管理手续；保持信息透明度，并向服务供应商介绍本国市场准入和服务开展的要求、主管机构的联系方式、发生纠纷的救济方式等；发展电子政务，确保服务供应商能够通过电子和远程的方式完成申请程序。

2. 确保自由设立机构

《指令》第3章规定了成员国服务供应商在其他成员国设立机构的自由，具体内容包括：设立机构的政府授权计划不得歧视服务供应商，该计划的存在必须出于公共利益的理由；授权应当基于客观公正而非任意；除非出于公共利益考量，否则授权一般不应当有期限限制；在从多个申请人中进行选择时应确保程序公正、透明，不得因为国籍或注册地而提出歧视性要求；成员国应当评估并确保国内法符合非歧视要求。

3. 确保服务自由流动

《指令》第4章规定了服务的自由流动。成员国应当尊重跨境提供服务，相关规范应当符合非歧视原则、必要原则和比例原则；成员国应当尊重服务贸易消费者的权利，不得限制其消费跨境服务；不得基于国籍或居住地对消费者提出歧视性要求；消费者在居住国有权获得信息。

目前，欧盟内部基本实现了人员、资本、货物、服务的自由流动，是其他自贸区的一体化进程所无法比拟的。这个现象的成因包括欧盟成员国拥有相近的语言、文化、历史和国民心理，相互沟通无障碍，经济发达程度相对较为接近。

（二）经济合作与发展组织（OECD）的服务贸易规则

OECD的任务之一是致力于推动各种经济因素在各成员之间自由流动。OECD认为，资本、投资和服务的自由流动推动了经济增长、就业和发展，鼓励了竞争和经济效率。不论是对于发达国家还是发展中国家，对于东道国还是原属国，均大有助益。但是，自由和开放的理念只有在符合一个国家经济、基础设施和金融市场的发展状况时才能发挥积极作用。OECD允许各成员基于自愿采取渐进和有差别的自由化模式。

就服务贸易而言，OECD鼓励成员间实现服务贸易自由化，并集中体现在2008年发布的《资本流动自由化法则》和《无形贸易自由化法则》（以下合称《法则》）中。《法则》采取了渐进的模式来推动服务贸易自由化，并由OECD投资委员会负责执行。《法则》采用了一系列有利于贸易自由化的措施。例如，简化服务贸易的准入手续，在必要时开展国际合作；各成员在变动自由化措施时应当通知OECD并接受OECD对该项变动的评估；对于违反自由化措施的成员，经其他成员申请，OECD可以建议违约方改正等。这些措施体现了下述原则：

（1）维持现状原则。各成员承诺禁止新设壁垒。对于《法则》义务的保留，只能减少或消除，而不能增加或扩展。其例外情况为：公共秩序和安全，以及暂时的经济困难可成为停止履行义务的理由。

（2）逐步回退原则。自由化是《法则》的主要目标，但各成员可以根据自己的实际情况逐步消除限制。如果某成员决定保留对资本和服务自由流动的限制措施，它应当接受定期评估。其他成员将听取该成员申辩，并且说服该成员采取程度较轻的限制措施。

（3）单方自由化原则。与其他贸易和投资的国际协定不同，《法则》没有采取谈判和讨价还价的相互减让模式。OECD认为，自由化给对方带来的利益，一定与给本方带来的利益相等，一成员的减让不应当以其他成员的立即减让为条件。

OECD采取单方承诺的自由化模式，这样有利于促成协议的达成，但协议执行的力度和强制性也可能因此大打折扣。与欧盟的自由化策略相比，这是一条不同的道路，但只要符合实际情况，均可实现服务贸易自由化的目标。

（三）北美自由贸易区（NAFTA）的服务贸易规则

北美自由贸易区是世界上第一个由发达国家和发展中国家共同组成的区域贸易安排。自1994年1月1日北美自由贸易协定（以下简称“协定”）生效之日起，美、加、墨在15年的过渡期内全部取消了产品、服务及投资领域的所有关税及非关税壁垒。在服务贸易自由化方面，它完全涵盖了GATS项下四种服务提供方式，并对金融、电信、运输、专业服务等产业也做了具体规定。相对于货物贸易的条款来说，NAFTA有关服务贸易的条款反映了程度更低的贸易保护。当然，NAFTA并没有创造完全的一体化，但它体现了一体化的方向，尤其是它显著提高了墨西哥的开放程度。

1. NAFTA关于服务贸易自由化的原则性规定

（1）国民待遇和最惠国待遇原则。协定要求消除与国民待遇原则和最惠国待遇原则相抵触的限制服务贸易自由的措施。NAFTA规定的国民待遇原则不是法律上的，而是事实上的，也就是外国公司可能仍要面对与国内公司不同的法律地位，只要这种法律的效果不会使得外国公司处于竞争上的劣势。

（2）非歧视性数量限制。协定要求每一成员列明在某一行业限制服务提供者数量或活动的非歧视性措施，任何协定成员均可对这些措施进行咨询以及就这些限制性措施的实行及取消进行谈判。

2. 服务贸易自由化的产业规定

在NAFTA的谈判中，电信、金融、专业服务和陆上运输备受关注，因而NAFTA采用专章或专门附件的方式进行规定。

（1）在电信服务方面，协定要求各成员的公共网络服务应在合理及非歧视的条件下向利用网络经商的企业及个人提供。该章强调了透明度原则，要求各成员在使用和进入公共网络的规定方面做到公开与透明。

（2）在金融服务方面，NAFTA制定了一套综合的原则和方法，对管理金融服务的政府措施进行了约束。然而，它基本上没有改变美国和加拿大对外资银行准入的要求，却显著开放了墨西哥的金融系统。

（3）在专业服务方面，NAFTA主要采取了规范资格和证书认证及相互认可，以达成共同接受的标准，从而使专业服务贸易走向自由化。

（4）在陆上运输服务方面，NAFTA专门规定了时间表，以期实现成员间陆路运输服务的自由化，统一陆运技术及安全标准。为了在北美陆运市场创造平等机会，协定规定：逐渐取消对三国跨国界陆运服务的限制。

作为南北合作型的区域贸易安排，NAFTA在规定普遍适用规则的基础上，允许各成员的开放程度和具体措施存在差别。应当承认，在美国、加拿大、墨西哥三国中，美国、加拿大做出的服务贸易自由化承诺要多一些，但NAFTA采取的区域内产业纵向合作的模式最终使得墨西哥的产业结构失调。在知识型贸易结构上严重依附美国，成为墨西哥未来可持续发展的潜在障碍，值得其他发展中国家警惕。

（四）联合国贸易和发展会议（UNCTAD）的服务贸易规则

UNCTAD赞同贸易自由化，认为贸易自由化有利于增强国家竞争力，帮助一国更好地融入世界经济。但是，贸易自由化发挥积极作用是有条件的，其规则、基础设施、技术和人力资源必须先行。

UNCTAD认为，服务贸易自由化可以通过多边方式实现，也可以通过RTA的方式实现。一国可以把在RTA服务贸易中积累的经验用于多边贸易，从而在多边贸易中占据主动。目前，RTA的服务贸易发展迅猛，除了经济原因，战略目标（如发展、安定、安全、地理政治、吸引FDI）也发挥了重要作用，欧盟的发展就是例子。为了实现RTA的服务贸易利益，需要在多边和区域制度之间建立相互支持的平台，这就要求UNCTAD对区域趋势和发展方向具有更清晰的把握。

UNCTAD认为，RTA在广泛的服务贸易领域采取了渐进的自由化模式，吸收了不同的自由化方法，大致可分为肯定式清单和否定式清单两种方法。通过这两种清单可以实现同等水平的自由，但否定式清单需要谈判国家具有较强的实力，这对发展中国家构成了很大挑战。

UNCTAD将RTA在推动自然人流动方面的做法概括为三种：GATS型（覆盖所有自然人，但有选择地做出自由化承诺）；NAFTA型（专注于高质量人才）；欧盟型（更全面的劳动力市场一体化）。经济一体化水平高、发展水平相似和地理位置临近，均有利于自然人流动。

服务贸易自由化尤其是RTA的服务贸易为全球发展带来了机遇。UNCTAD认为，应当从以下两个层面努力。在国家层面：①制定国内政策工具，包括制定有效的规则框架和强化服务提供能力战略；②在确保服务市场全球准入方面强化国家职能，同时在私营领域和私有化过程中采取审慎策略；③发展物流业，建立和保障供应能力。在国际层面：①在公平竞争的条件下发展贸易开放环境，通过发展对于发展中国家具有优先利益的领域和服务提供模式，实现发展中国家的广泛参与；②帮助发展中国家发展服务业和开展服务贸易谈判，包括推进贸易评估和促进其参与服务贸易；③深化世界范围内服务业和物流业准入的工作，在多边、区域和“南南”层面做出政策选择时提供帮助。

三、我国RTA的服务贸易实践

我国加入WTO后非常重视区域贸易关系的发展，2002年11月与东盟签署了《中国-东盟全面经济合作框架协议》，标志着中国-东盟自由贸易区建设的正式启动。中国对外商谈的所有自贸区战略都包括了服务贸易自由化。截至2018年，中国已与25个国家和地区达成了17个自贸协定，自贸伙伴遍及欧洲、亚洲、大洋洲、南美洲和非洲。中国已经签署的区域服务贸易协定包括2003年中央政府分别与香港和澳门签署的《关于建立更紧密经贸关系的安排》（Closer Economic Partnership Arrangement，CEPA）和补充协议、2007年《中国-东盟服务贸易协议》、2008年4月《中国-新西兰自由贸易协定》、2008年4月《中国-智利自由贸易协定》等。上述协议都包含了服务贸易自由化的内容，特别是鉴于港、澳服务业高度发达的比较优势，服务贸易在内地与港、澳签署的CEPA中更是占有非常重要的分量。

（一）中央政府与港、澳地区签署的CEPA和补充协议

从性质上看，这是中国国家主体与其单独关税区之间签署的自由贸易安排，也是内地第一个全面实施的自由贸易协议，广泛涉及货物、服务、资本、人员流动领域。由于香港地区、澳门地区的服务业均高度发达，因而服务贸易自然成了CEPA的主要内容。在CEPA中，服务贸易自由化的特点是程度深、范围广、模式全。程度深就是大幅放宽对香港服务提供者的资质、资格、股权比例、地域和范围的限制；范围广就是服务贸易自由化涉及的部门更多，2008年7月CEPA《补充协议五》又新增了采矿服务和科技咨询服务两个领域；模式全就是WTO协定规定的四种服务提供模式在CEPA中均有体现。

（二）《中国-新西兰自由贸易协定》

这是一个全面的自由贸易协定，服务贸易既是该协定的一个章节，又是中国签订的第一个"南北一体化"协定。本协定的亮点是新西兰在自然人流动方面做出较多承诺。例如，针对从事中国特色职业人员赴新西兰就业，新西兰单方面承诺，为中医、中餐厨师、中文教师、武术教练、中文导游5类职业提供800个免劳动力市场测试的就业机会，承认中国的学历、执业资格和工作经验，允许在新西兰工作3年。

（三）《中国-东盟服务贸易协议》

这是中国与其他国家签订的第一个针对服务贸易的自由贸易协定，也是首次与自由贸易区签订的自由贸易协议，涉及东盟组织和东盟各成员两个层次的关系。在具体开放承诺方面，东盟十国分别做出各自的开放承诺，而我国对东盟各国做出统一的承诺。

（四）《中国-智利自由贸易协定》

这是我国与美洲国家建立的第一个FTA。该协定的开放承诺较高，在多个领域超过了双方在多哈回合谈判的出价，如中国在采矿服务、环境服务、体育服务和空运服务领域就是如此；智利除了在多个部门的开放承诺超越多哈回合谈判的出价，甚至新开放了多个服务部门，如分销、教育、采矿等。《中国-智利自由贸易协定》对于我国与广大拉美国家发展更紧密的经贸关系具有示范和试验意义。

本章小结

本章第一节介绍了在乌拉圭回合谈判中以美国为代表的服务贸易发达国家提出的要将服务贸易列入谈判议题的要求，以及作为发展中国家代表的巴西和印度提出的不同意见，并以此为基础介绍了将服务贸易最终纳入多边贸易体系的曲折谈判过程。

第二节对《服务贸易总协定》进行了简要介绍，指出《服务贸易总协定》界定的服务贸易活动包括跨境交付、境外消费、商业存在、自然人流动四个方面，并将服务分为12个部门，即商务服务，通信服务，建筑和相关工程服务，分销服务，教育服务，环境服务，金融服务，健康服务，旅游服务，娱乐、文化和体育服务，运输服务，其他服务。

第三节介绍了《服务贸易总协定》中的减让表规则主要用于处理服务贸易的市场准入和国民待遇问题。减让表规则仅适用于成员方在减让表中做出的具体承诺。《服务贸易总

协定》还包括机构规定和最终条款。

第四节介绍了一些服务贸易区域性协定的形成、国际服务贸易区域一体化的实践和我国 RTA 的服务贸易实践。

课后思考题

1. 《服务贸易总协定》界定的服务范围包括哪几个？
2. 《服务贸易总协定》将服务贸易分为几个部门？
3. 服务贸易中的国民待遇与货物贸易相比，有何特点？
4. 《服务贸易总协定》列出的影响市场准入的限制有哪些？
5. 服务贸易领域达成的两个具体协议是什么？
6. 服务贸易区域一体化的具体实践有哪些？

第四章

国际服务贸易市场格局

学习目标

1. 了解国际服务贸易市场格局
2. 掌握国际服务贸易市场发展的多种原因
3. 了解美、欧国际服务贸易的整体情况
4. 了解日本服务贸易发展的启示
5. 了解印度服务贸易的优势

引　子

近年来，随着信息技术的发展和国际分工深化，国际服务贸易的格局出现了新变化，呈现了新特点。特别是在全球经济增长和货物贸易持续低迷的情况下，服务贸易逆势而上、快速增长。随着《国际服务贸易协定》谈判的推进以及新一轮产业变革的深入发展，2005—2014 年全球服务贸易的规模翻了一番，现已接近十万亿美元大关，成为拉动全球经济增长和扩大就业的重要力量。从产业分布看，计算机与信息服务、通信服务等新兴服务业的增速较快，将成为未来服务贸易新的增长点。从区域分布看，欧洲、亚洲是全球第一和第二大服务贸易进出口地区，全球大约 70%的服务贸易进出口集中在欧洲和亚洲。欧洲在金融、计算机与信息技术领域占据绝对优势，出口额超过全球一半。亚洲和独联体的出口相对优势是建筑，北美是金融，中南美洲、中东、非洲则是旅游。

发达国家与发展中国家的比较优势差距有扩大趋势，但发展中国家正在努力打破发达国家主导国际服务贸易的格局。近年来，发达国家的服务贸易顺差逐年扩大，而发展中国家的服务贸易逆差逐年扩大，双方的比较优势差距有扩大的趋势。美国是全球第一大服务贸易顺差国，中国是第一大服务贸易逆差国。但与此同时，发展中国家服务贸易的出口增速明显加快，日益成为服务贸易出口的新生力量。这主要表现在：一是发展中国家打破了长期以来发达国家主导国际服务贸易的格局，不仅在国际服务贸易出口中的占比突破了

30%，而且在旅游服务、建筑和相关工程服务、运输服务、商务服务、计算机与信息服务五大产业出口中的占比接近或超过40%。二是中国和印度已跻身于全球十大服务贸易出口国行列。三是发展中国家服务贸易的出口增速超过发达国家，对国际服务贸易增长的贡献度加大。

国际服务贸易的规则面临调整，服务贸易自由化在曲折中发展。近年来，世界贸易组织（WTO）一直致力于推动各国改革国内体制，建立合理有效的监管体制和政策，促使国内监管与国际规制相协调。在多哈回合服务贸易谈判受阻的情况下，占国际服务贸易70%的23个WTO成员参与的《国际服务贸易协定》谈判将谈判议题由传统服务业扩大到电子商务、信息服务、环境服务和能源服务等新兴服务业，成为推动服务贸易自由化的一个新因素。然而，我们也要看到，国际服务贸易仍面临诸多贸易壁垒，因此推进服务贸易自由化任重而道远。

第一节 国际服务贸易市场现状

一、国际服务贸易的总体情况

“服务贸易”一词最早出现在1972年9月经济合作与发展组织（OECD）的一份报告中，虽然这个词的出现不过40多年的时间，但其包含的某些服务项目（如文化教育、运输、旅游等）的发展却有着悠久的历史。不过，服务贸易的迅速发展是近年来伴随着经济全球化的浪潮而出现的。

（一）国际服务贸易发展的总体状况

国际服务贸易在40多年的发展过程中，不仅规模越来越庞大，而且其结构也发生了深刻的变化。随着国际服务业的不断发展，服务贸易在国际贸易中的地位不断上升。1980—2016年国际服务贸易总额已从7 675亿美元增长到94 150亿美元，增长了超过11倍，出口总额已从3 650亿美元扩大到47 700亿美元，进口总额已从4 025亿美元增长到46 450亿美元。从表4-1可以看出，1980—2016年国际服务贸易的快速增长，反映了世界经济的重心向服务业转移的趋势。

表4-1 1980—2016年国际服务贸易进出口总额 单位：亿美元

年份	进出口总额	出口总额	进口总额
1980	7 675	3 650	4 025
1981	7 919	3 740	4 179
1982	7 674	3 646	4 028
1983	7 372	3 543	3 829
1984	7 619	3 656	3 963
1985	7 827	3 816	4 011

续表

年份	进出口总额	出口总额	进口总额
1986	9 058	4 478	4 580
1987	10 753	5 314	5 439
1988	12 260	6 003	6 257
1989	13 421	6 566	6 855
1990	16 011	7 805	8 206
1991	16 754	8 244	8 510
1992	18 709	9 238	9 471
1993	19 008	9 413	9 595
1994	20 770	10 332	10 438
1995	23 864	11 849	12 015
1996	25 407	12 710	12 697
1997	26 259	13 203	13 056
1998	26 853	13 503	13 350
1999	27 939	14 056	13 883
2000	29 718	14 922	14 796
2001	29 886	14 945	14 941
2002	31 807	16 014	15 793
2003	36 363	18 340	18 023
2004	43 123	21 795	21 328
2005	47 760	24 147	23 613
2006	53 304	27 108	26 196
2007	63 163	32 572	30 591
2008	72 003	37 313	34 690
2009	64 261	33 116	31 145
2010	71 050	35 950	35 100
2011	80 150	42 780	37 370
2012	85 709	43 470	42 239
2013	90 258	46 444	43 814
2014	98 007	49 404	48 603
2015	92 450	46 750	45 700
2016	94 150	47 700	46 450

资料来源：WTO的国际贸易统计数据库（international trade statistics database）。

自20世纪90年代以来，国际服务贸易的构成发生了重要的变化。其中，运输贸易及政府服务所占的比重呈下降趋势。另外，旅游业发展迅速，已成为国际服务贸易的第一大产业。有关测算表明，2016年国际旅游服务成为服务贸易中最大的组成部分，旅游服务贸易占服务贸易总额的25.1%。随着科技和信息技术的不断发展，新兴服务贸易的发展也比较迅速，包括通信、建筑、保险、金融、计算机与信息、所有权收益、其他商业性服务以及文艺与体育服务等在内的其他服务从1990年的3 250.7亿美元增加到2016年的25 634亿美元，占国际服务贸易的比重从37.5%增加到53.7%。这表明知识密集型服务贸易逐步占据主导地位，服务贸易的价值链不断向高端延伸的特征越来越鲜明。

（二）国际服务贸易发展的特征

1. 国际服务贸易涉及的领域日益扩大

目前，国际服务贸易涉及的领域主要包括：①国际运输（海运、陆运和空运）；②国际旅游；③国际金融服务（包括保险）；④国际信息处理和软件资料服务；⑤国际咨询服务（包括会计、律师）；⑥建筑和工程承包等劳务输出；⑦国际电信服务；⑧广告、设计等项目服务；⑨国际租赁服务；⑩产品的维修、保养、技术指导等售后服务；⑪教育、文化、艺术的国际交流服务；⑫商业批发与零售服务；⑬知识产权（工业产权和版权）服务；⑭国际投资服务。

伴随着以信息高速公路和互联网为标志的世界信息经济时代的到来，生产性服务业已成为国际服务贸易中最主要的一类服务，以资本密集、技术密集和知识密集为特征的新兴服务贸易逐渐发展壮大。

2. 国际服务贸易的地理分布不平衡

地理分布不平衡是当前国际服务贸易发展的又一个重要特点。由于各国服务贸易的发展是以各国服务业的发展为基础的，而各国资源禀赋迥异、经济结构存在不同、所处的经济发展阶段存在差异，由此造成了国际服务贸易发展的不平衡性，发达国家与地区的服务贸易发展迅速并且占据明显的优势，而发展中国家则处于从属地位。当然，值得肯定的是，发展中国家在国际服务贸易中所占的比重不断上升，尤其是亚洲地区的发展中国家国际服务贸易发展很快，拉丁美洲及亚洲国家国际服务贸易的年均增长速度高于世界平均增长速度，国际服务贸易有逐步向发展中国家转移的趋势。

3. 发达国家和发展中国家服务贸易结构存在显著差异

发达国家和发展中国家在服务贸易的产业结构上仍存在较大的差异性，发达国家凭借其技术与经济实力以及制度优势在知识、技术与资本密集型服务贸易中占有绝对的竞争优势，而发展中国家在服务贸易结构上存在明显劣势，仅传统服务部门具有一定的竞争力，如旅游业、运输业，而在银行、保险、通信、咨询服务等与科技发展结合紧密的部门则处于明显的劣势地位。这主要是由于发展中国家的经济发展水平有限，配套的基础设施缺乏，以及法律、知识产权等制度不完善。

（三）国际服务贸易发展的原因

国际服务贸易的发展受很多因素的影响，主要包括生产力的发展和服务业国际分工的发展、各国参与服务业国际分工的比较优势、自然条件、跨国公司的生产经营活动、各国执行的各种服务业发展政策和服务贸易政策等。

1. *社会生产力是国际服务贸易发展的决定性因素*

(1) 社会生产力是服务业国际分工形成和发展的决定因素。社会生产力的增长是社会分工的前提条件，它突出表现在科学技术的进步上。迄今为止的三次产业革命对社会生产产生了革命性的影响，比如不断更新工艺技术、劳动过程和生产过程，使社会分工和国际分工随之发生根本性的变革。在欧洲国家先后完成了产业革命以后，随着机器大工业的建立，不仅改善了交通运输工具，也加速了古老的民族工业的解体，使生产和消费具有世界性，进而出现了国际分工，它预示着服务业国际分工的萌芽。

从 19 世纪 70 年代以来的第二次科技革命加速了社会生产力的发展，也加快了资本积累和集中，以资本输出为特征的国际资本移动成为当时重要的经济现象，致使国际分工进一步发展，并形成了资本主义国际分工体系，它标志着服务业国际分工开始走向成熟。

20 世纪初，服务业的国际分工最终形成。在第二次世界大战后，科技革命进一步加快了社会生产和经济生活的国际化步伐。跨国公司的大量涌现极大地促进了生产要素的国际移动，尤其是加速了资本的国际移动，推动了整个服务业的国际分工，也使服务业的内部结构不断细化。

自 20 世纪 70 年代以来，随着社会生产力的发展、科学技术的进步和社会分工的深化，服务几乎渗透到社会再生产过程的各个领域，服务既可产生于物质生产领域，也可产生于非物质生产领域，它不仅成为个人生活、社会和生产活动的组成部分，也成为世界经济的一支生力军。

随着世界经济相互渗透和相互依存的加强，生产向集约型转变，信息和知识等进入服务领域，出现了服务国际化和生产国际化彼此交织、国际商品贸易和国际服务贸易彼此交织的大趋势，这反过来又使国际分工进一步深化，并成为资本增值的必要条件。这一趋势还使参加服务贸易的国家之间、非物质领域之间、物质生产部门和非物质生产部门之间的配合日益密切，从而进一步影响了世界市场的变化。

(2) 各国的社会生产力水平决定了其在国际服务业分工中的地位。在国际服务贸易的竞争历史上，英国率先实现了产业革命，其社会生产力得以发展，成为“世界工厂”，处于当时国际分工中的领先地位。服务业的国际分工也是如此，从而决定了英国也处于国际服务贸易的较重要地位。当欧美国家相继完成产业革命后，其社会生产力的发展使它们与英国共同成为国际分工的中心和支配力量。在第二次世界大战后，各国的社会生产力普遍得到发展，而以美国为首的西方国家和少数新兴工业化国家与地区发展较快。因此，美国及其西方盟国在国际服务贸易中处于绝对的优势地位，而新兴工业化国家与地区也跻身于世界服务贸易前 25 位之列，特别是“亚洲四小龙”的服务业拥有较强的竞争力。

(3) 社会生产力的发展对服务业国际分工的形式、广度和深度起着决定性影响，并最终决定了国际服务贸易的内容、范围和方式。科学技术作为第一生产力，对经济的影响越来越大。科技使各国的产业结构发生了转变，从农业转向制造业，再从制造业转向服务业，进而使服务业的分工形式以及服务贸易形式、内容和结构发生了变革。

从服务贸易的方式看，服务与当代科学技术的结合使服务贸易方式发生了很大变化。现代信息处理和传递技术的出现，使时间和距离这样的概念丧失了其重要性。卫星、光纤和电缆技术不仅能在瞬间传递信息，而且使得在同一时间提供服务并在以后某个时间消费它们成为可能。电信技术的发展使人们不需要事事都去银行或者为传递商业报纸和杂志而进行商业会晤。新技术大大提高了服务的信息化程度，使银行、保险、医疗、咨询等许多服务从原来采用供求双方直接接触的方式转向越来越多地采用远距离信息传递的方式，从而改变了服务不可储存和运输的传统特性。

现代科技的不断发展大大推动了各国服务业结构的变化，使社会经济进一步服务化。在物质产品的生产领域主要表现为白领工人、专业人员的数量增加。在现代物质产品生产和服务业产值的投入成本中，知识、信息投入的比重不断增加。随着工厂自动化和产品生产的复杂化，在流水线上工作的工人日益减少，更多的人力、物力将用于计算机程序的编制、机器人的设计以及从事研究、管理、销售及售后服务等。

新技术革命给服务业及服务贸易在内容、方式、结构及数量上带来的变化使服务业及服务贸易在各国国民经济中的战略地位大大提高。

2. 自然条件是服务贸易比较优势的重要来源

自然条件是一切经济活动的基础，没有一定的自然条件，任何经济活动都无从谈起，正像威廉·配第所说："劳动是财富之父，土地是财富之母。"所以，自然条件对国际服务贸易有一定的影响，尤其是服务基础设施对服务贸易的方式、规模、质量有重要影响。

服务基础设施是指能提供服务的基本资源。在现代条件下，它主要是指信息技术设施、电信设施、交通运输设施、维修设施、旅游设施等。其中，以信息技术设施、电信设施和交通运输设施最为重要，它们对现代国际服务贸易的方式、规模和质量具有重要影响。

如前所述，信息已成为国际服务贸易中比较优势的决定因素，信息技术设施包括计算机、各种外围设备及信息资源本身，如各种软件、数据库等。对于这些资源的利用，推动了经济发展的进程。

首先，一国拥有信息资源的程度决定了它能否成为国际服务贸易的主导国家。发达市场经济国家拥有丰富的信息技术设施，它们可以"以知识为基础"来提高制造业和其他部门的竞争力。例如，美国拥有世界 2/3 的数据库，美国公司控制着全世界 80%的数据库，所以美国的服务出口以智力服务为主，并有潜力发挥服务的出口优势。

其次，电信设施是传递信息的基础，电信设施与信息技术设施的结合，造就了新技术革命，促进了服务进入国外市场及服务市场的国际化。此外，电信设施还是其他一些服务（如运输、金融和音像等）的基础，它对劳动密集型的服务部门也有很大作用，是国力的一种体现。由于大多数发展中国家缺乏先进的电信设施，所以不能支持各种服务业的发展。虽然发展中国家在劳动密集型服务业中具有比较优势，但现在劳动密集型服务业中的很多工作需要由发达国家先进的计算机分析系统来完成，由于发达国家拥有技术优势和发达的信息网络，因而它们占有了发展中国家的一部分劳动密集型服务收益。

3. 各国参加国际服务贸易竞争的比较优势

（1）比较优势决定了国际服务贸易的格局。当前国际服务贸易的总格局是发达国家占据优势，发展中国家作为一个整体在国际服务贸易中处于逆差状态。其中，相当多的发展中国家出现了巨额逆差，只有个别新兴工业化国家和地区在国际服务贸易中拥有少量顺差。

在国际服务贸易中，比较优势并非来自明确的“自然因素”，而是经济发展水平和国际经济格局造成的结果。目前，地理环境、资源、劳动力价格等相对稳定的因素在决定成本方面的作用下降，而资本和技术因素的作用在上升。资本和技术是决定国际竞争力的主要因素，国际服务贸易又是一种资本积累和技术转让的渠道，它可以通过影响技术和其他生产条件改变原来的比较优势，形成新的国际贸易格局，也可以强化原来的比较优势。

（2）在国际服务贸易中创造比较优势。国际服务贸易竞争越来越不能以资源配置和生产要素的相对充裕来衡量了。随着信息时代的到来，人们对知识和信息的利用在某种程度上取代了对资源的利用，致使单位投入的产出增加、生产率提高、产品周期缩短了。“信息财富”不是一种天赋的自然资源，而是历史、文化和社会发展的结果。信息不仅提高了服务的价值，还使服务无处不在，因而信息技术将成为衡量国际服务贸易水平的重要尺度。

国际服务贸易的比较优势是多种因素的函数，主要包括：①专有技术（诀窍）和技能；②现有基础设施的数量（即固定资本、技术设备的数量）；③信息能力（即拥有的信息资源及有效应用新技术的能力）；④供应的规模和市场的规模（规模经济和大规模国际劳务市场的存在）；⑤与规模经济有关的专业化协作以及相关技术和信息的发展；⑥政府的法规对规模经济的作用。

正是这些因素造成了发达国家在许多服务业中占据优势地位，所以只有当发展中国家有能力加强上述因素并在世界市场提高竞争力之后，它们才有能力与发达国家抗衡。

发展中国家从事国际服务贸易的不利条件是人口素质较差、受教育程度低，因而不能参与服务；发展中国家缺乏通信、法律和财政的配套政策。发展中国家要想获得比较优势，可从以下几方面入手：①鼓励技术投资，改善信息、通信基础设施；②提高对人力资本和教育的投入，提高劳动力的素质，改善人力资源；③发展高效益的服务技术；④完善政府管理国际服务贸易的法律和规章。

此外，社会发展、国家主权和社会保障体系都会影响国际服务贸易的发展，而国家的对外开放政策、对高技术产业的扶植、对技术贸易的支持都有利于国际服务贸易的发展。

4. 跨国公司对国际服务贸易的影响

第二次世界大战结束后，在西方经济发展不平衡规律和新技术革命的作用下，国际分工进一步深化，资本输出空前繁荣。资本的国际化程度大大提高，跨国公司蓬勃发展，它们集产品贸易、服务贸易、对外直接投资于一身，在全球范围内进行活动。跨国公司通过承包和技术转让，促进了劳动力的国际流动，带动了金融服务、法律服务、保险服务、运输服务、计算机服务、技术服务、工程咨询服务等国际服务贸易的发展，主要表现为：

（1）以物质生产为基本目标的跨国公司利用雄厚的资金、先进的技术和灵活的信息等优势积极参与服务的生产和出口。计算机公司大量出口信息处理方面的服务，工业部门的跨国公司积极开展银行、保险、经纪人等项目的国际服务交换，世界主要的航空公司都经营旅游业和旅游保险；有些专业的跨国服务公司更是不断开辟市场，扩大自己的活动范围。

（2）跨国公司也从现代通信、计算机技术及信息网络中得到了好处，它们可以利用这些手段了解服务市场的行情、提高竞争能力。此外，跨国公司还是发达国家向发展中国家转让技术的主要供应者。近年来，国际技术贸易的发展对国际服务贸易额的增长有明显的贡献，跨国公司从中获益匪浅。

(3) 跨国公司的全球战略和适应贸易壁垒及投资限制的能力，使得拥有大量跨国公司的发达国家能在保护主义盛行的今天，利用跨国公司促进服务出口。例如，美国公司通过海外分支机构在国际市场上出售的服务远高于其直接服务出口。同样，外国分公司在美国的服务贸易交易额也远大于直接服务进口。服务业跨国公司比制造业跨国公司的资本密集度更高、拥有的技术更先进、给劳动力的报酬也高，这对东道国的就业政策和就业结构改造具有重要影响。与制造业跨国公司相比，服务业跨国公司能通过与外国公司合作的渠道来掌握国外市场。

(4) 跨国公司加强了对国际服务贸易的垄断。垄断集团通过联合服务企业扩大活动领域，使从事物质生产的跨国公司与从事服务业的跨国公司相互渗透，最明显的特点就是金融资本向服务部门渗透。在向新的服务领域渗透的过程中，金融资本的垄断越来越带有银行—生产—服务垄断的性质。由于现代通信和信息技术体现了跨国公司的实力，因而信息资源已成为决定跨国公司竞争力的重要因素。

(5) 跨国公司在国际服务贸易中占据支配地位，使广大的发展中国家处于严重的依赖地位，降低了它们在产品和服务贸易中的国际竞争力。不过，发展中国家可以利用跨国公司实现技术飞跃，克服传统上的障碍，开发各种潜在的优势。然而，这不仅取决于发展中国家的政策，也取决于国际社会环境是否有利于这一进程。

5. 社会需求结构变化对国际服务贸易的影响

下述原因使世界各国对服务产生了更多的新需求，特别是增加了对高质量服务的需求：①生活水平的不断提高；②对较高生活质量的期望（如售后服务）；③空暇时间的增多（如旅游）；④城市化；⑤小孩和老龄人口的增长（他们多是服务的消费者）；⑥社会经济结构的变化（如双职工家庭的增多）；⑦消费者需求的复杂多样化（如信用卡的出现）；⑧技术发展不仅提高了服务的质量，还使新兴服务成为可能（如有线电视、家用计算机、各种先进医疗手段等）；⑨管理行为的国际化、高级化、系统化的要求（如仲裁、证券交易、应急措施）；⑩贸易和投资的国际性竞争（如通信、人才招聘）。

社会的需求是服务业发展的动力，人类社会对于各种新兴服务的需求极大地推动了国际服务贸易的发展，这是因为国际服务贸易可以带来国际比较优势、规模经济效益和服务的专业化、优质化。

6. 各国政府的政策对国际服务贸易产生了巨大影响

各国政府所采取的政策对世界服务贸易的发展有着举足轻重的影响。纵观世界各国政府的政策，一般有两种：一是鼓励国际服务贸易的政策；二是限制国际服务贸易的政策。要实行鼓励国际服务贸易的政策，政府必将实行较为自由的服务贸易，进而促进国际服务贸易的发展；如果政府实行了限制国际服务贸易的政策，则会抑制国际服务贸易的发展，从而对国际服务贸易的发展产生不利的影响。

二、国际服务贸易的地区情况

对于国际服务贸易市场（world service trade market），从不同的角度可以有不同的划分，从国家的发达程度可以划分为发达国家市场与发展中国家市场；从行业角度可以划分为国际金融服务市场、国际电信服务市场、国际运输服务市场等；从地理位置可以划分为欧洲、亚洲、北美等市场。下面以地理位置为参照，描述国际服务贸易市场的概况。

（一）现代国际服务贸易市场的格局

现代国际服务贸易市场是在第二次世界大战后才形成的，它是服务贸易发展到一定阶段的产物。目前，除大洋洲和南（北）极洲外，其余五大洲均形成了自己的服务贸易市场。

1. 西欧服务市场

西欧服务市场形成于20世纪50年代初期，由于西欧各国经济的恢复与发展迅速，因而它们对各项服务的需求也随之增长，特别是联邦德国、法国、英国、荷兰、比利时等国的劳动力严重缺乏，不得不从国外招募大量的服务人员。这些人员主要来自南斯拉夫、意大利、土耳其、北非的部分国家，他们从事的行业主要是建筑业、采矿业、汽车制造业和其他服务业。近年来，由于西欧的经济衰退、失业人数增加，所以它们对外籍服务人员开始有计划地进行辞退，特别是一些普通服务人员。但从总体上说，西欧还是需求服务人员的大市场，特别是技术服务人员，它们现在正在有计划地吸收东欧国家的部分服务人员。

2. 中东服务市场

中东服务市场的形成与那里丰富的天然气和石油资源是分不开的。随着各国经济发展对能源消耗的增加，巨额美元流入了中东产油国，因而在那里兴起了大规模的建设热潮，致使建筑服务业兴旺发达，而后金融、运输、商业零售与批发、管理技术等相关服务也迅速发展起来。中东服务市场吸引了各国服务人员，在他们之间产生了激烈的竞争，使这里的服务市场日益活跃。中东地区的外籍服务人员主要来自韩国、巴基斯坦、印度、菲律宾、中国及北非的埃及等国。近年来，为了确保阿拉伯民族的利益，中东服务市场正在逐步减少服务人员的输入。

3. 北美服务市场

北美服务市场是在第二次世界大战后形成的。美国是一个服务输出国，但同时也是一个服务输入大国，尤其是技术服务输入大国，它用优厚的工作条件和生活待遇吸引了众多的科学技术精英，今日的“硅谷”是许多国家科技人才的集中地。美国的一些行业招收了大量的外籍服务人员，如农业技工、护士、海员、医生、厨师、工程技术人员等。农业技工主要来自墨西哥等拉丁美洲国家，护士和海员主要来自菲律宾等东南亚国家。《北美自由贸易协定》的签订以及相应的双边服务贸易协议的达成，使美国的服务输入进一步增加。

4. 非洲服务市场

非洲服务市场比较分散，其需要的服务主要包括：

（1）非洲作为低水平发展中国家的聚集地，是世界银行贷款项目的主要投放地区。根据世界银行的规定，其所支持项目的各项投资及服务都要在全球范围内招标。因此，由投资、设备及技术采购所带来的服务及服务人员的输入成为非洲服务市场上主要的服务输入项目，这些项目主要是一些中小规模的水利设施、公路桥梁及其他公共项目的建设。

（2）国家投资带来的经营管理和技术人员的培训服务。例如，最近南非就向索马里、埃塞俄比亚派遣农场管理人员，以便进行技术培训。

（3）旅游服务是非洲主要的服务贸易项目。

5. 东南亚服务市场

东南亚新兴工业国和地区是劳务服务输出市场，如新加坡、中国香港、中国台湾、韩国、中国大陆（内地）、泰国、马来西亚等，这是由于第二次世界大战后发达国家产业结构调整和该地区自然资源贫乏、人口众多、工资水平低等原因造成的。近年来，随着亚洲经济的高速增长，其服务进口也日益增加，像新加坡、韩国等在输出技术服务人员的同时，对建筑、轻纺、渔业、制衣等行业也进行普通服务人员的输入。普遍的开放性战略使得东南亚国家和地区对专业经济服务以及金融、电信等高附加值服务的需求也在增加，而亚洲也是世界主要的旅游服务市场。

6. 拉丁美洲服务市场

拉丁美洲服务市场形成于20世纪80年代后半期，当时拉丁美洲的一些产油国因石油提价而外汇收入猛增，非产油国也因其他一些初级原料（如咖啡、糖、有色金属）涨价而增加了收入，由此开始了大规模的经济建设和基础设施工程。由于拉丁美洲国家自身的工程技术水平低，满足不了大规模建设的需要，所以在工业和基础设施建设中的大中型项目几乎全部由外国公司承包。这些公司主要来自美国、法国、日本、意大利、加拿大等发达国家，而工程所需服务人员则来自邻国；在高峰期，年均服务人员流动达200万～300万人。

（二）国际服务贸易地区增长情况

从2015年国际服务贸易的出口额来看，在国际服务贸易的各领域中，全球运输出口下滑9.9%，旅游服务、其他商业服务和与货物出口相关的服务出口分别下降5.4%、5.5%和5.9%，低于6.4%的服务贸易出口平均跌幅。从各地区服务贸易的出口来看（见表4-2），独联体地区的出口大幅减少，降幅达16%。其中，与货物相关的服务贸易、旅游服务贸易、其他服务贸易等均下降17%。欧洲的服务贸易出口额也呈下降态势，降幅为10%。其中，与货物相关的服务贸易、交通运输服务贸易、旅游服务贸易的降幅均超过10%。中南美洲、非洲、亚洲、北美等地区也都出现了不同程度的下降。

表4-2 2015年全球服务贸易出口各地区增长变化情况（%）

服务贸易总额	全球	北美	中南美洲	欧洲	独联体	非洲	中东	亚洲
2005—2010年	8	8	9	6	12	9	—	12
2014年	7	3	2	7	−9	6	6	—
2015年	−6	−1	−5	−10	−16	−3	5	−3
与货物相关的服务贸易								
2005—2010年	10	12	−12	9	11	16	19	15
2014年	2	19	7	2	−22	16	15	−2
2015年	−9	8	−2	−17	−17	−14	2	−1
交通运输服务贸易								
2005—2010年	7	6	8	6	12	10	9	9
2014年	3	2	−3	4	−5	3	9	4
2015年	−10	−7	−12	−13	−14	2	6	−9

续表

服务贸易总额	全球	北美	中南美洲	欧洲	独联体	非洲	中东	亚洲
旅游服务贸易								
2005—2010 年	7	5	6	4	9	8	15	13
2014 年	8	3	6	4	−13	5	10	—
2015 年	−5	0	3	−13	−17	−5	9	−1
其他服务贸易								
2005—2010 年	9	10	17	7	16	11	—	13
2014 年	8	2	1	9	−7	4	−1	12
2015 年	−5	−1	−8	−7	−17	−3	0	−2

资料来源：World Trade Statistical Review 2016.

2015 年，排名前十的服务贸易出口国与排名前十的服务贸易进口国基本一致，只是排名有所不同。服务贸易出口额排名前三的国家分别为美国、英国和中国，服务贸易进口额排名前三的国家分别为美国、中国和德国，排名前十的国家服务贸易额占据全球服务贸易总额的 53%。美国的服务贸易保持了世界领先的地位。虽然美国的服务贸易出口额停滞，但服务贸易进口额增长了 3%，反映了其持续的经济复苏。欧洲的服务贸易总额有所下降。其中，法国的服务贸易出口额大幅下降 13%，德国的服务贸易进口额下降 12%。而爱尔兰得益于商业服务和特许经营费出口额的增长，服务贸易的出口总额增长 4%。

发展中国家的服务贸易额增幅放缓，但在国际服务贸易总额中的份额继续加大。2015 年，发展中国家在全球服务贸易总额中的占比上升至 36%。其中，服务贸易进口额的占比为 39.4%，服务贸易出口额的占比为 32%（见图 4－1）。服务贸易占比的增长主要受益于亚洲地区，中国、印度、韩国、中国香港和泰国是主要的贡献者，2015 年占国际服务贸易出口额的 22.4%；亚洲地区服务贸易进口额的市场份额扩大至 25.4%。中国是第二大服务贸易出口国，占国际服务贸易出口额 6%的份额。尽管中国的服务贸易出口额和进口额均有所增长，分别增长了 2%和 3%，然而我国的服务贸易仍存在较大的逆差，主要是由于近几年中国旅游进口的快速增长。

图 4－1　2005—2015 年发展中国家服务贸易占全球服务贸易的比重

资料来源：World Trade Statistical Review 2016.

第二节 美、欧的国际服务贸易

一、美国的国际服务贸易

作为世界上最发达的经济体，美国的服务贸易不仅总量大，而且结构完整、增长势头强劲，在国际服务贸易中的地位突出。在未来很长的一段时间内，美国的服务贸易还会维持目前的高速增长，在对外贸易中的地位也会日益显著，这为美国经济结构的调整以及美国经济的进一步增长提供了较大空间。这正是美国利用各种机会，通过多边、双边贸易谈判，向各国施压并迫使它们开放服务业市场的主要动因。

近年来，美国服务贸易获得了显著增长，它继续保持在全球领先优势的主要原因，首先应归功于“国家出口战略”的实施。这是因为不仅历年来“国家出口战略”报告的所有战略、策略、政策、具体措施完全适用于服务贸易出口，而且更重要的是，根据“国家出口战略”的“商业优先次序”等原则，从一开始，“服务先行策略”就成为“国家出口战略”的最重要内容。

（一）美国服务贸易的现状与发展特点

近年来，美国是当今世界上最大的货物进出口国，也是最大的服务进出口国。2017年，美国服务业增加值占国民生产总值的比重为77.37%，服务贸易出口额占对外贸易出口额的比重为33.5%，服务贸易顺差达2 427.65亿美元，对平衡国际收支起了不可低估的作用。

1. 服务贸易的总额大、顺差多、增长速度快

美国服务贸易的历年进出口额基本上位居世界首位。自20世纪70年代以来，绝大多数年份的美国货物贸易均有大额逆差，而服务贸易却在较快增长中保持了连年顺差。由此，在20世纪90年代后美国服务贸易的顺差对填补货物贸易的巨额逆差发挥了重要作用。由于服务贸易顺差的抵补，美国国际收支统计中贸易收支项目的逆差规模大大降低，服务贸易顺差在减小货物贸易逆差对美国国际收支的威胁、增强其承受货物贸易逆差的能力方面发挥了重要作用。1980年，美国的货物贸易额为4 825.51亿美元，而服务贸易额为885.2亿美元，仅是货物贸易额的18.34%。2017年，美国的货物贸易额是39 056亿美元，而服务贸易额达到13 190亿美元，已占到当年货物贸易额的33.77%。1980—2017年美国货物贸易的年均增长率是5.81%，而服务贸易的年均增长率却高达7.57%。

2. 以高科技为先导的新兴服务业成为主要支柱

从产业演进来看，高新技术在现代服务业的形成中起着决定性作用，只有通过高新技术的不断渗透才会形成高科技型的现代服务业。高技术的渗透使得以其为基础的现代服务业的价值倍增，因为高科技一般都具有高附加值的特征。例如，在采用计算机网络技术建立起电子银行和网上存贷款业务系统后，传统的银行存贷款就衍生为以高科技为支撑的现代银行服务业，其附加值明显提高。在空间分布上，基于高新技术的现代服务业通常与先进制造业尤其是信息技术产业高度相关，并且彼此渗透。

案例导读

在许多国家，先进制造业与信息科技产业都表现出高度聚集的特性，由它们衍生出来的科技型服务业必然会形成区位的聚集。基于高新技术的现代服务业一般聚集在具有雄厚经济实力和知识储备的大城市，尤其是在大都市的中央商务区（CBD）和高新技术园区都会出现一系列的高科技产业集群，如美国的纽约、洛杉矶、波士顿、芝加哥等城市都拥有众多信息传输和软件开发企业、国际咨询公司、会计师事务所、律师事务所、网络服务商、传媒和出版以及教育培训企业等，现代服务业在这些城市中占据着极其重要的地位，其经济总量达到这些城市经济总量的50%，甚至达到60%～70%。20世纪90年代美国步入信息社会，成为世界上最大的软件生产国。作为世界信息产业的发源地，美国拥有软件公司8万多家，其软件业的年增长率为18%，软件业在美国已成为继汽车、电子之后的第三大主导产业，世界排在前10位的软件公司有8家公司的总部设在美国。不仅如此，美国作为软件先发国，凭借其技术上的领先地位、坚实的产业基础和良好的制度环境，已经掌握并控制了软件产品的核心技术、体系结构和标准，因此，尽管上游软件产品开发阶段的成本较高，但由于产品复制的成本较低，并且可以通过服务外包方式进一步降低成本，所以软件销量的巨大成功仍为美国带来了丰厚的利润，而以电子信息技术为基础和以高科技为先导的一系列新兴服务就成为美国服务贸易的主要支柱和强大动力。

3. 服务贸易方向趋于多元化

从贸易的地理方向来看，美国与加拿大、西欧有着天然的经济贸易联系，1989年美加自由贸易区以及1994年美国、加拿大、墨西哥之间《北美自由贸易协定》的签订使得美国与这些国家的经济贸易关系更加密切，这一点在美国的服务贸易中体现得非常明显。在美国的服务贸易伙伴构成中，2018年位居前10位的国家除了中国、墨西哥外，其余都是发达国家，英国、加拿大、日本是美国三个最大的服务贸易伙伴，中国排在第四位。在服务出口方面，英国、日本、加拿大、墨西哥、德国位列前五位，中国排在第九位；在服务进口中，英国、日本、加拿大、德国、墨西哥位居前五位，中国排在第十位。由此可见，英国是美国服务出口的最大目标市场和服务进口的最大来源国，日本对美国的服务贸易逆差在一定程度上弥补了相应的货物贸易顺差，加拿大与墨西哥同美国位置毗邻、交通便利，成为美国运输和旅游业的主要接受国。西欧国家与美国进行的主要是计算机信息服务、软件编程和数据库开发等方面的服务交易。所以，美国服务贸易的对象以发达国家为主，彼此之间进行互补性或产业内服务贸易。但是，近年来美国也日益重视亚太地区的服务市场，韩国从1987年开始成为美国生产性服务出口的最大目的国；与此同时，菲律宾、马来西亚、新加坡和中国等市场的增长也很快，成为美国在亚洲发展服务贸易的重中之重。

4. 新型的“服务外包”发展迅速

外包（out-sourcing）兴起的主要原因是为了降低成本，随着发达国家市场竞争的日益激烈，许多公司的战略从收益增强型逐渐转化为成本节约型。为了强化核心竞争力和降低成本，西方企业在全球范围内寻求成本最低的货物和服务，服务的国际外包和采购便顺势而生。由于离岸外包（off-shore out-sourcing）能真正体现不同地区的成本落差，因此它逐渐成为发展最快的领域。离岸外包和涉外在岸外包都属于跨境服务贸易，本质上是服务业的国际转移。随着全球范围内新一轮产业结构的调整和国际分工的进一步深化，离岸外包必将成为新的增长点。据美国麦肯锡全球研究所的估计，对于同质同量的服务，外包到发展中国家可使平均成本降低 65%～70%。与此同时，许多发展中国家拥有大量低工资、受过良好教育和专业训练、通晓外国市场知识和文化的专业员工，再加上逐渐改善的知识产权保护体系和政府利用国际市场发展本国经济的优惠政策等，都为发达国家企业从事服务外包活动提供了可能。

虽然欧洲市场的增速很快，但在这场由美国引起的服务外包浪潮中，美国仍然担任了“领头羊”的角色，它不仅是世界上最大的发包市场，同时也是世界上最大的接包市场，其外包商的竞争力居世界第一，排在世界前六位的外包商全部来自美国。

5.“商业存在”成为服务贸易的主要形式

由于服务产品具有无形性、不可储存性等特殊属性，并且在服务贸易过程中通常不涉及服务所有权的转让，主要是依赖生产要素的国际移动和服务机构的跨国设置。这样一来，无论国际服务交换采取什么形式，它都与资本、劳动力和信息等生产要素的跨国移动密切相关，所以直接投资在服务业国际化中扮演着重要的角色。随着经济全球化进程的加快，世界范围内的产业结构调整和转移进一步升级，外国直接投资以高于世界经济和货物贸易的速度增长，国际产业转移的重点也由制造业转向服务业。联合国贸易和发展组织发布的《2016 世界投资报告》显示，截至 2015 年底，服务业占据了全球 FDI 总存量中的 2/3，紧随其后的是制造业（27%）、第一产业（7%）；与此同时，有迹象表明，“在所有区域，外国直接投资的构成均转向服务业”，而这一趋势又构成了国际服务贸易发展的重要推动力。通过 FDI 实现的以“商业存在”形式在东道国提供服务，有利于服务提供者进行批量生产、取得规模效益、降低成本和价格，因此通过“商业存在”实现的服务贸易价值量也超过了通过其他方式实现的价值量，成为服务贸易的主要形式。

（二）促进美国服务贸易迅速发展的因素

1. 高新科技的投入

新技术革命对美国服务贸易的发展起到了巨大的推动作用。高新技术广泛应用到美国的服务业，大大增加了美国服务贸易的种类和范围，提升了服务业的核心竞争力。与此同时，科学技术革命加快了美国劳动力和科技人员的国际流动，而且使美国的产业结构逐渐向技术密集和资本密集的高科技产业转移，并形成了大规模的境内外服务输出。此外，由于服务业技术的领先，美国在国际服务业领域的“话语权”也比较强，成为重要的服务生产标准及服务贸易标准的制定者与控制者，并使美国经济保持了国际竞争力。

2. 国内服务业的基础

美国发达的国内服务业构成了其开展服务贸易的雄厚产业基础。美国从 20 世纪 60 年代起就开始向服务型经济转型，其服务业的增加值在 GDP 中的比重在 1980 年就已达到了 63.77%，而同期世界的平均水平为 55.5%。此后，在世界服务业整体水平提高的同时，美国服务业一直保持着较高的增长速度。2017 年，美国第一产业的增加值为 1 734 亿美元，同比下降 9.4%（实际增速，下同）；第二产业的增加值为 36 953 亿美元，同比增长 2.3%；第三产业的增加值为 155 219 亿美元，同比增长 2.4%。三次产业的比重调整为 0.9：19.1：80.0，其中，制造业占 GDP 的比重为 11.6%，比 2016 年下降 0.1 个百分点，比1997年下降4.5个百分点。另外，从1980—2018年服务业的就业比重看，美国一直呈现出上升趋势。20世纪90年代中期，美国有73.3%的劳动力在服务部门就业，而同期世界的比例只有36.7%；2000年，美国的这一比例上升为74.5%。2018年，加上制造业当中从事服务工作的就业人口，美国服务部门的就业人数占到了整体就业人数的94%。美国服务业不仅总规模大，而且服务业的门类比较丰富、结构比较完整，加上前述的先进技术，形成了服务业扎实的产业基础。

3. 美国企业FDI对服务贸易的推动

自20世纪90年代以来，美国服务业对外直接投资规模迅速扩大，并取代制造业成为美国对外直接投资的最大行业。1990—2003年美国服务业对外直接投资总额达8 210.8亿美元，是1982—1989年美国服务业对外直接投资总额的10.3倍。因此，对外直接投资的发展大大促进了美国服务贸易规模的扩大。随着世界贸易组织的成立和发展，美国服务业对外直接投资的增长率保持了高于其服务贸易增长率的态势，其服务业对海外的投资额从1995年的469亿美元上升到2004年的1 406亿美元，年均增长13%。近年来，美国政府在总结国际金融危机的教训后，打算恢复发展国内的物质生产部门，预计今后一定时期，服务业的输出将保持快于其他产业对外投资的态势。

4. 美国政府的推动

早在20世纪70年代，美国政界和经济界就已认识到其国际贸易的比较优势已从产品领域转向服务领域，扩大服务出口对其实现经济增长和增加就业的宏观经济目标极为重要，因而美国政府开始了为服务出口提供动力和保障的一系列努力。从1974年美国国会通过《贸易法》，到1973—1979年推动“东京回合”多边贸易谈判，从1988年《综合贸易法》的颁布到1994年克林顿向国会递交的《出口战略实施报告》的执行，所有这些都是美国政府从国内经济和就业的增长出发，优先支持环保、信息、能源、交通运输、卫生保健以及金融等服务业，以增强这些服务部门竞争力的政府行为。另外，美国政府与民间团体还设立了专门的咨询机构，为服务业进入他国市场提供多种帮助；与此同时，美国还对自己不具有竞争优势的服务行业和敏感性服务行业的市场准入设置了种种障碍，借助各种灰色条款来保护国内服务业和就业。这些政策措施的实行，彰显了美国政府在提升服务贸易竞争力方面的不懈努力及其在国内服务业发展过程中举足轻重的作用。

（三）美国促进服务贸易出口的措施

美国成为世界头号服务贸易强国，不仅是科技进步、产业结构升级的必然结果，而且美国政府完善的管理体系也发挥了积极的作用。美国不仅设立了管理服务贸易的专门机构，而且在联邦政府与地方政府、政府部门与企业以及民间组织、立法机构与管理部门之间形成了有效的协调机制。

美国的服务贸易管理部门也是分散的：商务部、美国贸易代表办公室（USTR）、国务院、财政部、海关总署等相关政府部门都参与服务贸易的管理。实际上，美国商务部是服务贸易的主要管理部门，承担着服务贸易统计分析、战略制定、日常管理、出口促进和贸易救济等具体工作，在美国服务贸易管理体系中处于核心地位。

1. 设立了分工明确的管理机构

（1）商务部经济分析局负责统计工作。商务部下属的经济分析局（Bureau of Economic Analysis，BEA）负责服务贸易统计数据的搜集、发布和分析，其国际收支处的服务贸易科专门负责跨境交易统计（BOP），国际投资处负责外国附属机构服务贸易统计。

自 1990 年开始，BEA 开始编写美国服务贸易的详细进出口数据，主要通过调查问卷的方式来搜集。

（2）商务部国际贸易局贸易发展司负责行政管理工作。商务部下属的国际贸易局设有贸易发展司（Manufacturing and Services，MAS），其主要工作是与私人企业和其他政府部门共同为美国企业提供出口帮助及更有利的海外市场准入条件；参与和推进多（双）边服务贸易谈判（包括与 WTO、NAFTA、APEC 的谈判和双边协议），促进谈判协议的落实；与美国贸易代表办公室共同管理产业贸易咨询委员会（Industry Trade Advisory Committees），反映企业的需求；为美国服务企业开拓海外市场提供信息及其他服务；进行美国服务贸易市场环境与竞争力的统计分析，并为国会及相关部门提供信息。

（3）商务部国际贸易局对外商务服务司负责促进工作。商务部下属的国际贸易局设有对外商务服务司（Commercial Services，CS），负责直接面向服务企业的出口促进事务。例如，举办各类研讨会、报告会，介绍国外市场情况；组织商务考察团，帮助企业寻找国外的商业机会；为企业做目标市场的市场调研；为出口服务企业提供融资支持；美国的公营和私营机构采取共同协作的办法，向服务出口企业融资提供贷款或担保。

2. 构建了发达的出口促进体系

（1）咨询、决策与协调体系。总统出口理事会、联邦贸易促进协调委员会及其服务出口工作组、总统贸易政策与谈判顾问委员会以及相关服务行业顾问委员会，共同构成了美国的服务贸易咨询、决策与协调体系。

（2）纵向体系。联邦政府在各地设立了贸易促进机构——美国“出口扶助中心”。自 1994 年起，美国商务部开始将促进出口工作的官员和专家派到每一个州，陆续在迈阿密、芝加哥、巴尔的摩和长滩（加州）等主要贸易城市成立了美国出口扶助中心。作为国家出口战略的一个重要措施，目前已在各州建立的出口扶助中心共 108 个，几乎覆盖了全美的主要贸易城市。

（3）民间出口体系。美国的服务行业一般都有自己单独的商会、协会组织，CSI 是这些服务行业的一个联合会，也是美国最主要的服务贸易利益团体，经常以代表全美服务贸易利益的姿态出现，其主要宗旨是降低美国服务业出口的障碍，提出美国服务业的发展政策，以加强美国服务企业的全球竞争力。

二、欧盟的国际服务贸易

欧盟是一个超过一般政府间合作的近似于联邦国家的组织，其前身欧共体（European Community，EC）的核心章程——《罗马条约》的主要目标之一就是实现“四个自由”，即货物、服务、资本和劳动力的自由流动（包括开业权）。随着 1993 年 1 月 1 日《马斯特里赫特条约》的生效与欧洲统一大市场的正式启动，欧盟在服务贸易自由化方面的步伐不断加快。

在欧盟以区域经济一体化推动地区经济发展的进程中，服务领域的一体化和便利化是欧盟一体化进程的重要内容。因此，在积极参与多边框架下服务贸易谈判的同时，欧盟更加注重提升其内部服务市场的一体化程度，以消除壁垒、破除垄断，确保欧盟各成员的服务企业充分竞争，进而增强其服务领域在全球的整体竞争力。

（一）欧盟服务贸易的总体情况

1. 服务贸易增速高于服务业增加值增速

服务业在现代经济中的作用越来越重要。2017 年，欧盟的服务业增加值占 GDP 的比重达 75%，服务业就业人数占总就业人数的 74%。服务贸易增速接近货物贸易增速，并且远高于 GDP 增速和服务业增加值增速。

2. 服务贸易顺差增长显著

欧盟统计局的统计资料显示，2017 年欧盟国际服务贸易的盈余达到 1 918 亿欧元，相对于 2013—2016 年期间的下降形势有了较大增长。这主要是由于欧盟出口到世界其他地区的服务增加了 5%，由 2016 年的 8 705 亿欧元增加至 2017 年的 9 124 亿欧元；但与此对应的进口下降了 2%，由 2016 年的 7 323 亿欧元下降至 2017 年的 7 207 亿欧元。2017 年，欧盟最大的贸易顺差国（组织）是欧洲自由贸易联盟（EFTA，604 亿欧元），超过俄罗斯（165 亿欧元）、日本（163 亿欧元）和中国（160 亿欧元）。

3. 英国、德国分别为欧盟成员国中最大的服务出口国和服务进口国

2017 年，英国为欧盟成员国中最大的服务出口国，出口额为 3 104 亿欧元，约占欧盟服务出口总额的 34%；紧跟其后的是德国和法国，出口额分别为 2 691 亿欧元、2 208 亿欧元，占比分别为 29.5%、24.2%。德国为欧盟成员国中最大的服务进口国，进口额为 2 865亿欧元，占欧盟进口总额的比重接近 40%；其次是英国和法国，进口额分别为 1 902 亿欧元、2 128 亿欧元，占比分别为 26.4%、29.5%。服务贸易顺差最大的国家为英国，顺差额为 1 201 亿欧元；紧跟其后的是瑞典和希腊，顺差额分别为 86 亿欧元、73 亿欧元；逆差最大的是德国，逆差额为 173 亿欧元。

4. 欧盟的主要服务贸易对象仍是欧美国家

2017 年，欧盟服务贸易出口的主要合作伙伴仍是美国（2 362 亿欧元，26%），其次是欧洲自由贸易联盟（1 504 亿欧元，16%），远高于中国（467 亿欧元，5%）和日本（347 亿欧元，4%）。欧盟服务贸易进口的主要合作伙伴也是美国（2 237 亿欧元，31%），其次是欧洲自由贸易联盟（900 亿欧元，12%），领先于中国（306 亿欧元，4%）、新加坡（223 亿欧元，3%）和日本（183 亿欧元，3%）。

（二）欧盟服务贸易政策的演进

服务贸易政策作为欧盟推进经济一体化的重要手段和途径，伴随了欧盟一体化进程的整个过程。自 1958 年 1 月 1 日《罗马条约》生效、欧共体建立起，欧盟服务贸易政策的发展经历了三个阶段：

第一个阶段是服务贸易政策的形成阶段，是从 1958 年《罗马条约》生效至 1970 年建立关税同盟止。1970 年过渡期结束后，共同商业政策根据条约逐渐变成欧共体独有的职权范围。自此，成员国的服务贸易政策转移到欧共体手中。

第二个阶段是对服务贸易政策的充实、发展阶段，该阶段是从 1970 年到 1980 年底。经过过渡期的发展，欧共体的服务贸易政策日臻成熟，欧共体得以在国际服务贸易事务中

作为一个经济集团而采取各种行动。在这个阶段，欧共体在关税、非关税措施等领域都取得了较大进展，其服务贸易政策不断得到修正和完善。

第三个阶段是自1990年以来，服务贸易进入一个新的发展阶段。1993年11月1日，《马斯特里赫特条约》（以下简称《马约》）正式生效，标志着欧盟的诞生。许多原属于各成员国服务贸易政策领域内的职权被统一集中到欧盟。经由《马约》及其他协定，欧盟的一系列服务贸易法律、法规得到补充和完善。在国际舞台上，欧盟奉行更加严密、一致和连贯的服务贸易政策，从而加强了欧盟在国际服务贸易谈判中的地位。在这个阶段，欧盟成为世界上最大的贸易体，其服务贸易在世界上所占的地位迅速提高。

（三）欧盟服务贸易的行业构成

从欧盟对国际服务贸易分部门的盈利情况来看，欧盟在国际服务贸易领域传统的优势部门有保险、金融、建筑、交通和杂项商业服务、专业技术服务等，而在通信、许可费和个人文化娱乐服务方面，欧盟缺乏竞争优势，长期保持赤字。金融、保险行业一直是欧盟的优势部门，近年来一直保持稳定的增长势头，并为欧盟国际服务贸易的盈余做出了较大贡献。需要注意的是，作为一个新兴的部门，欧盟在“计算机与信息服务”领域的成长速度也非常快，近几年一直保持盈余增长，并且增长率非常高，短短几年时间已成为欧盟国际服务贸易盈余的主要来源之一。交通服务类是欧盟服务贸易的强项之一，但其项下的“其他运输服务”的优势正在逐步丧失，“海运”的盈利能力正在增长，“空运”则保持稳定。旅游业是服务贸易的一个重要组成部分，不过欧盟在旅游方面的成绩却差强人意，除个别年份稍有盈余之外，大部分年份一直处于逆差状态。

（四）欧盟内部的服务贸易自由化

服务贸易自由化是欧盟实行统一内部市场的重要组成部分。欧委会于2004年2月24日提出了《欧盟关于服务业内部市场指令》的建议。2006年2月16日，欧洲议会对该指令进行了投票，最终以394票赞成、215票反对、33票弃权的结果通过了该指令草案。2006年12月12日，欧盟颁布了《关于内部市场服务业指令的第2006/123/EC号欧洲议会和理事会指令》（以下简称《指令》）。

（五）服务贸易壁垒

1. 主体资格的限制

《指令》被认为是近年来欧盟最重要的立法之一，其目的在于消除各成员服务业领域内存在的贸易壁垒，建立统一的服务业市场，以提高总量占欧盟经济70%的服务业市场的竞争力和活力。这是继金融、货物自由流通后，欧盟在市场一体化建设中迈出的又一关键性步骤。

2. 经营权的限制

欧盟27个成员国的所有服务业从业人员，包括律师、建筑师、医师、保安等，只要遵守“原住国”的法律，就允许在其他欧盟成员国内就业或自由开业。欧盟委员会希望借助该法案，使欧盟经济的增长可以达到3%，并且创造60万个工作机会，使欧盟经济得以赶上美国。

第三节 日本的国际服务贸易

自20世纪80年代以来，日本的对外服务贸易快速增长，尽管受到1997年亚洲金融危机和2008年美国次贷危机的影响，但日本的服务贸易发展始终比较稳定。受国内产业结构调整和多项服务业支持措施的出台，2003年日本的服务贸易进出口规模首次突破2 000亿美元大关，2007年又突破3 000亿美元。2007—2017年（除个别年份略低外）日本的服务贸易进出口规模稳定在3 000亿美元以上，其中，2017年达到3 756.6亿美元，位居世界第八，在亚洲仅次于中国，位居第二位。

一、日本服务贸易发展的特点

（一）出口增长快于进口，贸易逆差规模呈缩减之势

从2000年起，日本服务贸易的出口和进口均呈波浪式上升趋势。2000—2015年日本出口和进口的年均增速分别为5.78%和2.8%，出口的增势明显强于进口，贸易逆差规模总体呈缩减之势。2015年，日本服务贸易的逆差已减至134亿美元，比2000年的462.3亿美元下降了71%，见表4-3。

表4-3 日本服务贸易的进出口发展趋势

年份	出口额（亿美元）	出口增长率（%）	进口额（亿美元）	进口增长率（%）	进出口总额（亿美元）	进出口增长率（%）	差额（亿美元）
2000	698.1		1 160.4		1 858.5		−462.3
2001	635.1	−9.0	1 056.1	−9.0	1 691.2	−9.0	−421.0
2002	731.5	15.2	1 182.9	12.0	1 914.4	13.2	−451.4
2003	967.2	32.2	1 216.4	2.8	2 183.6	14.1	−249.2
2004	1 069.4	10.6	1 444.9	18.8	2 514.3	15.1	−375.5
2005	1 048.0	−2.0	1 275.7	−11.7	2 323.7	−7.6	−227.7
2006	1 230.8	17.4	1 421.9	11.5	2 652.7	14.2	−191.1
2007	1 387.0	12.7	1 615.0	13.6	3 002.0	13.2	−228.0
2008	1 403.5	1.2	1 598.6	−1.0	3 002.1	0.0	−195.1
2009	1 326.3	−5.5	1 537.3	−3.8	2 863.6	−4.6	−211.0
2010	1 425.6	7.5	1 588.2	3.3	3 013.8	5.2	−162.6
2011	1 354.1	−5.0	1 560.0	−1.8	2 914.1	−3.3	−205.9
2012	1 495.5	10.4	1 816.0	16.4	3 311.5	13.6	−320.5

续表

年份	出口额（亿美元）	出口增长率（%）	进口额（亿美元）	进口增长率（%）	进出口总额（亿美元）	进出口增长率（%）	差额（亿美元）
2013	1 470.1	−1.7	1 623.2	−10.6	3 093.3	−6.6	−153.1
2014	1 697.7	15.5	1 800.7	10.9	3 498.4	13.1	−103.0
2015	1 622.0	−4.5	1 756.0	−2.5	3 378.0	−3.4	−134.0

资料来源：联合国服务贸易数据库。

（二）进出口集中于专业管理与咨询服务业、运输业、专利使用与特许经营业、其他商业服务业、旅游业等行业

2014 年，在日本服务贸易中占比最高的行业是专业管理与咨询服务业，占比为 30%，排名第二、三、四位的行业分别是运输业、专利使用与特许经营业、旅游业，占比分别为 24%、17%、11%。三大传统服务贸易行业（即旅游业、运输业、建筑业）的占比之和为 41%，而专业管理与咨询服务业、专利使用与特许经营业两项占比之和就达到了 47%，将近一半，它们都是现代高附加值产业。需要注意的是，随着我国居民消费水平的提高以及人民币升值和日元贬值等因素，中国游客的快速增长对日本近年来服务业逆差的收窄起到了非常积极的作用。2014 年 4 月，因赴日游客激增，日本旅游服务贸易实现了 177 亿日元的顺差，是自 1970 年 7 月以来日本旅游服务贸易首次重现顺差。2015 年赴日游客总数高达 1 973万人，在这些游客中，中国游客达 499 万人次，占了四分之一以上，较 2014 年增长了 107%。此外，中国游客的消费额占所有游客消费额的 41%，中国游客已成为日本观光业的主要客源。2015 年，中国游客在日本国内消费的金额达到 822 亿元人民币。旅游业的爆发式增长促进了日本的周边产业，直接导致日本近年的服务贸易逆差不断收窄，见图 4 - 2。

图 4 - 2　2014 年日本服务贸易进出口总额中各行业的占比

（三）服务贸易进出口居世界前列

世界贸易组织的报告显示，2017 年日本服务贸易的出口额为 1 847.7 亿美元，进口额

为 1 908.9 亿美元，均位居世界第八位；在亚洲，日本仅次于中国，其进口和出口均位居第二位。2017 年，日本服务贸易出口额和进口额的世界占比分别为 3.52％和 3.79％。

二、日本服务贸易发展的影响因素分析

（一）全球服务贸易繁荣的大环境

进入 21 世纪，全球服务贸易的繁荣为日本服务贸易的发展提供了良好的发展环境。在此期间，世界服务贸易出口总额从 2000 年的 1.49 万亿美元激增到 2016 年的 4.77 万亿美元，年均增长率高达 7.54％，而日本在此期间的服务贸易出口额平均增速只有 5.8％。

（二）信息服务业、现代物流业等行业的逐步完善促进了相关领域服务贸易的发展

在日本的服务业中，信息服务业、现代物流业的发展尤为显著。自 2001 年开始，日本积极实施了“电子日本”（E-Japan）战略，极大地推进了信息服务业的发展。日本现代物流业的发展也日趋完善，它能为企业提供完整的物流服务。信息服务业、现代物流业等行业的发展促进了通信服务、金融服务、计算机和信息服务以及其他商业服务等领域服务贸易的增长。

（三）渐进式的开放方式增强了服务业的国际竞争力，扩大了服务贸易出口

日本对服务业采取了渐进式的开放方式，逐步开放了金融业和保险业等领域。在引进欧美发达国家同行业先进管理经验和技术的同时，加强了日本金融业、保险业的竞争，提升了金融业、保险业的国际竞争力。与此同时，日本增加了海外投资者在东京金融市场的金融交易手续费，由此增加了金融服务业的出口额。

三、日本服务贸易发展的启示

（一）制定重点领域发展战略，发挥由点及面的辐射和渗透作用

自 2001 年开始，日本积极实施“电子日本”战略，迅速而有重点地推进信息化社会的建设，在宽带、信息基础建设及信息技术的应用普及等方面取得了超乎预期的进展。2004 年，日本又推出了下一步的国家信息化战略，称作“无所不在的日本”（U-Japan），通过着力发展“无所不在的网络”（Ubiquitous Network）和相关产业，从而极大地推动了日本经济社会的再生与发展，成为日本提高经济活力、增强国际竞争力的重要动力。

（二）扎实做好科学技术研发等基础性工作，促进服务产业的高附加值化

日本的服务贸易之所以能在困境中逐步回升，与日本坚实的科学技术研发基础分不开。日本的科学技术研发基础条件一直在世界位居前列，而与此相比，我国存在着较大差距。日本的经验告诉我们，在经济发展的任何时期，我国都应始终致力于科学技术研发工作。这是提高产业竞争力，促进服务业高附加值化，保持服务贸易持续、稳定增长的重要途径。

（三）构筑吸引和培养优秀人才的机制

众多国家或地区的经验表明，优秀人才是发展服务贸易的关键所在。日本在发展服务

业以及服务贸易方面十分重视人才的培养，并采取了诸多鼓励措施，如实行高工资、培训、派员出国交流等。毫无疑问，这些举措对吸引和培养优秀人才投身于服务贸易领域发挥了积极作用。

第四节 印度的国际服务贸易

一、印度服务贸易的发展状况

印度通过实施贸易和投资自由化的改革以及把有限的开放转变为全面开放之后，激发了许多产业和部门的发展活力，特别是在国内服务业发展的支持下，印度的服务贸易也呈现出飞速增长。

（一）总体规模较大，贸易顺差逐年扩大

从印度服务贸易的总量上看，其服务贸易的出口经历了一个飞速发展过程，2000—2017 年印度的服务贸易进出口总额从 349 亿美元增长到 3 380 亿美元，增长了 8.68 倍：服务贸易出口从 160 亿美元增长到 1 840 亿美元，增长了 10.5 倍；服务贸易进口从 189 亿美元增长到 1 540 亿美元，增长了 7.15 倍。2000—2017 年印度服务贸易出口额的年增长率时有波动：2008 年，受到经济危机的影响，印度的服务贸易出口额有所下降，但从长期的趋势来看，印度的服务贸易出口额一直处于持续的增长状态，并且发展速度惊人，尤其是 2004 年的增长率达到了 60.16%。

印度的服务贸易进口额同样经历了一个持续增长的阶段，从 2000 年的 189 亿美元增长到 2017 年的 1 540 亿美元。2000—2017 年印度服务贸易进口额的年增长率也是时有波动，甚至出现过负增长，但从长期趋势来看，印度的服务贸易进口额一直处于增长状态，并且发展速度很快，尤其是 2010 年的增长率达到了 46.2%。

印度在 2004 年成为服务贸易顺差国，并且到 2017 年一直保持顺差国地位。在服务贸易额方面，除个别年份略有波动外，从长期趋势来看，其贸易顺差不断扩大。2000—2017 年印度服务贸易顺差增长了 11.34 倍，其增速高于服务贸易的整体增速。

WTO 统计，2017 年印度服务贸易的出口额为 1 840 亿美元（见表 4-4），在全球排名第九位。在发展中国家中，印度仅次于中国，排名第二位。

表 4-4 印度服务贸易的进出口发展趋势

年份	出口额（亿美元）	出口增长率（%）	进口额（亿美元）	进口增长率（%）	进出口总额（亿美元）	进出口增长率（%）	差额（亿美元）
2000	160		189		349		−29
2001	168	5.0	198	4.8	366	4.9	−30
2002	191	13.7	208	5.1	399	9.0	−17
2003	236	23.6	247	18.8	483	21.1	−11

续表

年份	出口额（亿美元）	出口增长率（%）	进口额（亿美元）	进口增长率（%）	进出口总额（亿美元）	进出口增长率（%）	差额（亿美元）
2004	379	60.6	353	42.9	732	51.6	26
2005	522	37.7	468	32.6	990	35.2	54
2006	695	33.1	582	24.4	1 277	29.0	113
2007	866	24.6	704	21.0	1 570	22.9	162
2008	1 067	23.2	878	24.7	1 945	23.9	189
2009	922	—13.6	796	—9.3	1 718	—11.7	126
2010	1 236	34.1	1 164	46.2	2 400	39.7	72
2011	1 371	10.9	1 237	6.3	2 608	8.7	134
2012	1 407	2.6	1 275	3.1	2 682	2.8	132
2013	1 480	5.2	1 269	—0.5	2 749	2.5	211
2014	1 550	4.7	1 491	17.5	3 041	10.6	59
2015	1 550	0.0	1 240	—16.8	2 790	—8.3	310
2016	1 610	3.9	1 330	7.3	2 940	5.4	280
2017	1 840	14.3	1 540	15.8	3 380	15.0	300

资料来源：联合国服务贸易数据库。

（二）相对规模占优势

在服务贸易占总贸易量（货物贸易与服务贸易之和）的比重这个“相对规模”指标上，印度超过了绝大多数发达国家。2017年，印度货物贸易的进出口总额为7 456.2亿美元，排名世界第14位，服务贸易额占总贸易额的比例为31.2%；在出口方面，2017年印度货物贸易的出口额为2 983.8亿美元，排名世界第20位，服务贸易的出口额占出口总额的比例高达38.1%。根据WTO的统计，2017年服务贸易强国——美国的这两项指标分别为25%和33.5%，德国分别为19.4%和17.4%，日本分别为21.5%和20.9%。

二、印度服务贸易的主要产业

印度的服务出口以计算机和信息服务、旅游服务、运输服务以及其他商业服务为主。2015年，这四类服务出口占印度服务贸易出口总额的91.1%。由此可以看出，印度服务贸易的出口集中度较高。从单项服务来看，计算机和信息服务一直是支撑印度服务出口的主要方面，其比重基本保持在30%以上。特别是自2012年以来，计算机和信息服务占印度服务出口的比重持续加大，2015年达到峰值（占比为37.1%），排名印度服务出口第一。紧随其后的是其他商业服务，近十年来的占比基本保持在30%，从整体来看，其发展保持平稳。作为传统服务业的运输服务和旅游服务在印度服务出口中的占比均达到了10%以上，但运输服务的出口波动较大，2015年的占比跌至9.2%；旅游服务的出口相对比较平稳，2015 年的占比为 13.5%（见表 4-5），较 2014 年有所上升。资料表明，自 2006 年以来，印度服务贸易的出口商品结构变化不明显，“印度软件”始终是出口的主要支柱产品，也就是出口商品的结构单一。

表 4-5　印度服务贸易的出口商品结构（%）

年份	2006	2007	2008	2009	2010	2011	2012	2013	2014	2015
运输服务	10.9	10.4	10.8	12.2	10.7	12.7	12.1	11.4	12.0	9.2
旅游服务	12.4	12.4	11.1	12.1	11.5	12.8	12.6	12.4	12.7	13.5
通信服务	3.1	2.7	2.3	1.8	1.3	1.2	1.2	1.5	1.4	1.3
金融服务	3.4	3.9	4.0	3.9	4.7	4.5	3.9	4.3	3.6	3.4
计算机和信息服务	30.7	31.7	33.6	35.1	32.6	31.8	33.6	35.7	35.8	37.1
其他商业服务	36.3	35.5	35.1	29.6	28.3	28.8	32.0	31.3	30.4	31.3

资料来源：联合国服务贸易数据库。

（一）软件服务一枝独秀

据印度通信部的资料显示，当前印度软件业的价值占全球软件业价值（4 110 亿美元）的 1/3 以上。目前，印度是全球最大的业务流程管理（BPM）基地，是承接离岸服务外包规模最大的国家。2017 年，印度服务外包大约占世界外包市场（1 730 亿～1 780 亿美元）的 55%，在提供信息技术服务方面的竞争力突出，其成本比美国便宜 60%～80%。根据印度国家软件与服务企业协会（NASSCOM）的资料显示，2017 年印度的软件总收入达 298 亿美元，以超过 8%的年复合增长率增长，在软件出口方面的就业人数达 120 万人，其 BPM 软件服务外包占全球外包市场的 37%。

（二）旅游服务出口规模小、潜力大

旅游业是传统的服务贸易产业，其出口额常年占据全球服务贸易出口额的 1/4。印度是世界四大文明古国之一，有着悠久的历史和灿烂的文化，因而旅游资源非常丰富，完全具备成为世界旅游强国的潜力。但是，由于印度存在税负重、酒店价格高、交通等基础设施落后、卫生和安全状况不理想等因素，因而印度在吸引国际游客方面一直增长缓慢。据印度旅游部的统计，2017 年印度接待入境游客 1 004 万人次，远低于马来西亚（2 594 万人次）、泰国（3 500 万人次）等国。然而，近年来印度接待入境游客的人数和旅游创汇均以两位数增长，若未来能够更好地解决上述问题，则其旅游服务出口必将迅猛增长。

三、印度服务贸易发展的原因

（一）世界服务贸易迅猛发展和服务业跨国转移大趋势的推动

首先，2000—2016 年世界服务贸易出口额从 1.49 万亿美元扩大到 4.77 万亿美元，16 年间增长了 2 倍多，世界贸易出口总额的比重由 1/7 上升至近 1/4。

其次，服务贸易的结构调整加快。虽然旅游业、运输业等传统服务业保持稳定增长，但它们所占的比重下降，分别由 1990 年的 33.9%和 28.6%下降到 2016 年的 25.1%和 17.7%；计算机和信息服务业、金融业、保险业、通信业、知识产权等新兴服务业的比重

则由 1990 年的 37.5%上升到 2016 年的 51.9%。

再次，服务业成为外国直接投资的重点。随着制造业和服务业的加速融合，技术知识密集型服务成为影响国际分工和贸易利益分配的关键因素，制造业跨国公司纷纷向综合服务提供商转型。服务贸易与投资的合作广度和深度不断拓展。目前，服务业投资占全球直接投资存量的比重已经超过 60%，其中服务业跨境并购占比超过 50%。

最后，由发达国家作为主要发包方、发展中国家作为主要承接方的国际服务外包迅猛发展。据联合国贸发会议的资料显示，2017 年全球服务外包的总额已突破 1 万亿美元。亚洲是承接服务外包业务最多的地区，约占全球服务外包业务的 45%，而印度是亚洲的服务外包中心。

（二）印度国内服务业发展的促进

印度以国内服务部门的增长为主导。在 60 多年的发展历程中，印度经济中第一产业的比重逐步下降，第二产业、第三产业对经济增长的贡献率显著提升。自 2005 年以来，服务业成为印度经济增长的主要推动力，其增长速度一直高于 GDP 增长速度 1～3 个百分点，见表 4-6。印度以软件业、旅游业、金融业、交通运输业和餐饮业等为代表的服务业迅速发展，为这些领域的服务贸易发展奠定了基础。

表 4-6　2005—2014 年印度 GDP、服务业增速（%）

	2005	2006	2007	2008	2009	2010	2011	2012	2013	2014
GDP	9.3	9.3	9.8	3.9	8.5	10.3	6.7	5.1	6.9	7.3
服务业	10.9	10.1	10.3	10.0	10.5	9.7	6.6	8.0	9.1	10.2

资料来源：亚洲开发银行。

（三）印度政府着力营造了有利的政策环境

印度政府采取的主要政策措施包括：放松管制，允许和鼓励私营企业进入航空业、通信业、金融业、保险业等行业；放宽对外国直接投资进入银行等服务业的限制；放松外汇管制，逐步实行经常项目和资本项目的自由兑换；给予税收优惠政策等（例如，2000 年 4 月 1 日及以后在任何特别经济区成立的软件生产企业，出口所得连续 10 年 100%免除所得税）。

（四）一大批印度企业和企业家充分发挥印度的比较优势

以软件服务业为例，印度正在解决基础设施相对落后的劣势，充分发挥了英语人才充足、经营成本低以及与美、英等发达国家商业联系密切的优势，始终严格要求质量（近 60 家企业通过了最严格的 CMMS 级认证），严把信息安全［实施国家技能注册（NSR）计划等］，从最基础的呼叫中心等 BPO 业务做起，一直做到知识型流程外包（KPO）等高端业务，诞生了 TCS、Infosys、Wipro 等著名跨国 IT 企业。

四、印度服务贸易在国际服务贸易格局中的地位

从服务贸易的结构来看，印度服务贸易结构与全球服务贸易结构的差别很大。印度传统服务贸易的比重低、新型服务贸易的比重高，在某种程度上具有发达经济体的特点。印度的软件服务业一枝独秀，在全球软件服务出口中排名第一；金融业和保险业稳健增长，

并能略有顺差；通信业等其他商业服务业也具有一定竞争力；但旅游业、运输业两类重要的服务贸易发展较为缓慢，与发达国家以及中国等发展中国家的差距较大。

从服务贸易的规模来看，虽然印度的服务贸易相对于货物贸易的规模很大，但绝对规模仍然偏小，不但与美国、英国、德国等发达国家还有相当大的差距，也小于中国。在某种程度上，印度服务贸易之所以被人们津津乐道，恰恰因为其货物贸易不尽如人意。

从服务贸易的价值链来看，印度最具竞争力的软件服务业实际上是承接发达国家的软件和服务外包，处于价值链的低端。外包的要义在于将价值比较低的非核心业务委托给其他企业处理，因此，虽然软件服务贸易的双方能够共赢，但收益的大头还是被发达国家获取，印度企业只拿到了小部分。此外，这种外包关系并不稳固，随着中国、东南亚等其他国家服务外包业的崛起，印度企业将会受到挑战。这在某种程度上类似于中国企业在加工贸易中所处的地位。

本章小结

本章第一节介绍了国际服务贸易市场的现状、国际服务贸易发展的特征以及国际服务贸易发展的原因。

第二节介绍了美国、欧盟的国际服务贸易现状、迅速发展因素以及促进其发展的相关政策。

第三节介绍了日本服务贸易发展的特点和启示。

第四节介绍了印度服务贸易的发展状况，指出其服务贸易的主要产业以软件业为主及其迅速发展的原因。此外，从印度服务贸易的结构看，它与国际服务贸易的结构差别很大。

课后思考题

1. 国际服务贸易发展的特征有哪些？
2. 促进国际服务贸易发展的原因有哪些？
3. 美国有哪些促进贸易出口的措施？
4. 欧盟服务贸易政策的演进情况如何？
5. 日本服务贸易发展有哪些影响因素？
6. 印度服务贸易中的主导产业有哪些？

第五章 传统的国际服务贸易

学习目标

1. 掌握国际金融服务贸易的概念和类型
2. 掌握国际金融服务贸易的发展和贸易壁垒
3. 掌握海上运输服务贸易和航空运输服务贸易
4. 熟知旅游服务贸易的概念和基本特征

引　子

2006年8月，中国信保与北京华谊兄弟影业投资有限公司（以下简称“华谊兄弟公司”）签下保单，为华谊兄弟公司即将在海外发行的影片《夜宴》提供收汇风险保障。

华谊兄弟公司从深圳发展银行获得了5 000万元人民币融资，解决了《夜宴》在拍摄过程中的流动资金需求问题，这是中国信保在支持文化产品与服务出口上的首次尝试。“《夜宴》的海外发行获得了出口信用保险的支持，就等于将海外市场风险转嫁给了中国信保”，这是华谊兄弟公司总经理王中军说的一段话，“在购片方延迟付款或不付款、少报票房收入、超范围使用版权等情况下，中国信保将为华谊兄弟公司提供收汇保障”。这说明中国信保为其提供了担保。

据统计，自2006年9月《夜宴》在海外上映以来，国内票房收入已达1.3亿元人民币，海外销售近1 000万美元。在出口信用保险的支持下，华谊兄弟公司不仅顺利收汇，而且提高了影片的盈利水平。保险服务贸易作为传统的国际服务贸易，极大地促进了经济的发展。那么，传统的国际服务贸易还包括哪些贸易形式？

第一节 国际金融服务贸易

一、国际金融服务贸易的概念和类型

1986年，GATT在主持第八轮乌拉圭回合谈判时提出了国际金融服务贸易的概念。在1994年乌拉圭回合谈判的最后文本中，金融服务也被纳入自由贸易的范畴。《服务贸易总协定》中金融服务附录对国际金融服务贸易所下的定义是：由一成员方（指参加谈判的国家和地区）的服务供应者向另一方提供任何形式的金融服务。金融服务主要是指银行业、证券业和其他金融机构所提供的服务。

国际金融服务贸易与国际货物贸易的主要差别体现为，国际金融服务贸易不仅涉及金融产品的移动，而且还涉及金融服务生产要素的移动。在大多数情况下，国际金融服务贸易主要表现为生产要素的移动，因此我们可以按金融服务提供者与消费者之间的移动方式来分类。下面将国际金融服务贸易划分为四类。

（一）分离式国际金融服务贸易

分离式国际金融服务贸易是指金融服务的提供者和消费者不需要在国与国之间移动而实现的金融服务贸易，即一个国家从其境内向另一国境内提供金融服务而产生的金融服务贸易。这类金融服务的跨国境移动主要是通过电话、电信、邮电、计算机网络等的传输实现的。由于作为贸易对象的金融服务跨越了国界，又称跨境金融服务贸易。

（二）需求者所在地的国际金融服务贸易

需求者所在地的国际金融服务贸易是指金融服务的提供者转移到金融服务的消费者所在地而产生的国际金融服务贸易。这种金融服务贸易一般要求金融服务的提供者在消费者所在国奠定商业存在，建立分支机构。例如，一家美国银行想要在英国提供某种银行服务，它就必须在英国投资建立银行分支机构。因此，这种国际金融服务贸易必然伴随着生产要素在国与国之间的流动，涉及金融服务业的对外投资。目前，各国金融机构（主要是跨国银行）通过对外投资设立海外分支机构而向国外提供金融服务已成为当前国际金融服务贸易最重要的构成部分，而且呈迅速增长的态势。各国的跨国银行如今都在加紧策划在更多的国家和地区开设更多的分支机构，以便大幅扩张其金融服务贸易的份额。

（三）提供者所在地的国际金融服务贸易

提供者所在地的国际金融服务贸易是指金融服务的提供者在本国国内为外国居民和法人提供金融服务，一般要求金融服务的消费者跨国界接受金融服务。例如，一国银行向外国人提供旅行支票的金融服务。提供者所在地的国际金融服务贸易的特点是，金融服务的提供者并不跨越国界向消费者出口金融服务，对金融服务的提供者而言，也不存在生产要素的移动。

（四）流动的国际金融服务贸易

流动的国际金融服务贸易是指金融服务的提供者和消费者相互移动所产生的金融服务

贸易，金融服务的提供者对外进行直接投资，并利用其分支机构向第三国的居民和企业提供金融服务。例如，设在法国的一家美国银行向在法国的德国旅游者提供旅行支票的金融服务。流动的国际金融服务贸易的特点是，它要求金融服务的提供者和消费者存在不同程度的资本与劳动力等生产要素的移动。

二、国际金融服务贸易的发展

自 1990 年以来，虽然许多发展较为成熟的国际金融市场的增长趋势趋缓，但近年来许多国家金融服务业的从业人数及行业附加价值皆有明显的增长，显示出金融服务业发展的重要性。但是，我们也应看到，由于亚洲金融危机的出现，对某些国家银行和证券公司的资产及营业收入都产生了负面的影响；在保险方面，许多国家的保费收入占 GDP 的百分比一直呈现增长趋势，但近几年，许多非欧洲的经济合作与发展组织的成员增长较为缓慢。通过对目前国际金融服务贸易发展状况的分析，可以看出国际金融服务贸易的发展呈现出以下几个特点：

（一）金融服务部门组织形式的变化

发达国家的金融服务部门持续进行合并及重组。以美国银行的重组为例，随着金融危机日益加重，美国联邦储备委员会于 2008 年 9 月 21 日晚宣布，批准美国金融危机后仅存的两大投资银行高盛和摩根士丹利所提出的转为银行控股公司（即商业银行）的请求。路透社评论说，这一举措意味着华尔街传统的投资银行模式终结。至此，华尔街五大投资银行的格局被彻底打破，美国金融机构正面临自 20 世纪 30 年代世界经济危机以来的最大规模重组。

根据美联储的决定，高盛和摩根士丹利以后将混业经营。一方面，它们可设立商业银行分支机构吸收存款；另一方面，它们还可以像其他商业银行一样，永久享受从美联储获得紧急贷款的权利。这两大融资条件将帮助它们有效渡过目前的难关。这一转变无疑使华尔街的“世纪变局”又向前推进了一步。此前，第四大投行雷曼兄弟公司已宣布破产，第三大投行美林公司和第五大投行贝尔斯登公司分别被美国银行和摩根大通银行收购。2009 年，美国的银行倒闭总数达 140 家，远高于 2008 年的 26 家。鉴于这些倒闭银行的规模有限，因而它们对整个金融体系的影响也相对有限。目前，在美国联邦储蓄保险公司的“问题银行”清单上，仍有约 500 家银行。历史经验显示，列入这一清单的银行约有 13%最终会倒闭。从宏观角度分析，美国的中小银行倒闭风潮是房地产泡沫破裂的结果，是 2008 年开始的世界金融危机的产物。

金融业是市场经济的轴心，中小银行倒闭风潮对美国经济复苏的负面影响极大。

首先，中小银行倒闭使美国本已严峻的失业问题雪上加霜。银行倒闭除了直接造成银行工作人员失业，还会导致银行对中小企业提供的贷款减少，从而加剧中小企业经营困境。美国中小企业创造的就业岗位占全国的 60%以上，对于创造就业来说意义重大。

其次，大量的中小银行倒闭削弱了美国地方政府的财力，恶化了美国各级政府的整体财政状况，因为银行业是美国地方政府的主要税收来源。

（二）金融服务业市场结构的变化

近年来，全球金融服务业的市场结构发生了迅速而显著的变化，发展中国家的银行开始跻身于全球前100位的大银行之列。

2018年最新的《财富》世界500强排行榜显示：跻身500强的中国企业排名再次提升。在500强企业中，中国120家企业上榜，已经非常接近美国（126家），远超第三位的日本（52家）。国家电网、中国石化、中国石油三家中资企业跻身前5位，总市值分别排在第2位、第3位、第4位。

在各行业子榜单中，银行/商业储蓄上榜公司的总数最多，为51家；其次依次是：车辆与零部件34家，炼油31家，人寿与健康保险（股份）24家，采矿、原油生产21家。

如果按照国内的分类，银行、保险、多元化金融以及数字金融行业在世界500强中有112家金融公司，数量最多。

中国进入世界500强的银行共有9家，被誉为“宇宙第一行”的中国工商银行位列世界500强中中国进榜银行的第一位，在500强中位居第26位，其他三大国有银行的排名也都进了世界50强，而商业银行中的交通银行、招商银行、浦发银行、兴业银行、民生银行也挤入了世界500强排行榜中，排名最末的民生银行位居第251位。排在利润榜前10位的四家中国公司仍然是工、建、农、中四大国有银行。

虽然进入世界500强的中国银行数量不断增加，但从公司治理水平、业务经营模式和业务构成来看，与国际上先进的银行相比，中国几大银行还是存在很大的差距。例如，我国银行业80%以上的盈利仍由传统的存贷利差贡献；服务和中间业务仍然滞后。但是，我国银行在他国的商业存在和在国际金融服务中的角色日渐突出，成为不可或缺的力量。

（三）金融服务业受到电子商务的冲击

随着微电子技术、计算机技术、通信技术和信息技术的不断突破，一批更加安全、高效的新型工具不断出现，并为金融发展提供了新的物质、技术基础。金融现代化向着电子化、虚拟化、信息化和智能化方向推进。电子商务中的资金流是通过电子银行提供的网上支付服务来完成的。银行在电子商务中扮演着重要的角色：银行要通过网上银行为从事电子商务的各方提供网上支付服务，是电子商务的有力推动者。此外，银行还要通过网上银行为其客户提供广泛的金融服务。

网上银行建立在传统的电子银行基础之上，将是21世纪电子银行发展的主流形式。网上银行的发展，促使银行将“C&C+IT+WEB”融入银行核心业务、经营管理和金融监控全过程，使银行从实体银行逐步发展成智能型的虚拟银行。因此，银行需要根据市场的需求和自己的实际条件不断进行金融创新，形成崭新的业务模式、管理模式和金融监控模式；需要研发新的金融产品；创立更合理的业务流程，并对原有的业务和资源进行重新整合；需要对组织机构进行重组。所有这些创新都会使金融企业的产品、业务重点、收入结构、业务模式、经营管理和监控模式、组织结构等发生一系列根本性的变化。

电子商务所引发的当代金融发展的新变革，是人类文明由工业时代向信息时代转变的产物，即“工业4.0”时代到来的标志；是当代国际综合国力竞争在金融领域的反映。信息化时代的金融企业通过多种通信手段，与客户进行广泛的实时沟通，随时掌握客户的需求变化，及时推出满足客户需求的个性化的金融服务产品，特别是其中的理财服务将成为金融服务的主角。空前丰富的金融产品的推出，不仅满足了客户的需求，还扩大了金融业的服务范围，开辟了新的收入源，提高了企业的市场竞争力。

（四）金融服务提供模式的变化

随着新科技的发展和远距离交易可行性的出现，采用金融服务过境交付将比设立商业存在更为普遍。

人类文明从工业化走向信息化，而与之对应的由人们生产和消费所衍生的金融服务业和财务管理需求也必将随着“工业 4.0”的脚步而来，银行必须与产业互联网和产业“物联网”无缝融合才能适应新的信息化革命。在“互联网＋”的思维下，“虚拟银行”也让银行业迈步进入了“工业 4.0”时代。在互联网思维下，银行不再受限于自身的商业存在，而是通过互联网对全球金融服务的介入满足了客户在任何时间、任何地点的个性化服务。

进入“工业 4.0”时代的银行就是能够提供个性化、综合化金融服务的“实时智能银行”，这种银行将会给客户带来个性化、智能化、实时化、综合化的服务，人们依靠 PC 端的简单操作就可以实现一系列原来需要去银行才能实现的服务。

“互联网＋”概念的强势推出，给我国银行的服务贸易带来了挑战与机遇。互联网的开放共享、参与整合的特性可以解决我国银行服务行业体系发育不健全的问题，同时互联网触手可及的特性也将为其服务对象带来前所未有的便捷体验。

（五）各部门所扮演的角色有所改变

由于金融服务部门的逐步开放，特别是科技进步所导致的金融服务业的革命性变革，使得目前政府和市场在金融服务体系中所扮演的角色发生了变化。公共服务部门开始放松对金融服务的垄断，市场上出现了其他重要角色，如广泛存在于我国城乡地区的农村信用合作社以及随着我国金融市场的不断开放而出现的“互联网银行”、城市商业银行、外资银行等。

（六）金融服务业法规结构的变化

许多工业化国家金融服务活动的混合以及金融机构形态的日趋模糊引起各国金融服务法规呈现出以市场为基础的变化趋势。这种法规的改变提高了金融服务业的竞争，并使消费者能够享受银行、证券、保险及资产管理的综合服务。与此同时，这样的自由化措施必须要有适当的管理措施、公开化措施以及预防性的反竞争措施相配合；只有这样，才能确保金融服务业及市场的有效公平竞争。

三、国际金融服务贸易壁垒

金融服务贸易的国际化必然要求实现国际金融服务贸易的自由化。由于金融服务业在各国特别是发达国家与发展中国家之间的发展极不平衡，而金融服务业又是现代国民经济的核心，同时金融服务涉及一国经济的各个方面，因而金融服务市场的开放经常涉及一国的经济安全、主权等敏感性问题。此外，金融服务业固有的风险较大，所以各国在金融服务业领域不同程度地设置了许多贸易壁垒，用以阻碍国际金融服务贸易的自由化。

（一）基本内容

国际金融服务贸易壁垒分为两类：市场准入壁垒和业务经营限制。

1. 市场准入壁垒

对境外金融服务商设立分支机构的市场准入壁垒主要有以下几种形式：

(1) 以法律形式禁止其他国家任何形式金融机构的介入。

(2) 通过政策和许可证方式禁止境外金融机构的介入。

(3) 除设立代表处外，通过法律形式禁止外资金融机构的介入。

(4) 除设立代表处外，通过现行的各种行政管理措施限制外国金融机构的介入。

(5) 以法律形式禁止任何外国银行通过分支机构介入本地市场。

(6) 禁止外国银行购买本地银行的股权。

(7) 对外国银行获得本地银行的股权有一定数量的限制。

2. 国际金融服务贸易的业务经营限制

(1) 市场服务范围的限制。市场服务范围的限制主要是限定服务对象及服务形式，不仅有地理性范围，也有行业性范围，还有关于业务内容或应如何提供服务的规定，因此这些限制直接控制市场准入。

(2) 资产增长及规模的限制。资产增长及规模的限制主要是指限制外资银行在本地市场上的业务绝对量或市场份额，通常是规定一个上限。

(3) 融资限制。东道国政府除了在资产增长及规模方面附加限制外，它们还对外资金融机构的负债经营储蓄业务附加限制，比如要求它们只能接受特定类型的存款，或者要求它们只能服务特定的顾客，不能接收政府及公共机构的存款。

(4) 损差措施。除了对金融服务的主要因素加以限制之外，东道国政府还可以用其他方式限制外国金融机构的竞争，比如通过对电信网、电力供应、交通和邮政服务等附加限制来影响经营。

简言之，利差损失就是因中央银行颁布的利率水平的波动给保险公司（主要是寿险公司，投资型险种）带来的损失。若干年前，银行存款利率很高，而当时保险公司卖的投资型险种的保底回报率也很高。但是，在接下来的几年里，中央银行多次下调利率，以致存款利率降到一个较低的水平。由于当时对保险公司的投资渠道有严格的限制，它只能投资于银行存款、国债，所以利率的调低导致保险公司的投资收益迅速减少。最终的结果就是按照保底回报率支付给客户的钱超出了其资产投资收益，导致保险公司的经营情况迅速恶化。由此造成的损失，就是利差损失。

（二）形成国际金融服务贸易壁垒的原因

在国际金融服务贸易中，限制贸易的目标有两个：一是控制境外金融服务企业的市场准入；二是在给予了“商业存在”类金融机构的市场准入权之后，通过对其经营业务的限制，实现自己的控制目标。形形色色的贸易壁垒就是通过这样的形式加以实施，同时导致了国际金融服务贸易的扭曲。

金融业是国民经济的命脉部门，也是现代市场经济的核心，所以各国对金融业的开放都采取了十分谨慎的态度。因此，在这样的敏感性部门里，国际金融服务贸易存在种种壁垒就不足为奇了。政治稳定的目标往往是构成该行业贸易扭曲的根本原因。境外银行或其他金融机构介入本地金融市场，参与本地金融服务竞争，往往通过“国民待遇”条款要求与本地金融服务机构有相同的竞争条件。对于两国间签有互惠协定的国家，金融服务商可以要求更优惠的待遇来提供金融服务产品。基于这样的现实，各国对金融服务都实施高度保护。

金融服务业相对落后的发展中国家通常以保护幼稚产业为借口，主张不开放或少开放本国的金融服务业；或以经济发展和货币稳定为理由，主张不能完全建立自由的金融服务贸易市场，从而对本国的金融服务业加以严格的保护与管制。发达国家则以金融服务业在世界范围内受到普遍的严格保护为由，其金融服务机构纷纷要求政府提供必要的资助（补贴），以开拓市场；在政治、贸易政策上与外国进行谈判，以求打开外国市场；在制定本国政策时，也对金融服务市场加以保护，以求在谈判中获得对等的利益。基于以上种种原因和现实，目前在国际金融服务贸易领域存在广泛的贸易壁垒。

四、中国政府在谈判加入 WTO 时的承诺

（一）开放银行服务业的四项承诺

（1）审慎发放营业许可证，即在营业许可证上没有经济需求测试或数量限制。

（2）外汇业务及时开放，取消地域和服务对象限制。

（3）人民币业务分阶段开放。中国加入 WTO 后 4 年内分 5 批逐步放开 20 个城市的地域限制，加入后 5 年内取消所有地域限制。在服务对象上，加入后 2 年内，允许外资银行为中资企业提供人民币服务；加入后 5 年内，允许外资银行经营人民币零售业务。设在中国某一地区并获准经营人民币业务的外资银行可以向其他已开放人民币业务地区的客户提供服务。

（4）金融咨询类业务及时开放。中国在加入 WTO 时，允许外资机构在中国从事有关存贷款业务、金融租赁业务、所有支付及汇划服务、担保及承兑、公司并购、证券投资的咨询服务、中介服务和其他附属服务。

此外，在非银行金融机构从事汽车消费信贷方面，中国在加入 WTO 时允许合资和独资。

（二）在证券领域的承诺

中国在加入 WTO 时，承诺外国证券机构驻华代表可以成为所有中国证券交易所的特别会员。允许外国证券服务提供者设立合营公司，从事国内证券投资基金管理业务，外资比例可以达到 33%。

加入 WTO 后 3 年内，在从事国内证券投资基金业务的中外合营公司中，外资比例可以达到 49%。允许外国证券公司设立合资公司，外资比例不超过 1/3。合资公司可以（不通过中方中介）从事以下业务：A 股的承销，B 股和 H 股、政府和公司债券的承销及交易，基金的发起。

从 2001 年以来，我国积极推行金融业对外开放，外资银行代表处的数量从加入 WTO 之前的 1 个发展到超过 1 000 家外资银行分支机构，从官方制定的双轨汇率制发展到盯住一篮子货币的有管理的浮动汇率制，外资债券机构的托管量超过万亿元，外资证券机构成为 A 股的第三大机构投资者，跨境资本流动从完全封闭到资本项目开放超过 30 个。

但我们也要看到，目前在我国金融业的对外开放中仍存在一系列亟待解决的问题：一是外资银行占国内银行金融机构总资产的比例相对较低，目前约为 2%，远低于经合组织（OECD）12%和金砖国家 16%的比例，也低于 13%的世界平均水平；二是金融市场的开

放深度明显低于发达国家，目前在国内债券市场中，虽然境外金融机构在规模上已经过万亿元，但仅占国内债券总托管量的2%，远低于美国40%以上的水平。

第二节　国际保险服务贸易

一、国际保险服务贸易的概念

（一）国际保险服务贸易的定义

国际保险服务贸易是指一国保险人向另一国投保人或被保险人提供保险服务，并获得外汇的交易过程。

从保险服务贸易的发展实践来看，保险服务贸易应以国际服务贸易理论与保险基本理论为依托，融合国际经济形势的变化及其在国际服务贸易中的作用，给出明确的内涵与外延，明确保险服务贸易与金融服务贸易的区别与联系，为保险服务贸易的发展提供最基本的理论指导。在概念界定上，我们认为，保险服务贸易应涵盖以下几种情况：

第一，保险服务的提供者和接受者有一定的地域差距，保险服务的提供跨出了国界。

第二，在一成员方境内向另一成员方的服务消费者提供服务。此类服务贸易的提供者不移动，接受者发生位移，又称境外消费。

第三，一成员方的保险服务提供者通过在另一成员方的商业存在提供保险服务。这是一种特殊的保险服务贸易方式，因为各国的保险服务水平存在差异，而具有贸易比较优势的保险发达国家在保险落后国家开拓市场、创设商业存在时，仅仅依靠雇用当地人才是难以充分发挥其比较优势的，还必须向商业存在注入大量的资本和人力资源，才能满足业务拓展和稳健经营的需要。这种以商业存在提供保险服务的方式不可避免地涉及保险人才资源的国际流动及保险资本或资金的跨境流动，引发国际直接投资的市场准入等问题。

从结构上说，保险服务贸易包括保险服务出口和进口两个方面。保险服务进出口是指保险服务资源的进出口。保险服务贸易是金融服务贸易的重要组成部分，与其他金融服务贸易领域的合作与开放状态相似，各国保险服务贸易既有互补互利、互相依赖的一面，也有扬长避短、互相竞争的一面。根据经济合作与发展组织的定义，保险服务贸易包括跨国进行的传统保险服务交易活动、保险业对外直接投资和对外金融投资活动。保险服务贸易进出口的资源要素包括保险产品资源、保险技术资源、保险中介或辅助服务资源、保险资本与资金资源、保险人才资源等方面。各种保险资源要素及其进出口状况，是帮助解释保险服务贸易进出口顺（逆）差统计的基础。

（二）国际保险服务贸易的业务结构

国际保险市场上的业务大体可分为财产保险、人身保险、责任保险和保证保险四个部分。

1. 财产保险

财产保险是以财产为保险标的的保险，包括火灾保险、海上保险、汽车保险、航空保险、陆上运输保险、工程保险、盗窃保险和农业保险等。其中，业务量最大的属于火灾保险和汽车保险。国际保险市场对火灾保险中的火灾概念有严格的界定。根据近因学说，凡因火引起的其他危险也可视为火灾，如雷击、闪电、爆炸等。火灾保险单用批注的办法，通常对以下风险可以加保，如冰雹、飓风、地震、罢工、暴动、破坏、烟熏等。

通常说来，各国对汽车保险都有一些强制性的规定，特别是汽车的第三者责任险。汽车保险在世界各国发展迅速，尤其在经济发达国家，汽车已成为生活必需品，汽车保险成为汽车拥有者必不可少的一种保险。

2. 人身保险

人身保险主要包括人寿保险、健康保险和伤害保险三类。人寿保险是以人的生命为保险标的，以人的生存或死亡作为保险责任的范围。健康保险是指被保险人因疾病不能从事工作以及因病伤残时，由保险人负责给付保险金。伤害保险是指被保险人因遭受意外事件，导致身体受到伤害而不能从事日常工作或因伤残致死亡时，将由保险人给付保险金。

3. 责任保险

责任保险是以被保险人的民事赔偿责任为保险标的的保险。根据法律的规定，被保险人应对受害人承担经济赔偿的责任，在参加责任保险以后，经济赔偿的责任将由保险人承担。责任保险的保险标的是法律上的责任风险。

在国际保险市场上，责任保险大体上可以分为企业责任保险、职业责任保险和个人责任保险三种。

企业责任保险是指保险人承保被保险人因从事各种商业活动时发生损害而引起的赔偿责任。职业责任保险是指保险人承保被保险人在提供职业服务时，因疏忽不当引起的法律上应负的损害赔偿责任。个人责任保险承保被保险人因个人行为而导致的损害赔偿责任，其承保范围包括受损者的财产损失和人身伤亡。

4. 保证保险

保证保险是指保险人为被保险人向权利人提供担保的一种保险，实际上是一种担保业务。保证保险根据投保对象的不同，可分为保证保险和信用保险两种。保证保险是指被保险人借用保险人的信用，向权利人提供担保；信用保险是指权利人直接向保险人办理保险，要求保险人担保被保证人的信用。

二、国际保险业概况

（一）国际保险业的市场现状

2014 年，全球总保费达到 4.778 万亿美元，其中非寿险总保费为 2.124 万亿美元，寿险总保费为 2.655 万亿美元。从寿险保费情况来看，排名前十二的寿险市场分别为美国、日本、英国、中国、法国、意大利、德国、韩国、中国台湾、澳大利亚、印度、加拿大，见图 5-1。

与西方国家相比，我国的保险服务贸易起步晚、进展缓慢，并且逆差呈现上升趋势——2014 年的逆差达到 178.8 亿美元，与 2000 年相比，逆差扩大了 155.2 亿美元。2015 年，我国保险服务贸易出口额占世界保险服务贸易总出口额的比重只有 4%，而同年英国的占比为 22.3%，美国的占比为 14.9%，表明了我国保险服务贸易有极大的提升空间。

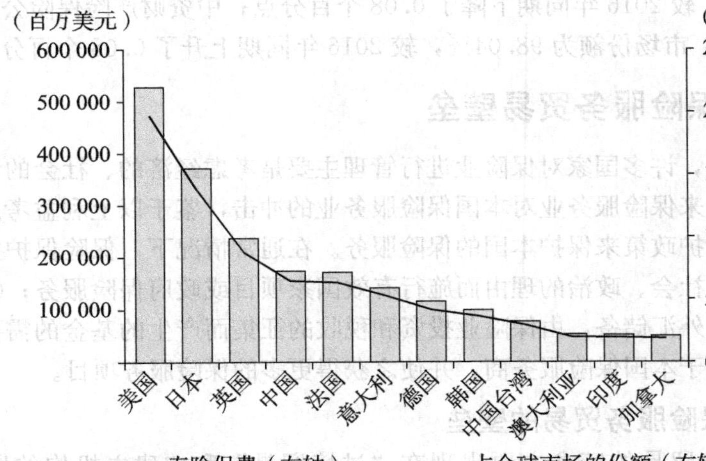

图 5-1 2014 年世界前 12 大寿险市场的保费及份额

（二）中国保险业的发展状况

（1）旧中国的保险业。1805 年，英国保险商出于殖民的目的向亚洲扩张，在广州开设了第一家保险机构，即“谏当保安行”或“广州保险公社”，主要经营海上保险业务。1856 年 5 月 25 日，上海华商义和公司保险行成立，这是我国第一家民族保险企业，标志着我国民族保险业的起步。

（2）新中国的保险业。1949 年 10 月 20 日，中国人民保险公司经中央人民政府批准成立，这是中华人民共和国成立后设立的第一家全国性国有保险公司，当时的保险是帮助政府平衡财政预算的工具。此时，中国保险业面对的是由政府主导的计划经济。

自改革开放后，中国保险业开始回归其社会保障作用的本位。此时，中国保险业正在由政府计划向市场转变。

如今，中国保险市场开放了，保险企业能够在海内外上市了。此时，中国保险业要接受国际化的挑战和竞争，在境外接受当地股民和监管机构的监督。

目前，我国有保险控股公司 10 家、财产保险公司 60 家、人寿保险公司 71 家、再保险公司 8 家、资产管理公司 11 家。

2017 年，保险市场发展稳中向好，全行业共实现原保险保费收入 3.66 万亿元，同比增长 18.4%。其中，财产险公司和人身险公司分别增长 13.76%和 20.04%。保险业的资产总量为 16.75 万亿元，较年初增长 10.8%。2016 年，保险业累计赔付支出 1.05 万亿元，同比增长 21.2%。2017 年，保险业原保险赔付支出达 1.12 万亿元，同比增长 6.3%。

分险种看，财产保险业务积极向好，2017 年实现原保险保费收入 9 834.66 亿元，同比增长 12.7%，增速上升 3.6 个百分点。人身保险业务增长放缓，实现原保险保费收入 26 746.35 亿元，同比增长 20.3%，增速下降 16.2 个百分点。

2017 年，虽然外资保险企业的市场份额继续增加，但中资公司依然具有绝对优势。外资人身险保险公司原保险保费收入 1 934 亿元，市场份额为 7.43%，比 2016 年同期增加 1.03 个百分点；中资人身险保险公司原保险保费收入 2.41 万亿元，市场份额为 92.57%，同比下降 1.03 个百分点。外资财产险保险公司原保险保费收入 206.4 亿元，市场份额为1.96%，较2016年同期下降了0.08个百分点；中资财产险保险公司原保险保费收入1.03万亿元，市场份额为98.04%，较2016年同期上升了0.08个百分点。

三、国际保险服务贸易壁垒

在传统意义上，许多国家对保险业进行管理主要是考虑经济的、社会的和其他性质的国家利益。面对外来保险服务业对本国保险服务业的冲击，鉴于以上利益考虑，许多国家都会设置相关的保护政策来保护本国的保险服务。在通常情况下，保险保护主义可以分为以下两类：①基于社会、政治的理由而施行有效国家项目或政府保险服务；②基于经济的正当理由，如保护外汇储备，由保险业投资和税收的征集而产生的基金的需要。保护主义的直接作用是有利于本国保险服务商，并使之获得更多的保险服务项目。

（一）国际保险服务贸易的壁垒

国际保险服务贸易的壁垒主要出现在“过境贸易”和“建立机构的贸易（商业存在）”的过程中。

1. 直接的贸易壁垒

直接的贸易壁垒（限制措施）阻碍或阻止外商提供保险服务，直接限制“商业存在”类保险服务贸易，通常与“所有权本地化”有关。许多国家要求大部分或总的利益所有权由本国掌握，即多数控股权，最终导致国有保险企业垄断市场。这种垄断性的市场限制行为是针对所有国家的，而不是只对个别国家或公司。直接的贸易壁垒在保险服务“过境贸易”中，主要与“保险范围的本地化”要求有关。比如运输保险，在许多国家受到直接控制，或者进口国要求接受保险，或者由出口国附加保险条件。对出口保险商而言，最严格的直接限制是，未经允许，不准个体或公司向境外保险商投保或进行商业交易。具体的控制手段就是控制外汇的支付，因为要向外商投保，所以必须支付外汇。

2. 间接的贸易壁垒

间接的贸易壁垒主要包括间接“过境贸易”壁垒和间接限制“商业存在”等形式，主要是通过在外商与本地商人之间实施歧视性待遇而实现的。

间接“过境贸易”壁垒与货物贸易中的关税壁垒相当，包括外汇管制、处罚或对本地居民在外国保险商那里投保（包括再保险）课以税收，或者要求外国保险商或再保险商为了本地利益而承保等。

间接限制“商业存在”通常是在市场准入方面采取歧视性的限制措施或增加外资企业的市场经营成本。对于本地保险商许可证形式的限制，主要是具体的保险合同设计、一定类型的保险储蓄和一定量的公共利益要求。许多国家还采取法律或规章的形式来直接影响经营的成本和利润，如歧视性的税收、理赔要求。此外，许多国家在要求外资保险公司资产本地化的过程中，将适用更严格的规定。在这种情况下，国民待遇原则显然不适用于外商在本地市场的经营。

3. 其他壁垒

对于再保险商的经营范围和内容的限制以及对“商业存在”施加就业人员的入境或选择限制，也构成贸易壁垒。在《中华人民共和国保险法》（以下简称《保险法》）的总则中明确规定：在中华人民共和国境内的法人和其他组织需要办理境内保险的，应当向中华人民共和国境内的保险公司投保。这表明外国保险商欲取得我国境内的保险服务资格，就必须在我国境内有“商业存在”。如果在“商业存在”上有限制，显然就会影响市场准入，构成贸易壁垒。与此同时，根据《保险法》的规定，对于境内保险商需要办理再保险分出业务，应优先向境内保险公司办理，这也是一种有利于本地保险商的规定。更为严厉的是规定：金融监督管理部门有权限制或者禁止保险公司向中国境外的保险公司办理再保险分出业务或者接受中国境外再保险分入业务。显然，这样的规定具有很大的弹性，很容易形成贸易壁垒。

保险服务贸易壁垒广泛存在于各国，不仅在保险业落后的发展中国家存在，而且在保险业发达的工业化国家也是如此。比如在西欧的法国、德国、比利时等国，就存在各种保护本国保险业的措施。国际保险服务贸易领域存在数量限制、政府采购、进口许可证、货币控制及交易限制、特殊的就业条件、开业权（商业存在）、股权限制等具体的壁垒形式，而且这些是各国使用频率较高的限制形式。

（二）中国在谈判加入 WTO 时的承诺

以下是有关中国保险业的主要承诺内容：

中国在加入 WTO 时，允许外国非寿险公司在中国设立分公司或合资公司，合资公司中外资股的比重可以达到 51%；中国加入 WTO 后 2 年内，取消企业设立形式限制。允许外国寿险公司在中国设立合资公司，外资股的比重不超过 50%，外方可以自由选择合资伙伴。企业投资方可以自由订立合资条款，只要它们在减让表所做的承诺范围内。

逐步取消地域限制，允许外资保险公司设立分支机构，内设分支机构不再适用首次设立的资格条件。中国在加入 WTO 时，允许外资保险公司设立分支机构的地区为上海、广州、大连、深圳、佛山；中国加入 WTO 后 2 年内增加北京、成都、重庆、福州、苏州、厦门、宁波、武汉和天津等地区；中国加入 WTO 后 3 年内，取消地域限制。

在业务范围方面，中国在加入 WTO 时，允许外国非寿险公司从事无地域限制的“统括保单”和大型商业险保险；允许外国非寿险公司提供境外企业的非寿险服务、在中国外商投资企业的财产险、与之相关的责任险和信用险服务。中国加入 WTO 后 2 年内，外国非寿险公司可向中国和外国客户提供全面的非寿险服务。外国寿险公司可向外国公民和中国公民提供个人（非团体）寿险服务；中国加入 WTO 后 3 年内，允许外国寿险公司向中国公民和外国公民提供健康险、团体险和养老金/年金险服务。中国在加入 WTO 时，允许外国（再）保险公司以分公司、合资公司或独资子公司的形式提供寿险和非寿险的再保险业务，而且没有地域限制或发放营业许可的数量限制。

营业许可的发放不设数量限制，但外资保险机构必须具备以下条件：第一，投资者应为在 WTO 成员中具有超过 30 年经营历史的外国保险公司；第二，必须连续两年在中国设立代表处；第三，在提出申请前一年年底的总资产不低于 50 亿美元。

针对大型商业险的标准为：中国在加入 WTO 时，企业年保费超过 80 万元人民币，而且投资额超过 2 亿元；中国加入 WTO 后 1 年，企业年保费超过 60 万元，而且投资额超过 1.8 亿元；中国加入 WTO 后 2 年，企业年保费超过 40 万元，而且投资额超过 1.5 亿元。

中国承诺，目前中外直接保险公司向中国再保险公司进行 20%分保的比例，在中国加入 WTO 时不变，中国加入 WTO 后 1 年降至 15%，中国加入 WTO 后 2 年降至 10%，中国加入WTO后3年降至5%，中国加入WTO后4年取消比例法定保险。但是，外资保险公司不允许经营机动车辆第三者责任险、公共运输车辆和商业用车司机及承运人责任险等法定保险业务。

保险"统括保单"经纪业务将实行国民待遇，但是外资保险经纪公司的地域范围也应按照外资保险公司地域限制的过渡期逐步放开。关于保险经纪公司的申请资格，除上述30年经营历史和连续两年代表处要求外，对其资产规模要求：中国在加入WTO时，超过5亿美元；中国加入WTO后1年内，超过4亿美元；中国加入WTO后2年内，超过3亿美元；中国加入WTO后4年内，超过2亿美元。

根据加入WTO时的承诺，我国已在2004年底完全开放保险市场。保险服务进出口总额从1997年的12.2亿美元增加至2017年的144.6亿美元，年均增长率大约是12.5%。

第三节　国际运输服务贸易

一、国际运输服务贸易概述

（一）国际运输服务贸易的概念和特点

1. 运输服务贸易的概念

运输服务贸易是指以运输服务为交易对象的贸易活动，即贸易的一方为另一方提供运输服务，以实现货物或人在空间上的位移。

运输服务贸易按照运输的对象，可以分为货物运输服务贸易和旅客运输服务贸易；按贸易主体的性质，可分为国际运输服务贸易和国内运输服务贸易。

无论是货物运输还是旅客运输，国际运输服务均表现为一种合同关系，合同的一方当事人为货物的托运人或乘客，合同的另一方当事人为承运人（船公司、铁路运输公司、航空公司等）。国际运输服务合同规定的基本权利与义务关系是：承运人将乘客或托运人的货物在约定的时间内运抵约定的地点（在货物运输中，承运人还要将货物交付给特定的收货人）；乘客或托运人按约定的方式向承运人支付约定的费用。

2. 运输服务贸易的特点

（1）运输服务贸易派生于货物贸易，货物贸易是运输服务贸易的本源，运输服务贸易是为货物贸易服务的。货物贸易和技术发展到一定程度，便出现了运输服务贸易。

（2）运输服务贸易的提供者不生产有形产品，因而无产品可以贮存，能贮存的只有运输能力。

（3）在运输服务贸易中，中介人或代理人的活动非常活跃，他们对贸易的开展起着很重要的作用。

（二）国际运输服务贸易的主体和客体

国际货物运输服务的主体是运输服务的提供者与消费者。运输服务的提供者通常是拥有运输工具、负责将货物由一国的某一地点运送到目的地的承运人。运输服务的消费者往往是国际货物贸易的买方或卖方，他们需要借助承运人的运输工具，借助承运人的运输服务，将其购买或出售的货物由起运地送到目的地，他们一般被称为托运人。

除了托运人与承运人之外，国际货物运输服务还会涉及从事国际货物运输服务辅助工作的当事人，这些当事人主要包括各种代理人。其中，有作为托运人的代理人办理托运手续的货方代理和作为承运人的代理人接揽运输服务业务或帮助办理承运人委托等其他事务的代理人。除了代理人之外，国际货物运输服务还会涉及运输服务所需的各种基础设施、辅助设施的管理人，如港口、车站、码头、机场、仓库、堆场等设施的所有人与管理人，他们不是国际货物运输服务的提供者，但他们在国际货物运输服务过程中不可缺少。

国际货物运输服务的客体是运输服务，而不是所运输的货物。当事人之间的权利与义务都是围绕运输服务这一客体展开，而不是以货物为对象的。

国际货物运输服务根据运输服务的方式不同，可以分为海上货物运输服务、航空运输服务、公路运输服务、铁路运输服务、管道运输服务和国际多式联运服务等。但在以上各种方式中，海上货物运输服务是最重要的方式，它占整个国际货物运输量的三分之二以上。

（三）国际运输服务贸易的作用

运输服务贸易的产生是与社会生产力的发展相适应的。随着商品生产的不断发展和交换范围的日益扩大，运输服务贸易也得到相应的发展，而运输服务贸易的发展又为国际贸易开拓更广阔的市场提供了可能和便利。因此，运输服务业在国民经济中主要有以下作用：

1. 有利于改善国际收支

下面以海上货物运输服务为例，讨论海上货物运输服务业在我国进出口贸易中对于改善国际收支所发挥的作用。

第一，我国出口在采用离岸价格（FOB）的情况下，运费由外国进口商支付。如果由我国船运公司承运，就能获得一笔外汇收入。

第二，我国出口在采用到岸价格（CIF）的情况下，运费由我国出口商支付。如果由我国船运公司承运，运费就由我国的出口商支付给我国的船运公司，即国内公司间资金的转移。与此同时，我国出口商通过向外国进口商收取 CIF，可将运费收回，这样就相当于获得了一笔外汇运费收入。

第三，我国进口在采用 FOB 的情况下，运费由我国进口商支付。如果由我国船运公司承运，运费也在国内企业之间转移，不发生外汇收入。但是，这样可以节省向外国船运公司支付运费的外汇支出。

第四，我国进口在采用 CIF 的情况下，我国进口商在向外国出口商支付 CIF 时已经包含了外汇运费，再由外国出口商支付给承运人。如果由我国船运公司承运，则支付给外国出口商的外汇运费就重新收回到我国，这是对外汇支出的节省。

2. 国际商品贸易和服务贸易的桥梁及纽带

国际商品贸易中的一切商品都必须通过运输才能从出口所在地移到进口所在地，国际运输是国际商品贸易过程中不可或缺的重要环节之一，也是国际商品贸易的桥梁和纽带。运输环节开展得顺利与否，运输的快速性、安全性、可靠性和运价的高低都会对商品贸易的范围与规模产生重要影响。

（四）中国在谈判加入 WTO 时的承诺

在运输领域，中国在谈判加入 WTO 时的承诺主要有：

（1）海运（包括国际运输中的货运和客运，不包括沿海和内水运输）：设立注册公司，经营悬挂中华人民共和国国旗的船队；允许外国服务提供者在华设立合营船公司，外资比例不应超过合营企业注册资本金的 49%，合营企业的董事会主席和总经理应由中方指定。

（2）内水运输（货运）：允许在对外国船舶开放的港口从事国际运输。

（3）航空运输（航空器的维修）：允许设立合资公司，要求中方控股或处于支配地位。根据经济需求测试情况，有许可证数量的限制。

（4）铁路运输（铁路货运）：允许建立合资企业，外资股权不超过 49%；中国加入 WTO 后 3 年内，允许外资控股；中国加入 WTO 后 6 年内，允许设立外商独资子公司。

（5）公路运输（公路卡车和汽车货运）：中国加入 WTO 后 1 年，允许外资在公路货物运输合资企业控股；中国加入 WTO 后 3 年，允许设立外商独资子公司。

（6）货物运输代理服务（不包括货检服务）：中国在加入 WTO 时，有连续 3 年以上历史的外国货运代理企业可以在华设立中外合营货运代理企业，外资比例不超过 50%；中国加入 WTO 后 1 年，允许外资控股；中国加入 WTO 后 4 年，允许设立外商独资子公司。合资企业的最低注册资本应不少于 100 万美元，合资企业的经营期限不得超过 20 年。

中国对航运、公路运输等方面的承诺已兑现。从 2005 年 1 月 1 日起，中国允许开办外商独资道路货物运输企业。

二、国际海上货物运输

国际海上货物运输是指使用船舶通过海上航道在不同的国家和地区的港口之间运送货物的一种运输方式。

（一）海上货物运输服务贸易的主要业务形式及相关服务

1. 海上货物运输服务贸易的主要业务形式

（1）班轮运输（定期船运输）服务。班轮运输服务是指在某条航线上提供的、按照公布的船期发船并挂靠既定港口的一种规则化的船舶运输服务。这种服务比较适于运输批量小的货物。参与班轮运输服务的船舶主要有集装箱船、滚装船、冷藏船、载驳船、传统杂货船。

（2）不定期船运输服务。不定期船运输服务是通过租船业务（即货主向船舶运输企业租船）来实现的，货主充当承租人的角色。不定期船运输又称租船运输，是一种没有固定航线、没有预定并公布的船期、没有既定挂靠港口的船舶运输服务。在不定期船运输中，船舶的每一次营运都根据货主对装、卸港及发船日期的要求，由船东与货主协商出具体的营运安排，并签订租船合同。

根据不定期船运输的特点，这种服务比较适于运输批量大，一批就能装满一船（即能组织整船运输）的货物。所以，不定期船运输主要服务于大宗散货的运输。大宗散货分为液体散货和干散货。液体散货包括原油及石油制品、化学品、液化气等。干散货是指运输中不需要包装、可直接装于船舶的干货，它们主要是一些初级产品，如铁矿石、煤炭、粮谷、铝矾土、磷灰石、其他农产品、木材、水泥、化肥、原糖、废钢铁等。

2. 租船业务

租船业务包括航次租船、包运、期租船和光租船四种形式。

(1) 航次租船。航次租船是以航次为基础的租船。船东用指定的船舶在指定的港口间用一个或数个航次为承租人运输指定的货物，并负担除货物装卸费以外的一切费用。承租人按货物的实际装运数量及双方商定的费率向船东支付运费。按照约定的航次数来分，航次租船又可分为单航次租船、往返航次租船、连续航次租船。

(2) 包运。根据包运合同，船东在约定的期限内在指定的港口间用数个航次为托运人运输一批总量已定的指定货物。船东有权自行安排任何适当的船舶，至于航次数（或航次周期），一般不做约定。船东负担除装卸费以外的一切费用，托运人按实际装运货物的数量及双方商定的费率支付运费。装运费的规定与航次租船相同。

包运合同这种形式是从连续航次租船发展而来的，但两者又有区别，特别是包运合同不指定船舶，船东可自行选择安排适当的船舶，而且包运合同也不约定具体航次。

(3) 期租船。期租船是以船舶和租期为基础的租船。船东在约定的期限内，将一艘船舶出租给承租人使用。船东与承租人之间签订期租合同，船东在预定的期限内，将一艘船舶出租给承租人使用。承租人自行调度安排所租的船舶，并负担船舶为完成特定航次的运输所发生的费用，即航次费用，包括燃料费、港口及运河费、货物装卸费。然而，船东仍需负责船员的配备、船舶的保险、船舶的维修、船舶油料和物料供应、船员给养的供应，并负担相应的费用，即船舶经营费用。承租人按船舶的吨位、租期和双方约定的租金率支付租金。

(4) 光租船。光租船是一种以船舶和租期为基础的租船，但它不同于期租船。船东与承租人之间签订光租船合同，船东在约定的期限内将指定的一艘光船出租给承租人使用，承租人自行调度安排船舶，负责船员的配备、船舶的保险、船舶的维修、船舶油料和物料的供应、船员给养的供应，并负担航次费用和船舶经营费用。承租人按船舶的吨位、租期及双方商定的租金率向船东支付租金。

光租船的租期较长，一般比期租船长。与期租船相似，光租船的承租人可以用租得的船舶安排不定期运输，也可以安排班轮运输，还可以再出租。

3. 港口服务

港口是船舶货物装卸的场所，是海陆运输工具的衔接点和海运货物的集散地、出入口。港口服务传统上包括两大类：港湾业务和港岸业务。港湾业务包括拖航、加油、给水、给养、引航、维修、系泊、救难、安全检查、卫生检疫及船舶检丈等。港岸业务包括船舶装卸、货物仓储、货物转运等。

4. 海运代理服务

海运代理服务包括货运代理业务、海运经纪业务和船舶代理业务，它是海运服务贸易的重要组成成分。

货运代理业务又称报关业务，是指以收取佣金为报酬，代货主办理货物进出口报关手续，或以自己的名义接受海上货物运输的托运，并将自己承运的货物交由船舶营运人运输的行业。

海运经纪业务是指海运经纪人以中间人的身份代办业务的洽谈、促成交易的一种行业。在海上货物运输中，有关货物的订舱和揽载、托运和承运、船舶的租赁和买卖等业务，虽然常由交易双方直接洽谈，但由海运经纪人作为媒介代办洽谈的做法已成为传统的习惯。

船舶代理业务是指接受船舶经营人或船舶所有人的委托，为他们的在港船舶代办在港的一切业务的行业。通常船舶代理业务公司代办船舶在港应办的各项业务和手续，或代为揽货（即成为船舶代理人）。

（二）海上货物运输的特点

(1) 运输量大。国际货物运输是在全世界范围内进行的商品交换，地理位置和地理条件决定了海上货物运输是国际货物运输的主要手段。国际贸易总运量的75%以上是利用海上运输来完成的，在有些国家的对外贸易运输中，海运占运量的90%以上。其主要原因是船舶向大型化发展，如50万吨～70万吨的巨型油船、16万吨～17万吨的散装船以及集装箱船的大型化，故船舶的载运能力远大于火车、汽车和飞机，是运输能力最大的运输工具。

(2) 通过能力大。海上货物运输利用天然航道四通八达，不像火车、汽车要受轨道和道路的限制，因而其通过能力要超过其他各种运输方式。如果遭遇政治、经济、军事等条件的变化，船长还可随时改变航线驶往有利于装卸的目的港。

(3) 运费低廉。由于船舶的航道天然形成、船舶的运量大、港口设备一般均为政府修建、船舶经久耐用且节省燃料，所以货物的单位运输成本相对低廉。据统计，海运运费一般约为铁路运费的1/5、公路汽车运费的1/10、航空运费的1/30，这就为低值大宗货物的运输提供了有利的竞争条件。

(4) 对货物的适应性强。由于上述特点，使海上货物运输基本上适应各种货物的运输。比如石油井台、火车、机车车辆等超重大货物，借助其他运输方式是无法装运的，而用船舶一般都可以装运。

(5) 运输的速度慢。由于商船的体积大、水流的阻力大，加之装卸时间长等其他各种因素的影响，所以货物的运输速度要比其他运输方式慢。较快的班轮航行速度也仅30海里/小时左右。

(6) 风险较大。由于船舶在海上航行时受自然气候和季节性影响较大，而且海洋环境复杂、气象多变，随时都有遇上狂风、巨浪、雷电、海啸等人力难以抗衡的海洋自然灾害袭击的可能，因而船舶遇险的可能性比陆地、沿海要大。与此同时，海上货物运输还存在着社会风险，如战争、罢工、贸易禁运等因素的影响。为了转嫁损失，针对海上运输的货物，相关人员应重视船舶保险。

（三）现代国际海上货物运输

在19世纪，国际海上货物运输有了很大的发展。1870年，世界上诞生了第一艘蒸汽机船，给古老的海运业注入了新的活力。资本主义国家的早期工业大多沿通航水道设厂，使得当时水运的发展对工业布局有很大的影响。与此同时，由于国际贸易地理条件的限制，加上海运运量大、成本低，因此国际贸易量的三分之一都是通过海上运输的。

20世纪的两次世界大战以及发生的重大海难，加速了科技进步的步伐。其中，对海上运输起到重要作用的科技进步有：从无线通信到人造卫星通信，再发展到全球海难安全系统；船舶的设计制造也在大型化、高速化方面有很大进步，几十万吨的油船、散货船，每小时几十海里航速的快速客船正在世界各地航行。

在第二次世界大战后，世界经济逐步向一体化过渡，工业、农业、原料、加工等在不同国家、不同地区形成了一定程度的专业分工，国际客货交流数量不断增加。其中，海洋运输是国际货物运输的主要方式。在20世纪80年代初，海运量在国际货运总量中约占82%，按货运周转量计算则占94%。海运船舶从1950年的8 500万总吨增加到1973年的3.5亿总吨。

从世界港口的发展历程来看，港口主要伴随着航运的发展而发展。一般将世界港口的发展划分为三个阶段：

第一阶段是在18世纪以前，当时的港口只是从事船舶装卸活动的场所。

第二阶段是从18世纪末至20世纪中叶，港口的功能已扩展到贸易领域和转口功能，即港口不只是为船舶从事装卸活动的场所，而且港口也是贸易活动的领地，为转口贸易提供了便利条件。

第三阶段开始于20世纪50—60年代，伴随着工业技术革命，港口工业迅速兴起，出口加工工业、自由贸易工业不断借助港口优势在港区内建设起来，将港口与城市发展、港口与出口加工工业等有机地结合起来，使得港口成为集疏运中心、贸易中心、金融中心和工业中心为一体的综合性准政府区域。港口采取完全商业化的发展态势，逐渐成为国际贸易的运输中心与物流平台，其主要业务范围从货物装卸、仓储和船舶停泊服务到货物的加工、换装以及与船舶有关的工商业服务，而后扩大到货物从码头到港口后方陆域的配送一体化服务。港口逐步成为统一的、集运输与贸易一体化的经济共同体。

（四）海上货物运输的作用

1. 海上货物运输是国际贸易运输的主要方式

虽然海上货物运输存在速度较低、风险较大的不足，但由于它的通过能力大、运量大、运费低以及对货物适应性强等长处，加上全球特有的地理条件，使它成为国际贸易中最主要的运输方式。我国进出口货运总量的80%～90%是通过海上运输进行的。由于集装箱运输的兴起和发展，不仅使货物运输向集合化、合理化方向发展，而且节省了货物包装用料和运杂费，减少了货损货差，保证了运输质量，缩短了运输时间，从而降低了运输成本。

2. 海上货物运输是国家节省外汇支付、增加外汇收入的重要渠道之一

在我国，运费支出一般占外贸进出口总额的10%左右，大宗货物的运费占的比重更大。在国际贸易中，若能充分利用国际贸易优势，争取我方多派船，不但可以节省外汇的支付，而且还可以争取更多的外汇收入。特别是把我国的运力投入到国际航运市场，积极开展第三国的运输，可以为国家创造外汇收入。目前，世界各国，特别是沿海的发展中国家都十分重视建立自己的远洋船队，注重发展海上货物运输。对于一些航运发达国家来说，外汇运费收入已成为这些国家国民经济的重要支柱。

3. *发展海上运输业有利于改善国家的产业结构和国际贸易出口产品的结构*

海上货物运输是依靠航海活动实践来实现的，航海活动的基础是造船业、航海技术和掌握技术的海员。造船业是一个综合性的产业，它的发展又可带动钢铁工业、船舶设备工业、电子仪器仪表工业的发展，进而促进整个国家产业结构的改善。我国由原来的船舶进口国，近几年逐渐变成了船舶出口国，而且正在迈向船舶出口大国的行列。由于我国航海技术的不断发展，船员外派劳务已引起了世界各国的重视。随着海上运输业的发展，我国的远洋运输船队已稳居世界前三，这为今后发展大规模的拆船业提供了条件，不仅为我国钢铁厂的冶炼提供了廉价的原料，可以节约能源和进口矿石的消耗，而且可以出口外销废钢。由此可见，随着海上运输业的发展，不仅能改善国家的产业结构，而且会改善国际贸易中的产品结构。

4. *海上远洋运输船队是国防的重要后备力量*

海上远洋运输船队历来在战时都被用作后勤运输工具。美、英等国把商船队称为“除陆、海、空之外的第四军种”，苏联的商船队也曾被西方国家称为“影子舰队”，由此可见它对战争的胜负所起的作用。正因为海上运输占有如此重要的地位，世界各国都很重视海上航运事业，一般是通过立法加以保护、从资金上加以扶植和补助、在货载方面给予优惠。

三、国际航空服务贸易

国际航空服务贸易是指在不同国家之间的空运服务贸易，即一方为另一方提供航空运输及其相关服务，其范围包括国际航空运输与空运辅助服务，一般是各国根据双边航空协议的约定，由各方指定的航空公司执行。对于国内航空服务贸易，因其涉及“国内载运权”问题，一般各国都严格禁止外国公司和国民的介入。航空运输作为一种服务产品，自 WTO 成立才开始纳入多边贸易体制中。探讨国际航空运输的发展历程及今后的发展趋势，有利于我们了解世界航空服务市场的竞争状况，促进中国航空服务贸易的发展。

（一）国际航空服务贸易的发展历程

（1）萌芽阶段，18 世纪 80 年代—20 世纪初。最初，飞机是用于邮件运送，后来发展为载运旅客和货物，但仅限于特定的短程航线，而且每次载重量仅为一二百公斤。1783 年 6 月 5 日，在巴黎凡尔赛宫前面的大广场，法国蒙戈尔、费埃兄弟俩当众演示用热空气充入球形气囊并使气囊飞上高空，这是人类历史上有正式记载的世界航空货运的开始。1903 年 12 月 17 日，美国莱特兄弟制造的以内燃机为动力的飞机试飞成功，这是人类历史上第一架能够载人载货的飞机。此后，世界航空货运也随之飞速发展。1909 年，法国最先创办了商业航空运输，接着德国、英国、美国等相继兴办了这种运输方式。仅在 1918 年，全世界就制造了总共 3 500 架飞机和 52 000 台飞机发动机，随着飞机性能的不断改进，航空技术持续快速革新。

（2）发展阶段，20 世纪 20—60 年代。民用航空飞机制造业始于 1920 年，当时德国的航空技术处于领先地位。在第一次世界大战结束后，不再用于战争破坏的飞机很快被人们用于递送邮件，并且迅速发展为经营收入可观的航空货运业。1919—1939 年世界各地的航空邮件快递公司的收入超过邮电总收入的一半，同时军用飞机的制造和应用也很快发展起来。在第二次世界大战结束后，有很多军用运输机转入民用运输。西方国家都大力发展航空工业、改进航空技术、增添航空设备、开辟国际航线，从而形成了全球性的航空运输网，使航空货运业脱离了过去传统的运输模式，并演变成一种更具使用价值的运输方式。此后，航空货运作为国际贸易运输方式之一逐渐发展起来。20 世纪 60 年代海上货运的高增长率诱使许多航空公司开辟了全货运航线，并以此加入了货运市场的竞争，此举使航空货运逐渐成为一种独立的业务。20 世纪 70 年代大型宽体货机的问世，标志着航空货运完全结束了从属于客运的地位。

(3) 成熟阶段，20 世纪 90 年代至今是航空货运业由发展走向成熟的过渡阶段。在国际贸易中适于航空运输的货物大量增加，促进了航空货运量的高速增长。反过来，航空事业的发展又为航空货物运输提供了很多便利条件。进入 21 世纪，全球各大航空公司纷纷把货运业务分拆成独立运作的货运航空公司，同时提供其他配套、增值服务，将航空物流塑造成利润中心。其中，较成功的包括汉莎货运航空、新加坡货运航空、英航货运和日本货运航空等。自此，航空货物运输已成为国际货运，特别是洲际货运的重要方式，以及现代物流管理者实现管理目标的主要手段。

(二) 航空服务贸易的运输方式

航空运输方式主要有班机运输、包机运输、集中托运和急件专递。

(1) 班机运输是指有固定的开航时间、航线和停靠航站的飞机。班机运输通常使用客货混合型飞机，由于货仓的容量较小，故运价较贵，但由于航期固定，因而有利于客户安排鲜活商品或急需商品的运送。班机运输能够安全、迅速并准确到达世界上各个通航地点，使收、发货人能掌握货物起运和到达的时间与地点。

(2) 包机运输是指航空公司按照约定的条件和费率，将整架飞机租给一个或若干个包机人（包机人是指发货人或航空货运代理公司），从一个或几个航空站装运货物至指定目的地。包机运输适于大宗货物运输，其费率低于班机，但运送时间比班机要长。包机运输包括整架包机和部分包机两种。

整架包机是指航空公司或包机代理公司按照与租机人事先约定的条件和运价，将整架飞机包租给包机人，从一个或几个航空站装运货物至指定目的地的运输方式。部分包机是指由几家航空货运代理公司或发货人联合包租一架飞机，或者是由包机公司将一架飞机的仓位分租给几家货运代理公司。部分包机适用于不足整机的货物运输，其运费较班机运输低，而且运送时间一般比班机运输长。

(3) 集中托运可以采用班机运输或包机运输方式，是指航空货运代理公司将若干批单独发运的货物集中成一批向航空公司办理托运，填写一份总运单送至同一目的地，然后由其委托当地的代理人负责分发给各个实际收货人。这种托运方式可以降低运费，是航空货运代理的主要业务之一。

(4) 急件专递是目前航空运输中最快捷的方式，它由专门经营此项业务的部门和航空公司合作，设专人以最快的速度在发货人、机场和收货人之间运输及交接货物。该项业务是在国际上两个航空货运代理公司之间通过航空公司进行的。

（三）国际航空服务贸易的发展趋势

1. 航空运输联盟化趋势加强

国际航空运输市场的进入和退出要受到政府间双边协定的严格限制，大多数国家出于本国整体利益的考虑，一向对第三、第四自由权以外的外航运输权持排斥态度，并且还干预本国航空公司的股权结构，硬性规定外资所占的份额比例。航空业仍是一个受到严格管制的产业，航空公司之间的竞争是在特定的市场环境和产业组织结构中进行，呈现出网络化的竞争态势。在这种情况下，为了成功地进入对方航空市场，很多国家的航空公司开始寻求新的合作形式，如营销合作、候机楼共用、联程订座、航班代码共享等，并初步形成了联盟化趋势。航空公司联盟化既是航空公司之间合作关系发展的新形式，也是推行放松管制政策、促进企业竞争的直接后果和航空运输全球化的必然要求。航空业战略联盟的形式多种多样，从选择航线的代码共享到一体化航空公司的网络化服务体系等。

世界航空公司联盟经历了探索阶段（1985—1988 年）、发展阶段（1989—1995 年）和成型阶段（1996 年至今），最初主要由欧洲和北美的航空公司发起。在 1990 年以后，亚太地区的航空公司也加入进来，现已进一步扩展到拉丁美洲、加勒比地区和非洲，但从目前航空联盟的航空网络来看，亚洲特别是东北亚和中国参加的航空联盟较少，今后有待继续发展。

2. 航空运输自由化趋势

航空运输自由化主要是指改革航空运输的管理体制和方法，从政府对航空运输企业（国际和国内）的航空运输经营活动进行全面管理到更多地依靠市场力量予以调节，给予航空运输企业更多的经营空间和灵活性。它主要包括两方面的内容：一是国内航空运输的自由化，即基本取消经济性管制（放松管制），对于本国从事航空运输的企业，按市场化原则对市场准入、价格、航线资源配置等方面进行管理，航空运输企业的经营活动基本不受人为限制。二是国际航空运输的自由化，它又可以分为三个层次，即双边自由化、地区或次地区的自由化和全球范围内的自由化。

在 20 世纪 70 年代，以美国为代表的航空发达国家开始对该产业实行放松管制和自由化的政策，它们的国内航空运输发生了许多积极的变化，并给国际航空市场带来了一定的影响。

航空发达国家（尤其是美国）对外推行自由化政策，并提出了“天空开放”的主张，要求在双边或多边航空协定中互相开放对方市场，允许企业自由进入。目前，航空运输自由化的趋势十分明显。

第四节 国际旅游服务贸易

一、国际旅游服务贸易概述

（一）国际旅游服务贸易的概念

国际旅游服务贸易是指旅游服务在国家之间的有偿流动和交换过程，即国家之间相互为旅游者进行国际旅游活动所提供的各种旅游服务的交易过程。

自20世纪以来，尽管国际旅游迅速发展，并受到各国政府的高度重视和大力推进，但从服务贸易角度研究国际旅游的理论和政策却十分薄弱，因此我们必须从服务贸易角度充分认识和理解国际旅游服务贸易的概念和内涵。

1. 国际旅游服务贸易是国家间的旅游服务交换活动

国际旅游是指人们为了特定目的而离开居住国，前往其他国家并做短暂停留（不超过一年）的旅游活动，其主要目的不是为了从访问地获得经济收益。通常说来，国际旅游不仅包括本国居民到其他国家的出境旅游，也包括其他国家居民到本国的入境旅游。

2. 国际旅游服务贸易包括旅游服务的出口和进口

国际旅游服务贸易既然是现代服务贸易的组成内容，必然也包括旅游服务的出口和进口。根据联合国世界旅游组织对旅游的定义，国际旅游一般包括出境旅游和入境旅游两个方面，因此国际旅游服务贸易也包括旅游服务出口和进口两部分。

3. 国际旅游服务贸易遵循国际规则和国际惯例

由于国际旅游服务是一种综合性服务，涉及大量对旅游者提供的直接服务和相关服务，因此国际旅游服务贸易基本涵盖了《服务贸易总协定》所定义的四种服务贸易形式。它不仅包括直接向旅游者提供的境外服务，而且包括以跨境交付、境外消费、商业存在和自然人流动的形式提供的各种旅游服务，使国际旅游服务贸易的范围广泛且内容复杂。

(二) 国际旅游服务贸易的基本特征

为了加深对国际旅游服务贸易的理解，我们必须了解国际旅游服务贸易的基本特征。根据国际服务贸易和国际旅游服务贸易的概念，结合国际旅游发展的实际，国际旅游服务贸易的基本特征主要表现为以下几方面。

1. 国际旅游服务贸易的生产与消费同时发生

与商品的生产不同，国际旅游服务具有不可存储性，不能先生产、再销售，因此国际旅游服务的产品和服务生产者是不能分离的。由于国际旅游服务产品的这个特点，因而国际旅游服务的消费者在大多数情况下需要直接到东道国消费。因此，国内旅游服务市场的对外开放也就包括了对境外消费方面的政策平等，如不得限定外国消费者必须在“涉外场所”消费、不得对国内外消费者实行两种价格。

2. 国际旅游服务贸易的国际性

与国内旅游相比，国际旅游的最大特点是旅游活动的跨国性。也就是说，不论是出境旅游还是入境旅游，其本质都必须是跨越国界的，否则就不能称为国际旅游。

由于国际旅游的跨国性特点，决定了国际旅游服务贸易必然是国家之间相互提供的一种旅游服务，它不仅要求为国际旅游者提供食、住、行、游、购、娱等方面的旅游服务，而且还必须提供相关的国际旅行手续方面的服务，如护照与签证、出入境手续、卫生检疫、货币兑换等。因此，国际旅游服务不同于一般的国内旅游服务，具有内容丰富、手续复杂、程序较多等国际性特点。

3. 国际旅游服务贸易的不确定性

国际旅游服务贸易对于交易双方来说，既存在许多利益上的一致性，又不排除双方之间存在利益冲突的可能性，从而要求国际旅游服务贸易的双方（即旅游服务的消费者和提供者）必须相互信任和友好接触，以保证国际旅游服务贸易的顺利实现。

但是，由于在国际旅游服务贸易中存在着旅游需求的变化性和旅游供给的相对固定性，导致交易双方所处地位的不平等，即旅游消费者通常是按照自身的消费偏好主动选择旅游服务提供者，而旅游服务提供者则是被动地向旅游消费者提供服务，从而使国际旅游服务贸易存在明显的不确定性，要求旅游服务人员必须努力提高旅游服务的质量和水平，并主动针对不同的旅游消费需求及变化，始终保持将优质的“服务产品”提供给旅游消费者。

4. 国际旅游服务贸易的高效益性

由于国际旅游与国内旅游相比，通常出游距离较远，在旅游目的地停留的时间较长，加上要办理各种国际旅行手续，其用于旅游活动的交通、住宿、餐饮等消费支出一般要比国内旅游高得多。因此，对于提供旅游服务出口的国家来讲，积极发展国际入境旅游，用以吸引大量的国际旅游者，不仅能增加大量的外汇收入、获得更多的旅游经济效益，而且通过向国际旅游者提供旅游服务出口，还能促进国内劳动力就业，带动相关产业的发展，从而带来良好的社会经济效益。

5. 国际旅游服务贸易的财富转移性

通常说来，在不考虑旅游对其他产业带动效应的情况下，国内旅游消费对一个国家而言，一般并不增加它的经济总量，只是促使国内财富的再分配。但是，对于国际旅游来说，两者存在着根本的不同。从旅游接待国方面看，入境国际旅游者的消费支出构成外来经济的“注入”，从而必然促进旅游接待国的经济总量增长；从旅游客源国方面看，出境国际旅游者的消费支出会引起旅游客源国经济的“漏出”，从而引起旅游客源国经济总量的减少。因此，国际旅游服务贸易必然造成国家之间的财富转移。

二、国际旅游服务贸易的形式和壁垒

（一）国际旅游服务贸易的形式

目前，WTO 的《服务贸易总协定》定义了四种服务贸易形式，因此下面也以四种形式为基础来划分国际旅游服务贸易的形式和内容。

1. 跨境交付

跨境交付是指从某一缔约方境内向其他缔约方境内的消费者提供服务，是典型的跨国界服务贸易，其特点是服务提供者和消费者分别处于不同的国家，充分反映了国际贸易的一般特征。

从国际旅游服务贸易看，跨境交付贸易主要通过国际电信、计算机网络等方式，为境外旅游者提供各种旅游信息、旅游咨询、远程预订服务和部分旅行社服务等。随着现代通信技术、计算机技术和互联网的迅速发展，以跨境交付形式实现的国际旅游服务贸易的内容日益丰富、领域更加广泛、交易数量不断扩大，必将成为国际旅游服务贸易的重要形式之一。

2. 境外消费

境外消费是指在某一缔约方境内向其他缔约方的消费者提供服务，其特点是消费者跨国移动而服务提供者不移动，如交通运输服务、旅游服务、金融汇兑服务、医疗服务等，这也是服务贸易的基本方式和重要内容。

从国际旅游服务贸易看，境外消费是国际旅游服务贸易的主要形式之一，因为大多数国际旅游活动都是消费者在境外的旅游活动，因此为外国消费者提供各种旅游服务就成为国际旅游服务贸易的主要内容，它包括旅游交通服务、住宿餐饮服务、观光游览服务、娱乐休闲服务、旅游购物服务等多方面的内容。随着国际旅游的进一步发展，以境外消费为主的国际旅游服务贸易将不断扩大和发展。

3. 商业存在

商业存在是指某一缔约方在其他缔约方境内通过商业存在而提供服务，即服务提供者通过在外国建立商业机构为消费者服务，其特点是服务提供者跨国移动而消费者一般不移动。由于这种服务贸易往往与对外直接投资联系在一起，一般规模大、范围广、发展潜力大，因此是国际服务贸易中最敏感、最活跃、最主要的形式。

从国际旅游服务贸易看，外国投资者到一国建立旅游饭店、旅行社、航空公司，甚至通过开发旅游景区、景点等直接提供旅游服务，或者通过设立银行、保险公司、律师事务所等间接提供旅游服务都属于这类国际旅游服务贸易的内容。随着经济全球化和区域经济一体化的发展，以商业存在为基础的国际旅游服务贸易将得到进一步发展。

4. 自然人流动

自然人流动是指某一缔约方的自然人在其他缔约方境内向消费者提供服务，一般规模较小、时间有限，其特点是服务提供者和服务消费者均可能跨国移动。

从国际旅游服务贸易看，自然人流动主要表现为外国的技术人员、管理人员到一国内提供有关的旅游服务和管理。例如，国外从事旅游规划开发、旅游饭店管理、旅行社经营和导游的服务人员，到一国的有关旅游机构向旅游者或其他消费者提供旅游服务等。目前，自然人流动仅限于技术和管理人员方面。由于自然人流动实质上是生产要素流动的主要内容之一，因此随着世界贸易组织各成员之间的谈判，发展中国家积极要求把各种旅游服务人员的流动也纳入服务贸易框架之中。

（二）国际旅游服务贸易的壁垒

国际旅游服务贸易的壁垒主要包括移民和安全管制、证明文件的要求以及对个人旅游或旅游企业货币流通的任何限制。此外，适用于旅游部门的特别规定（如保护消费者、承担财务责任、发展地方经济和国内旅游业的目标）、缺乏法规透明度或拒绝国民待遇也可能成为国际旅游服务贸易的一般障碍。

世界旅游组织认为，一国必须具备足够的公共设施（机场建设、港口建设、道路、通信、供水、供电和污水处理），才能支持消费者在国内和国际的旅游活动。在旅游设施方面，应充分考虑住宿和饮食以及运输问题。然而，在这些方面的法规限制也会导致国际旅游服务贸易的壁垒。例如，许多发展中国家的旅游景点与旅客的距离十分遥远，同时由于交通运输的不发达或者费用非常高，自然影响了旅游服务的发展。很多国家都存在一定的贸易壁垒，而美国最为明显。

1. 对旅行社和旅游经营者（旅游服务商）的限制

满足下列条件的外国服务提供者可以自加入时起以合资旅行社和旅游经营者的形式在中国政府指定的旅游度假区和北京、上海、广州及西安提供服务。

（1）旅行社和旅游经营者主要从事旅游业务。

（2）全球年收入超过 4 000 万美元。在加入后 6 年内，将取消对合资旅行社和旅游经营者设立分支机构的限制，并且对于外资旅行社和旅游经营者的注册资本要求将与国内旅行社和旅游经营者的要求相同。

2. 对旅游者出境的限制

许多国家对出境公民办理各种手续收取税费，有时为特意提高出境旅游壁垒还会提高手续的税费金额。例如，在亚洲金融危机后，印度尼西亚和马来西亚都曾提高出境机场费，马来西亚还曾提高出境旅游者的护照办证费。许多国家都对出境携带外汇做出了限制，主要是考虑外汇收支平衡。

3. 对外籍雇员的限制

对外籍雇员的限制主要是指专业证书限制，它是就业许可限制的特殊形式。对于打算在旅游企业就业的境外人士，要求他们持有与本国劳动力不同的某种较高级别的专业证书，无疑将会形成不平等。然而，即使要求的专业证书与本国人士相同，也可能因为语言文化的差异，同样构成劳动力跨国移动的壁垒。

此外，还有对观光旅游导游及服务生的国籍限制，如日本和加拿大。

三、世界旅游服务贸易的发展——世界旅游日

随着世界经济的发展和人们生活水平的提高，旅游已成为人们休闲度假的主要选择方式之一。旅游业的发展不仅给许多国家提供了大量的就业机会，而且带来了丰厚的外汇收入，各国政府越来越重视发展旅游业。

1979 年 9 月，世界旅游组织第三次代表大会正式将 9 月 27 日定为世界旅游日（World Tourism Day）。选定这一天为世界旅游日，主要是因为世界旅游组织的前身“国际官方旅游联盟”于 1970 年的这一天在墨西哥城的特别代表大会上通过了世界旅游组织的章程。此外，这一天恰好是北半球的旅游高峰刚过去，而南半球的旅游旺季刚到来的交接时间。

中国于 1983 年正式成为世界旅游组织的成员。自 1985 年起，中国每年都确定一个省、自治区或直辖市作为世界旅游日庆祝活动的主会场。为了阐明旅游的作用和意义、加深世界各国人民对旅游的认识和理解、促进旅游业的发展，世界旅游组织从 1980 年起每年都为世界旅游日确定一个主题，各国旅游组织根据该主题和要求开展一系列庆祝活动。

从 2015 年开始，到目前为止，历年世界旅游日的主题口号有：

2015 年：“十亿名游客，十亿个机会。”该主题口号旨在强调旅游业对提供就业机会、促进社会经济发展的作用。旅游业能够创造就业机会，促进多种文化之间的了解，国际社会应共同努力，最大限度地发挥旅游业推动包容性经济增长的巨大潜力，保护环境，促进可持续发展，帮助所有人都过上有尊严的生活。

2016 年：“人人旅游——促进全面无障碍旅游。”

2017 年：“可持续旅游：推动发展的力量。”联合国把 2017 年确定为国际可持续发展旅游年，这个主题年活动的重点并不仅仅在于提高旅游者流量或消费的增长，也不仅仅是促进经济的发展，而是要提高可持续旅游对人类全面发展促进意义的认识。联合国在促进

发展方面提出了经济、社会和环境三个效应。旅游在这三个方面的平衡是对可持续旅游的基本要求，是需要努力才能达到的最高目标。这个目标所追求的是旅游发展的综合效应，而不是单一效应，更不是单一的经济效应。

2018 年："旅游与数字化转型。"该主题口号旨在通过大数据、AI 和数字化平台，为旅游业提供更好的发展。

四、中国在加入 WTO 时的承诺及入世后的影响

(一) 中国在加入 WTO 时的承诺

中国在加入 WTO 时，对旅游市场开放方面的承诺主要有以下几项。

1. 饭店（包括公寓楼）和餐馆

(1) 外国服务提供者可以通过合营企业形式在中国建设、改造和经营饭店及餐馆设施，允许外资拥有多数股权。中国在加入 WTO 后 4 年内，取消限制，允许设立全资子公司。

(2) 在自然人流动方面，允许外方经理、专业人员（包括厨师和高级行政管理人员）在与中国境内合资饭店及餐馆签订合同后，到中国提供服务。

2. 旅行社和旅游经营者

满足以下条件的外国服务提供者可以自加入时起以合资旅行社和旅游经营者的形式在中国政府指定的旅游度假区以及北京、上海、广州及西安提供服务。

(1) 旅行社和旅游经营者主要从事旅游业务。每年全球收入超过 4 000 万美元，合资旅行社和旅游经营者的注册资本应不少于 400 万元人民币。中国在加入 WTO 后 3 年内，注册资本应不少于 250 万元人民币，允许外资拥有多数股权。中国在加入 WTO 后 6 年内，允许设立外商独资子公司，取消地域限制；取消对合资旅行社和旅游经营者设立分支机构的限制，对外资旅行社和旅游经营者的注册资本要求与国内旅行社和旅游经营者相同。

(2) 旅行社和旅游经营者的业务范围如下：①向外国旅游者提供可由在华交通和饭店经营者直接完成的旅行和饭店住宿服务；②向国内旅游者提供可由在华交通和饭店经营者直接完成的旅行和饭店住宿服务；③在中国境内为中外旅游者提供导游；④在中国境内提供旅行支票兑现业务；⑤合资或独资旅行社和旅游经营者不允许经营中国公民出境及赴中国香港、中国澳门和中国台湾的旅游业务。

(二) 加入 WTO 对中国旅游服务贸易的影响

1. 积极的影响

(1) 入境游和出境游市场活跃。2017 年中国出境游 1.29 亿人次，连续多年成为世界第一大出境旅游客源国、全球第四大入境旅游接待国。在入境游方面，2018 年预计超过 1.42 亿人次，比 1978 年增长近 200 倍，每年平均增加 455 万人次。中国国际入境旅游人数居世界的位次大幅提升，由 1995 年的第 7 位上升为 2007 年的第 4 位，近十年来一直稳居世界第 3 位或第 4 位，预计将于 2030 年超过法国成为入境外国游客最多的国家。

与此同时，中国的国际旅游外汇收入增长迅猛，由 1978 年的 2.6 亿美元增至 2017 年

的1 234.2亿美元，增长了约474倍，年均增加31.6亿美元；占世界国际旅游收入总额的比重，由1995年的1.8%提高到2017年的9%，提高了7.2个百分点。中国的国际旅游收入居世界的位次由1995年的第14位提升到2017年的第4位。

随着我国经济的快速发展、国民收入水平的不断提高、消费结构的逐步升级以及出境旅游人数的逐年增多，中国的国际旅游支出快速攀升。1995年，我国的出境旅游人数只有452万人次，到2017年已达到1.29亿人次，比1995年增长27倍，每年平均增加566万人次。

我国出境旅游人数居世界的位次大幅提升，由1995年的第17位升至2017年的第1位。与此同时，我国的国际旅游外汇支出增长迅猛，由1995年的37亿美元增至2017年的2 577亿美元，增长了68倍，年均增加115亿美元；比重由1995年的0.8%提高到2017年的19.2%；占世界国际旅游支出总额的比例提高了18.4个百分点。

中国的主要旅游客源国或地区都是世界贸易组织成员，而中国在加入WTO后与它们的联系更加紧密，因此将有更多的国际企业来华投资（500强中有400多家），故商务旅游将大幅升温。调查显示，中国受访者希望前往的旅游目的地包括美国、澳大利亚、中国香港、日本和法国。

中国在加入WTO后，外国旅行社不仅可以而且它们也愿意来华开展业务，因为中国的政治稳定、经济繁荣，又承办了2008年北京奥运会以及2010年上海世博会。此外，WTO的《服务贸易总协定》签署国公民在中国享有同等待遇，不受歧视，将使那些希望到我国旅游的旅游者早日实施其旅游行为。这样，商务客人和观光客人都会增加。

目前，虽然我国居民可以出境游的国家有限，但随着居民收入的增加，近距离、短程出境游将十分活跃，同时双向的国际旅游服务贸易将进一步加强。

(2) 旅游投资市场“东热西暖”。截至2006年，我国旅游业利用外资已达930亿美元，主要投资在饭店、度假区和景观建设。国际投资的特点是投向回报率高、风险低、市场准入低的地区，对于以上要求，我国基本具备，所以我国是国际投资的重点关注地区。就旅游业而言，外资主要投向旅行社和景区建设。从投资的地区来看，由于东部地区的环境好，因而仍是热点。但是，对东部地区的投资已相对饱和，而中西部地区仍需大量的建设资金。目前，我国的旅游资源主要集中在中西部地区，如四川、云南、陕西、内蒙古等地，这些丰富的自然资源和人文观光资源是当地重要的优势之一。开发旅游资源，因地制宜地发展特色经济，可以带动当地相关产业的发展，提供大量的就业机会，使当地居民脱贫致富。

布达拉宫每年的维护资金需要1亿元以上。再如敦煌莫高窟，1987年它被列入世界文化遗产名录，但现在受到两方面的影响，需要加大力度保护。第一，西北风沙大，干旱、恶劣的环境不利于保护；第二，游客影响大，由于空间小、不通风，因而壁画褪色、变色。因此，有专家说，若不保护，千年的壁画将毁在观光客的手里。

1999年敦煌莫高窟的旅游人数突破20万人次，20年后，2018年的旅游人数突破200万人次。在“五一”“十一”长假和客流高峰期，约为18 000人次/天。目前，敦煌莫高窟拥有一支60多人的科研与保护队伍，并与美国、日本等国外组织开展技术交流和合作。

(3) 对旅游业的开放也有利于发展我国的旅游产品。旅游产品是我国旅游创汇的重要组成部分，也是旅游服务项目中创汇比重最高的项目，而且弹性较大。提高旅游产品的创汇水平，对我国发展旅游经济具有重大的意义。我国旅游产品的创汇比重多年来一直在25%左右徘徊，远低于中国香港的50%、泰国的40%和新加坡的65%。我国在加入WTO后，开放程度进一步加大，此时提供更多的旅游产品和旅游接待信息、提升旅游企业的管理和经营水平，对于促进我国旅游产品的生产和出口、提高旅游产品的吸引力和创汇水平都是非常重要的。

（4）旅游乘数效应明显。乘数效应是指一笔投资不仅能增加本部门（如旅游业）的收入，而且会在整个国民经济中引起连锁反应，最终会带来数倍于这笔投资的国民收入增加量。

随着中国服务业的全方位开放和国际贸易的增加，旅游投资的乘数效应更加明显。例如，一个外资旅游项目的建设可带动金融、运输、建筑等多个行业的效益增加。

从总体上说，旅游消费具有7～11倍的乘数效应，对经济的带动作用十分强大，因此旅游业的蓬勃发展也为相关产业（比如餐饮业、宾馆业、交通运输业等）注入了源源不断的活力。2017年，我国的旅游收入为5.4万亿元，同比增长15.1%，而社会消费品零售总额达36.6万亿元，同比增长10.2%。其中，旅游业发挥的作用不容小觑，它已成为拉动内需的一支“生力军”。

2. 消极的影响

（1）旅游企业面临挑战。随着市场准入条件的降低，越来越多的旅游企业集团进入中国，这给我国的饭店和旅行社带来了压力。这些跨国集团的实力雄厚、经验丰富，有较完备的计算机预订网络系统，它们把客源输入到指定的饭店或以外国饭店为依托的连锁饭店，从而对未加入饭店集团的独立饭店和大批的中低档饭店造成了较大压力。

（2）旅行社。在中国加入WTO前，旅行社特别是国际旅行社是受国家政策保护且利润较高的行业，外资较少介入，其目的主要是保护国内市场、提高本国厂商的竞争力。所以，旅行社的对外开放是一个逐步深化的过程：先在国家旅游度假区和北京、上海、西安、广州开放。在入世后3年，外资可以拥有多数股权；在入世后6年，允许外资投资。在外资逐渐进入中国旅游市场后，国内经营不善的旅行社将面临破产、兼并的命运。

本章小结

本章第一节介绍了传统服务贸易中的金融服务贸易。金融服务贸易的发展使得服务部门的组织形式、金融服务业的市场结构等都发生了变化。在此基础上，为了保证国家经济安全、主权完整，各国在金融服务领域设置了不同程度的贸易壁垒，阻碍国际金融服务贸易的自由化。随后，本书介绍了国际金融服务贸易壁垒的主要内容，即市场准入壁垒和业务经营限制。

第二节以国际保险服务贸易的业务结构和发展状况作为切入点，介绍了国际保险服务贸易的发展。

第三节主要介绍了海上货物运输服务贸易和国际航空服务贸易，分别介绍了海上运输服务贸易的主要业务形式和航空服务贸易的运输方式。

第四节主要介绍了国际旅游服务贸易的基本特征和主要形式，并进一步介绍了国际旅游服务贸易的贸易壁垒和中国在加入世界贸易组织时的承诺。最后，本节综合分析了入世对我国国际旅游服务贸易的积极影响和消极影响。

课后思考题

1. 国际金融服务贸易的发展呈现出哪些特点？
2. 国际金融服务贸易壁垒形成的原因包括哪些？
3. 中国政府在国际金融服务贸易领域的承诺主要包括哪些？
4. 国际保险服务贸易的业务分为哪几个部分？
5. 国际运输服务贸易的作用包括哪些？
6. 加入世界贸易组织对我国国际旅游服务贸易的影响有哪些？

第六章 新兴的国际服务贸易

学习目标

1. 熟知新兴的服务贸易的形式与特点
2. 掌握知识产权服务贸易的定义
3. 掌握电信、计算机和信息服务贸易的特点
4. 了解当代国际服务贸易服务外包的发展与挑战

引　子

自进入21世纪以来，全世界的技术革新日新月异，在技术创新和信息化的条件下，服务贸易也在创新中不断发展。印度有一个城市叫作班加罗尔，又称“亚洲硅谷”，这里拥有全印度35%的IT人才，为美国的微软、惠普、3M、Infosys等高科技公司提供软件外包服务，他们将这些公司的软件创意在世界的另一端实现。仅在1997年，外国在班加罗尔科技园计算机方面的投资就达15亿法郎。近年来，这些软件外包服务公司的产值已达到印度GDP的6%，并且仍有继续上行的空间。印度的软件外包服务在国际上也具有明显的比较优势。在我国，国内软件外包企业的数量也在迅速增加。2008年，国内软件园的总数超过200家，而且数量还在不断上升。在技术进步的条件下，信息科技、软件技术、知识产权也成为服务贸易的内容，并且在各国都得到不断的发展。各国抓住了科技革命这一契机，大力发展新兴的服务贸易。

本章主要介绍新兴的服务贸易的形式和发展。

第一节 服务离岸外包

服务外包在现代服务贸易中的角色越来越重要，许多企业将自身的一些机构从本国剥离出去，以便降低企业成本、转移企业风险、提升核心竞争力，进而实现自己的商业目标。

一、服务离岸外包概述

外包的字面意思为外源化。资源外包通常是指组织把自己做不好、做不了的事情交给专业机构去完成，以达到降低成本的目的。服务外包又称业务外包、事务外包。离岸外包是指外包商与其供应商来自不同国家，即外包工作是由多国完成的。在世界经济全球化的潮流中，通过国际合作，有效利用各国或地区的劳动力成本差异，是企业降低生产成本、增强综合竞争力的有效途径。同样，软件领域中的国际软件外包已形成了软件离岸外包的概念。

离岸外包是企业充分利用国外资源和企业外部资源进行产业转移的一种形式，主要是指跨国公司利用发展中国家的低成本优势将生产和服务外包到发展中国家。与外国直接投资相比，由于离岸外包具有降低成本、强化核心能力、扩大经济规模等作用，因此越来越多的跨国公司将离岸外包作为国际化的重要战略选择。离岸外包兴起于制造业，但进入21世纪后，由于发展中国家的技术、人力资源等要素水平不断提高，而且保持了低成本优势，所以大量的服务业离岸外包业务从发达国家转向发展中国家。因此，承接新一轮跨国公司的服务业外包成为许多发展中国家利用外资、实现经济增长的新途径。新一轮跨国公司的服务业外包无疑为中国服务业的发展和有效利用外资提供了新的发展机遇及广阔的市场空间。

二、服务离岸外包的国际竞争

服务离岸外包带来的效益非常明显：

首先，能够大幅降低成本，一半以上的网络运营商进行离岸外包的初衷就是削减成本——采取了离岸外包战略的企业，预计可节省20%～30%的成本开支以及其他额外开支。这些开支主要包括劳动力开支、招聘费用、国家保险费用和房地产等。仅劳动力开支这一项，印度员工的薪酬可能只有美国员工的十分之一。

其次，离岸外包能带来的第二个好处就是提高质量。随着电信业迈向先进的数据化服务，技术熟练而薪酬要求较低的员工对企业非常重要。在印度等发展中国家，受过良好教育的员工甚至比美国本土的员工拥有更高的素质，这些员工的加盟对企业产品和服务质量的提升大有益处。

最后，离岸外包还有助于加强企业竞争力，其原因是工作团队遍布世界不同时区，可以全天24小时不停运作，从而缩短了开发应用方案所需的时间。在当前竞争激烈的全球电信业中，以往运营商要花半年甚至更长时间来测试产品的低效率操作已经一去不复返了。20 世纪 70 年代服务外包逐渐兴起，最初以文件为主。随着科技发展和信息技术的兴起，信息技术、数字技术在服务贸易中的比重逐渐增加，到 21 世纪初期，其比重达到了 95%以上。服务外包的应用领域包括 IT 服务、人力资源管理、金融、会计、客户服务、研发、产品设计和调研等。全球外包行业是一个每年创造 7 500 亿美元的大市场，其中最重要的两个领域是 IT 外包和商务流程外包，它们的年均增长率达到 20%以上，并且主要集中在欧美国家。

根据近年来服务外包产业发展的相关情况，我们从发包地分布、接包地分布、行业领域、服务方式、市场要素五个方面，对全球服务外包的最新发展趋势进行分析。

（1）从发包地分布看，发达国家占主导，新兴市场所占的份额逐步扩大。全球主要外包业务需求仍来自美、欧、日等发达国家和地区，占全球发包市场的 80%以上，总体呈现出“以发达国家为中心，以发展中国家为外围”的格局。

在短期内，欧美国家宏观经济的不景气提高了当地企业对成本的控制力，在释放发包需求的同时也压缩了单笔订单的价格。与此同时，欧美国家的失业率高涨，其政府部门为了保护本国的工作岗位，推行了针对在岸外包的保护措施，在一定程度上减少了企业外包业务的计划。例如，美国在面临大选换届时，保住国内就业岗位、让离岸业务回岸的呼声很高。欧洲不断蔓延的主权债务危机给服务外包市场带来了较大冲击，导致预算压缩，同时引起了欧洲市场业务发包量的下降，因而未来该市场的增速面临下滑。近年来，日本受到了 GDP 增长减缓的制约及地震的影响，而日本企业缩减 IT 投资造成日本服务外包产业连续三年负增长。从短期来看，来自欧、美、日市场的发包业务将受到或多或少的冲击，但其主导地位仍将保持。从长期来看，随着经济的复苏，发达国家依旧占据外包市场的主导地位。

需要注意的是，新兴市场国家在国际发包市场上也开始崭露头角，呈现出良好的成长态势。随着新兴市场对服务外包业务认识的成熟，以及在信息安全、知识产权保护等方面的完善，将释放出大量的发包需求，即新兴市场的份额将逐步扩大。以印度、中国市场为例，印度国内的离岸自建中心保持 20%以上的年复合增长率；据 COI 预测，目前中国市场的发包量达到近千亿美元。未来，随着中国政府及社会各界对在岸服务市场需求的关注以及对服务外包的认知度不断提高，发包需求将持续释放。未来，发包市场将向“多对多”的全球服务提供模式转变。

（2）从接包地分布看，发展中国家占主角，致使外包市场的竞争更加激烈。在国际咨询机构 A. T. 科尔尼公司的“2011 年全球离岸服务目的地指数”排名中，占据前十位的国家都是发展中国家，印度和中国仍是全球最大的服务外包承接国。其中，拉丁美洲、亚太地区（如中国、印度、菲律宾等）已成为全球服务外包市场上的重要接包地，许多中小国家（如柬埔寨、肯尼亚、斯里兰卡等）的服务外包业也得到了飞速发展，中东欧（如俄罗斯等）依靠高增长速度正在向全新的服务外包中心迈进。未来，发展较为成熟的国家将逐渐失去固有的成本优势，而发挥资源禀赋优势、实现差异化将成为发展的主要方向，并激发国家间合作意识的增强（如“Chindia”就是“中国＋印度”模式），从而使服务外包接包地的分布发生变化。

（3）从行业领域看，传统领域仍占主导，新兴细分领域不断涌现。信息技术外包

（ITO）作为服务外包最主要的组成部分，仍然占据全球60%～70%的市场份额，但从长期来看，知识流程外包（KPO）和业务流程外包（BPO）有可能获得更快的发展，包括风险管理、金融分析、研究开发等处于企业生产价值链上游的核心业务正逐步纳入外包领域，推动外包业务向价值链高端攀升。除来自制造、BFSI（银行、金融、服务和保险行业）、通信传媒等垂直领域的发包需求外，来自医疗保健、公共事业等领域的外包需求正在进入一个快速发展阶段，未来很可能成为IT应用程度更高的垂直行业。与此同时，来自LPO（法律流程外包）、CRO（生物医药外包）和新兴国家电信领域的表现也值得关注，非核心领域的外包业务正在成为新的争夺热点。此外，目前出现了服务外包从综合性向各个细分领域扩展的趋势，未来将使拥有垂直行业专业知识的企业更具竞争优势。作为信息技术升级的关键领域，“云计算”和“物联网”为服务外包的跨越发展带来了新机遇，很可能引领服务外包业迈入另一个崭新的阶段。除带来业务需求激增外，“云服务”的影响力还将扩散到IT以外的其他领域，将使供应商能够提供更多模块化、即插即用和“一对多”的服务模式，推动服务外包的全面发展。

（4）从服务方式看，最佳交付成为新趋势，服务模式持续创新。根据德国慕尼黑再保险的统计，严重自然灾害的频繁发生使2011年成为有史以来损失最大的一年，也使跨国服务外包企业在选择离岸交付地时对增强备份和应灾能力、提高数据安全性和交付顺畅性给予了更多考虑，选择在多个地区布点以实现全球交付能力和分散风险已成为接包地选择的新趋势。为了适应客户的更高要求，单纯的离岸模式逐渐被在岸、近岸、离岸的混合模式、多层模式以及最佳交付策略取代，越来越多的服务提供商开始为客户提供一揽子整合服务，并在定价、工时核算、合作等方面采用更加灵活的商务模式。随着新兴市场经济的发展和服务外包业的逐渐成熟，对于快速增长的在岸外包市场的关注正在逐渐增强。例如，中国政府提出了离岸和在岸服务外包协调发展，推动国内发包市场进一步释放潜力；印度政府也在大力推动国内市场的快速增长，包括增加电子政务投入、推动不同政府部门间的技术应用和升级等。随着接包市场的日益成熟，发包企业对接包方的专业化、综合服务能力的要求越来越高；外包企业也在试图改变目前短期、不定时、小规模的业务运作模式，它们希望与发包方建立长期的战略合作关系，提供“一站式”服务，也就是从服务提供商向战略合作伙伴转变。在供、需双方需求的互相匹配下，“战略合作伙伴”思想将成为双方合作的主导思想，许多企业已通过构建战略合作伙伴关系扩展了彼此的服务范围，提高了服务质量。

（5）从市场要素看，产业要素得到了重新配置，资源进入全球整合阶段。经济全球化的纵深发展和产业结构的调整，带来了服务外包业要素的不断重整，整合、并购已成为实现要素重组和流动的有效途径。许多服务外包企业通过海内外市场并购，收购那些有独立知识产权或者市场渠道的中小企业，借以充实技术、扩大海外市场、实现人才储备。与此同时，欧美企业的财政不景气使许多专业人士面临重新选择工作地的机会，这就为遭遇人才瓶颈的国家和地区引进人才创造了条件，并带来了人力资源在全球范围内的重新配置。为了满足不同地区的消费需求，跨国公司开始将其研发机构从总部所在地分散到全球各地，包括一些大型银行在内的跨国公司越来越倾向于在发展中国家设立自己的自建中心。出于全球化扩张的需要，IT-BPO自建海外运营中心有望得到进一步快速发展，并由最初的实现成本效率和获得人才，逐渐变为业务流程创新和进入新兴市场。全球外包风险管理和新的全球外包模式需要一个可以在多个地区提供技术和业务流程交付支持的全球交付网络，因而在占据市场、寻求人才以及降低成本三重因素的驱动下，采购商和供应商都加快了进军二线城市的做法。这一趋势最早出现在印度的浦那和清奈、中国的青岛和宁波以及巴西、阿根廷等国的热点城市，现在这一趋势已延伸至世界各地。

（6）对全球服务外包市场的总体预期，长期向好，短期面临波动风险。2017 年，中国共签订服务外包合同金额 1 807.5 亿美元，同比增长 25.1%；完成服务外包执行金额 1 261.4亿美元，同比增长 18.5%。其中，离岸服务外包合同签约金额、执行金额分别为 1 112.1亿美元、796.7 亿美元，同比分别增长 16.7%、13.2%，其增长速度超过服务贸易的出口速度，是新兴服务业出口的核心。全球服务外包市场在 2010 年呈现出自金融危机以来的最快增长，但进入 2012 年后，由于面临复杂的国际经济形势影响，因而服务外包市场的短期波动将加大。从长期来看，伴随着服务业跨国转移浪潮的持续，经济全球化将进入服务业全球化的新阶段。

三、服务离岸外包的竞争策略

服务外包的动因包括外部环境动因和内部推动力量。服务外包的外部环境动因主要包括技术动因、经济动因、市场动因。服务外包的内部推动力量主要是通过服务外包来有效节省成本和加强核心竞争力，以提高企业绩效。

提高核心竞争力成为服务离岸外包更加关注的目标，降低成本和提高核心竞争力是服务离岸外包企业发展的两大动力。大体上，离岸外包可以降低 35%的成本。

竞争的加剧迫使服务外包企业将提高核心竞争力作为最重要的目标。服务外包企业必须培育一些核心竞争力，并确定它们从事的这些核心活动是世界最优的，然后把人、财、物等资源和管理重点集中到这些核心竞争力上，并将其他非核心活动外包。企业通过发展良好的核心竞争力、优化企业资源配置，可以实现内部资源回报最大化；通过增加竞争优势和战略优势，可以阻止现有或潜在的竞争者进入企业的利益领域，从而保护市场份额、创造更多价值、提升绩效。以金融外包为例，竞争的加剧使银行重新设计了业务流程，以获得更高的商业价值，并在银行的核心领域和战略领域开始发展业务外包。在德国，越来越多的信贷机构将其贷款处理业务外包给专业的、不受本国有关法律监管且精于按揭贷款业务的外包商。亚太地区的一些银行甚至将抵押贷款等核心业务外包。

ITO—BPO—KPO 的价值链升级已成为服务离岸外包的主流趋势。外包市场的结构正从基础的技术层面的信息技术服务外包（ITO）转向高层次的业务流程外包（BPO），而拥有更高附加值的知识流程外包（KPO）正在兴起。

四、服务离岸外包的风险与监管

服务离岸外包既是一个不容忽视的必然趋势，又是企业必须谨慎对待的重大商业战略。

服务离岸外包属于复杂的重要商业决策，企业必须仔细分析研究，既要明白服务离岸外包带来的效益与商机，也要弄清楚相关的业务风险。虽然服务离岸外包具有种种好处，但企业绝不要轻易做出决定，同时对于该战略带来的风险必须要有充分的认识。对于操作繁复且难以控制的业务，网络运营商必须制定崭新的业务运作程序，以确保妥善监控产品开发及客户支持活动，从而达到优质的服务水平。

各国的语言文化差异以及知识产权条例的保障程度不同，增加了沟通失误的可能性。例如，在签订法定合约方面，上述差异可能会影响沟通效率或产生误会，进而阻碍工作进度。

来自国内团体及组织的反对，比如工会、反全球化人士及来自内部员工的阻力，均会影响服务离岸外包的效益。此外，服务离岸外包目标国家的政局不稳或运营商欠成熟均会影响业务进展及保密程度，可能使服务离岸外包的投资付诸流水。

第二节　电信、计算机和信息服务贸易

一、电信、计算机和信息服务贸易的产生与发展

一般来说，电信服务是指公共电信传递服务，包括明确而有效地向广大公众提供的任何电信传递服务，如电话、电报、电传和涉及向两处或者多处用户提供信息的现实传递，以及由用户提供的信息，无论在形式上还是在内容上两终端均无须变换的数据传送。将电信服务的提供范围在地域上从国内扩展到全球范围，就产生了电信服务贸易的概念。

国际电信服务贸易有狭义和广义之分。狭义的国际电信服务贸易是指在不同国家或属于不同国家任何性质的电信局或站之间提供的电信服务活动。例如，从一国发送电子邮件或者拨打国际电话，提供这种国际服务就发生了服务的过境交付。广义的国际电信服务贸易除了包括传统观点下的服务贸易，还包括通过外国直接投资进行的贸易。因此，广义的过境并不仅仅指地理位置上的电子信息传递的过境，还包括服务的过境活动和支付。例如，电信服务公司在异国设立分支机构提供电信服务，这样就构成了服务贸易，但顾客的信息传送并不属于过境。

计算机服务包括硬件、软件的相关服务和数据处理服务。其中，主要包括以下几项：硬件、软件咨询和实施服务；计算机、外围设备的保养和修理；灾后恢复服务；就有关计算机资源管理的事项提供意见和帮助；对准备使用系统的分析、设计和编制程序，包括网页编制和设计及与软件有关的技术咨询；顾客要求的软件编写、生产、供应和提供文献资料，包括为特定的用户定制操作系统；系统保养和其他咨询服务，比如提供培训作为咨询的一部分；数据处理服务，比如在时间共享的基础上进行数据输入、制表和处理；网页接待服务（即在互联网上向主机客户的网页提供服务器空间）；计算机设施管理。

信息服务业是利用计算机和通信网络等现代科学技术对信息进行生产、收集、处理、加工、存储、传输、检索和利用，并以信息产品为社会提供服务的专门行业的综合体，是指服务者以独特的策略和内容帮助信息用户解决问题的社会经济行为。从劳动者的劳动性质看，这样的行为包括生产行为、管理行为和服务行为。信息服务业是对信息资源进行开发利用，实现商品化、市场化、社会化和专业化的关键。它主要分为三大类：信息传输服务业；IT服务业（信息技术服务业）；信息资源产业（主要指信息内容产业）。

1992年，中国信息产业商会对国内从事信息服务的企业和单位进行了广泛调查，并

结合国际上流行的信息服务业分类方式，将我国的信息服务业划分为5大类：

(1) 信息提供业。

(2) 信息处理业。

(3) 软件开发与服务业。

(4) 系统集成服务业。

(5) 咨询业。

2017年，我国电信、计算机和信息服务进出口达到3 710.9亿元，同比增长22%。其中，出口为1 875.6亿元，同比增长6.3%；进口为1 295.3亿元，同比增长54.9%，贸易顺差为580.3亿元。2018年1—11月电信、计算机和信息服务出口为2 755.9亿元，大幅增长64.3%，进口为1 412.8亿元，增长20.9%。

二、电信、计算机和信息服务贸易的发展趋势

当前，电信、计算机和信息服务日益成为国际服务贸易的增长点与驱动力，在电信、计算机和信息服务领域也出现了一些新的趋势，尤其是在技术、业务、企业的融合方面发展势头明显。

数字贸易为国际贸易的发展注入了新动能、开辟了新空间，不仅显著降低了贸易成本，而且提升了国际贸易尤其是服务贸易的增长，帮助发展中国家获得了更大的全球贸易份额。近年来，随着信息技术的快速发展，全球产业结构、组织生产方式和产品内容等都发生了深刻变化，在这种趋势的推动下，逐渐产生了一种新的贸易形式，即数字贸易。目前，在国际服务贸易中有一半以上已经实现数字化，超过12%的跨境实物贸易通过数字化平台实现。数字技术正在多方面影响全球贸易的构成。我国商务部与世界贸易组织秘书处联合发布的《2018年世界贸易报告》指出，数字技术最重要的影响就是显著降低了贸易成本。与此同时，技术变革将提升全球贸易尤其是服务贸易的增长，发展中国家能获取更大的全球贸易份额。该报告预计，国际服务贸易的占比将由目前的21%增至2030年的25%，发展中国家的贸易占比将由2015年的46%增至2030年的57%。

世界贸易组织总干事罗伯特·阿泽维多指出，数字技术不仅对货物贸易有利，还促进了服务贸易便利化，催生了新的服务业态。例如，物联网、人工智能、3D打印和区块链有可能会深刻地改变贸易模式、贸易主体和贸易对象。

根据我国商务部发布的相关数据，2017年中国数字经济的规模达到27.2万亿元，占GDP的比重达到32.9%，规模位居世界第二。其中，电信、计算机和信息服务贸易快速发展，在线数字音乐、数字文字等的规模持续扩大，跨境电商方兴未艾。

三、电信、计算机和信息服务贸易下的信息安全

随着电信、计算机及信息服务贸易的不断发展，信息安全问题也不断产生，这直接威胁到了贸易的安全。在通常情况下，贸易信息传输主要是货物的运输信息。在科技发展的今天，由于互联网技术的大量应用和电子商务的产生，都使信息安全随着全球信息化步伐的加快而越来越重要。

网络信息安全是一门涉及计算机科学、网络技术、通信技术、密码技术、信息安全技

术、应用数学、数论、信息论等学科的综合性学科，主要是指网络系统的硬件、软件及其系统中的数据受到保护，不受偶然的或者恶意的原因而遭到破坏、更改、泄露，确保系统连续、可靠、正常地运行以及网络服务不中断。

第三节 知识产权服务贸易

知识产权服务贸易是以无形的技术知识作为交易标的物的国际贸易形式。目前，世界知识产权交易市场中的交易内容主要有国际许可证、商标、专利、实用新型等。

2018 年，我国知识产权使用费的进口额已超过 2 300 亿元，同比增长超过 20%；出口额达到 370 亿元，同比增长接近 15%，呈现出快速增长的势头。我国对外支付的知识产权使用费主要是在专利、商标、版权这三个领域，而在核心技术方面的专利费是主要的支付费用。其中，专利费的支付主要包括两种形式：一种是按照使用期限支付的固定费用，不限制使用数量；另一种是按照销售额或者数量支付费用，比如根据销售额的百分比收取专利费或者对每件产品收取固定的专利费。国外更倾向于按后者收取，最著名的例子便是美国高通公司。

一、知识产权贸易的主要内容和形式

世界贸易组织在《与贸易有关的知识产权协定》中对知识产权的定义是，知识产权是一种受专门法律保护的重要的无形财产，包括版权、商标、地理标识、工业品外观设计、专利、集成电路布图设计、未披露的信息等。

知识产权贸易是指以知识产权为标的的贸易，在企业、经济组织或个人之间，可以按照一般商业条件，向对方出售或从对方购买知识产权使用权的一种贸易行为。买、卖双方的交易对象为知识产权的所有权。

此外，知识产权贸易是指含有知识产权的产品（即知识产权产品、知识产品），特别是附有高新技术且具有高附加值的高科技产品已成为国际贸易中的重要组成部分，如集成电路、计算机软件、多媒体产品，视听产品、音像制品、文学作品等的贸易行为。

（一）专　利

由科学发明形成的专利（patent）是指专有的利益和权利。专利一词来源于拉丁语litterae patentes，意为公开的信件或公共文献，是中世纪的君主用来颁布某种特权的证明，后来指英国国王亲自签署的独占权利证书。

专利是世界上最大的技术信息源，据实证统计分析，专利包含了世界科学技术信息的90%～95%。世界知识产权组织给“专利”下的定义是：专利是“由政府机构或代表几个国家的地区机构根据申请而发给的一种文件。文件中说明一项发明并给予它一种法律上的地位，即此项得到专利的发明，通常只能在专利持有人的授权下，才能予以利用（制造、使用、出售、进口）”。

在此，“专利”有三层意思：

(1) 专利证书这种专利文件。

（2）专利机关给发明本身授予的特定法律地位，技术发明获得了这种法律地位就成了专利发明或专利技术。

（3）专利权，即获得法律地位的发明的发明人所获得的使用专利发明的独占权利，包括专有权（所有权）、实施权（包括制造权和使用权）、许可使用权、销售进口权利、放弃权。

简言之，专利权就是专利持有人（或专利权人）对专利发明的支配权。在我国，专利权是以申请在先原则授予的。专利权受到专门法律《专利法》的保护。由此可见，专利、专利技术、专利权和专利权人这几个概念是有密切联系的。专利权是一种专有权，这种权利具有独占的排他性。非专利权人要想使用他人的专利技术，必须依法征得专利权人的同意或许可。《中华人民共和国专利法》（以下简称《专利法》）将专利分为三种：发明专利、实用新型专利、外观设计专利。

一个国家依照《专利法》授予的专利权，仅在该国法律管辖的范围内有效，对其他国家没有任何约束力，外国对其专利权不承担保护的义务。如果一项发明创造只在我国取得了专利权，那么专利权人只在我国享有独占权或专有权。

专利权是一种法律赋予的权利。发明人在申请专利后，专利机关经过审查批准，使他的发明获得了法律地位而成为专利发明，而发明人也因此获得了专利权。这种权利的产生与物权的自然产生是不同的。

专利技术既是一种知识财产，也是一种无形的财产。专利权是一种特殊的财产权，也是一种不完全的所有权。专利权的获得是以发明人公开其发明的内容为前提的，而公开了的知识很难真正为发明人所独有。

专利权是一种排他性（独占性、专有性）的权利。对于特定的发明，只能有一家获得其专利权，也只有专利权人才能利用这项专利发明，他人未经专利权人的许可，不能使用该专利发明。

专利权是一种有地域性的权利。专利权只在专利权批准机关所管辖的地区范围内产生效力。

专利权是一种有时间性的权利。专利权的有效期一般为10～20年，超过这个时间，专利权就会失去效力。

根据专利技术创造性程度的高低和其他特点，通常把专利分为三种类型。

1. 发明专利

发明是指对产品、方法或者其改进所提出的新的技术方案，它是利用自然规律解决实践中特定技术问题的新方案。发明可分为两类：一类是产品发明，其发明的结果是一种新产品；另一类是方法发明，其发明的结果是一种制造产品或者测试（或操作）的新方法。

2. 实用新型专利

实用新型是对产品的形状、构造或者其结合所提出的实用的新技术方案。实际上，实用新型也是一种发明，它与上述发明专利的不同之处在于，实用新型是一种仅适用于产品的、创新性水平较低的、能够直接应用的发明（有人称之为“小发明”）。

在实践中，实用新型这种“小发明”为数众多，所以包括中国在内的世界上少数国家把它从发明中划分出来，单独加以保护。申请实用新型的专利条件低、审批程序简单、收费也少，这有利于鼓励众多的小发明者。

3. 外观设计专利

外观设计是指对产品的外形、图案、色彩或其结合所做出的富有美感并适于工业上应用的新设计。外观设计与实用新型不同，外观设计对产品形状的设计主要是追求好看，而实用新型对产品形状的设计主要是有利于增加产品的使用价值，使其有新功能，主要是追求好用。专利中的外观设计实际上是工业外观设计，它与纯美术作品不同，外形、图案和色彩只有体现在有独立用途的制成品上，才是专利中的外观设计。外观设计是在保证或不影响产品用途的前提下，通过外形、图案、色彩的设计来吸引消费者。

(二) 商　标

随着知识产权概念的深入人心，许多企业为了使自己区别于其他同类企业，在成立之初都设计了自己的商标。随着消费观念的深入，越来越多的消费者开始注重生活质量、名牌和驰名商标了。一个企业要想壮大，使自己的企业文化得到传承，就必须拥有属于自己企业的商标，并以此作为自己企业文化和产品的对外标志。

国际保护知识产权协会（AIPPI）在柏林大会上曾对商标做出下述定义：“商标是用以区别个人或集体所提供的产品及服务的标记。”世界知识产权组织在《商标示范法》中曾做出如下定义：“商标是将一个企业的产品或服务与另一企业的产品或服务区别开的标记。”从上述定义可以看出，商标的使用者是该商标指定产品或服务的生产者、制造者、加工者、拣选者或经营者，而不是消费者。在产品上，商标使用与产品包装上的装潢不同，前者是为了区别产品的出处，是专用的；而后者是对产品的美化、装饰、说明和宣传。因此，商标是用以区别产品或服务来源的标志，它是根据人类生产、生活实践的需要而产生，既是一种知识产权、一种脑力劳动成果，又是工业产权的一部分，还是企业的一种无形财产。从广义上讲，商标通过对商标注册人加以奖励，使其获得承认和经济效益，进而对全世界的积极和进取精神起到促进作用。商标通过确保商标注册人享有用以标明产品或服务或者许可他人使用以获取报酬的专用权，而使商标注册人受到保护。保护期限长短不一，但期满之后，只要另外缴付费用，即可对商标予以续展且次数不限。商标的保护是由法院来实施的，在大多数制度中，法院有权制止侵权行为。商标保护还可以阻止诸如假冒者之类的不正当竞争者用相似的区别性标记来推销低劣或者不同产品或服务的行为。该制度能使有技能、有进取心的人们在尽可能公平的条件下进行产品和服务的生产与销售，从而促进国际贸易的发展。

从定义可以看出，商标是产品生产者或经营者为了使自己的产品与他人的产品相区别而在其产品上所加的一种具有显著性特征的标志。常见的商标是文字商标和图形商标。此外，在一些国家有立体商标（如“可口可乐”饮料瓶子的特殊形状），还有音响商标、气味商标等形式。商标大体上可分为三类：制造商标、商业商标和服务商标。

一般来说，只有能够移动的、可重复性生产的产品才使用商标。商标具有显著性特点，即相同或类似的产品不能使用相同或相似的商标。

1. 商标的作用

(1) 区别功能，即商标能标明产品的来源。将一个企业的产品与另一个同类企业的产品区别开来，这是商标最基本、最重要的功能。

(2) 间接标示产品质量的功能。产品的来源不同，其质量和信誉也会有差别。商标作为特定来源的产品标志，间接地反映了该产品的内在质量。人们在选购产品时，一般无法当场检验其内在质量，往往是根据自己的经验和产品的社会信誉，凭商标来选购所需的产品。

(3) 广告功能。由于商标的简明性和“显著性”，它最容易被消费者记住，从而使商标成为醒目的广告。

2. 商标权

商标权是商标使用者向商标管理部门申请注册并得到批准的商标专用权。但是，在少数国家，商标权是由商标的首先使用而获得的。在我国，商标权是以注册在先原则而取得的。商标权的内容包括使用权、禁止权（禁止他人使用）、转让权、许可使用权和放弃权。商标权受专门法律《商标法》的保护。

商标权的特点：商标权是一种排他性权利；商标是一种无形的知识财产，而商标权是一种特殊的财产权；商标权是有时间性但又可无限延期的权利。与专利权期满不可延期不同，商标权到期后可续展延期，且延期次数不限。商标权只在注册机构所管辖地区范围内有效。

（三）国际许可证贸易

由于政治、经济等因素，当交易双方交易的技术标的物不能直接在他国进行生产时，技术许可方可将其自身拥有的某种技术以许可证方式，通过一定商业条件授予技术接受方。这种贸易方式称为许可证贸易。

许可证贸易的标的物通常是软技术，可以是专利、设计、工业模型、商标及版权，也可以是专有技术（技术诀窍）。

对于许可证协议或合同，我们可根据其贸易的不同标的进行分类：

(1) 专利许可证。这是一种由来已久的技术转让方式，其含义主要是指专利或技术所有人或者持有专利或技术的法人及自然人在一国或者一个地区内允许他人使用其受专利保护的技术的权利。

(2) 专有技术许可证。专有技术是指生产秘密、技术知识、经验、制造方法等。专有技术许可证不同于专利许可证，它是靠合同中的保密条款来保护的，专有技术的有效期比专利更富有伸缩性。

(3) 商标许可证。商标称为产品的牌子。商标权是商标的使用者向主管部门申请，经主管部门核准所授予的商标专用权。商标许可证是指拥有商标专用权的所有人通过与其他人签订许可合同，允许他人在指定的产品上及规定的地域内使用其注册的商标。

在授权程度和方式上，许可证合同可分为：

(1) 独占许可证协议，即在规定的地区内，接受方在协议的有效期内对许可证协议项下的技术享有独占的使用权，许可方不得在该地区内使用该项技术制造和销售产品，也不得把同样的技术授予该地区内的任何第三方。

(2) 排他性许可证协议（全权、独家许可证协议），即在规定地区内，许可方和接受方在协议有效期内对许可证协议项下的技术都享有使用权。但是，许可方不得将此种权利给予第三方，即不得与第三方签订同一内容的许可证协议。

（3）普通许可证协议，即许可方允许接受方在规定的地区和时间内，享有利用协议中所规定的技术制造和销售相关产品的权利。但是，这种权利不是独占的，对许可方（或出让方）没有限制，在将技术使用权转让给接受方后，许可方仍可在该地区内使用该项技术或将这项技术的使用权授予任何第三方。

（4）分许可证协议（从属许可证协议），即在协议的有效期内，接受方有权以自己的名义把协议项下的技术向第三方转让。

（5）交叉许可证协议（互换许可证协议），即双方以价值相等的技术，在互惠的基础上，交换技术的使用权和产品的销售权，一般都是不收费的。这种方式常在合作生产、合作设计时使用。

在进行许可证贸易时，许可方和接受方就许可证的标的、转让范围、转让条件、期限和支付等合同条款进行磋商，在双方达成一致后签订合同，并将该合同作为双方必须遵守的法律文件。该合同的内容是许可方（即技术供方）给予接受方（即技术受方）制造、使用或销售许可证项下产品的有限权利，而接受方向许可方支付相应的酬金。

1. 许可证贸易的优点

许可证贸易有效避开了进口国限制，以出口技术的形式代替产品出口，大大降低或避免了国际营销中的各种风险。

例如，当A国授予B国某项许可时，A国的资金并没有进入国际市场，从而减少了受A国外汇管制的风险；纯粹的技术使用权许可，不存在合资企业或独资企业被东道国没收征用的政治风险。当B国应用授权技术进行生产时，市场竞争和汇率风险完全由B国来承担。此外，在国际竞争中，许可证贸易可以减少高昂的产品运销费用、提高价格竞争力。一些关系到进口国国计民生的重要工业产品无法采用投资或产品出口方式，而通过许可证贸易便能顺利地涉足这些产品的生产经营领域。对于一些服务性质的企业，如各种类型的咨询公司、技术服务公司等，它们并不制造产品，而许可证贸易为它们的无形产品（技术）进入国际市场提供了便利条件，也利于一些小型制造业企业进入国际市场。这一优点对于我国众多的制造企业来说尤为重要。由于小型制造企业的实力不足、缺乏资金，难以采用对外直接投资生产产品的方式，但只要它们拥有某项对市场具有吸引力的技术，同样可以通过许可证贸易的方式进入国际市场。

2. 许可证贸易的形成条件

并非任何企业或任何技术都能进行许可证贸易，只有当企业所拥有的商标、商誉、先进技术可以使对方感觉有吸引力并愿意为其进行贸易时，许可证贸易才能成为现实。许可方很难控制接受方的市场经营，从许可证贸易的双方关系来说，它们并非从属关系，而是等同于买卖关系。不管接受方的市场经营状况如何，许可方也不能对其加以直接控制，充其量只能把接受方视为自己在国外的经销商，而市场经营状况不佳可能会对许可方及其产品的声誉造成不良的影响。许可方的纯收益可能会受到目标国家经营状况的制约。当采用提成的办法计算转让费用时，许可方的纯收益就要由产品在目标国家的竞争能力、销售数量、盈利水平来决定。许可方可能在国际市场上培养了自己的竞争对手。许可证贸易实际上是许可方把一部分技术优势和独占的权利转让给了接受方，其实质是让出了一部分现实市场和潜在市场，这是许可方的风险损失。因此，许可方在技术出口之前就要权衡利弊，估算这种风险损失，拟定补救的办法，然后做出决策。

（四）工业和技术合作中的技术贸易

工业和技术合作中的技术贸易是通过双方的合作，利用各自拥有的技术共同完成有关的生产项目或共同开发有关的生产计划。

发展中国家通过这种形式在引进外资的同时，也引进了经济发展所需的有关技术和技术设备。技术的引进方除了运用许可贸易方式引进软件技术之外，还通过购买有关产品生产的成套设备、流水线等硬件技术提升了企业的技术水平和生产能力。这种硬件技术的转让通常是发展中国家在经济发展初期较为常见的方式。我国在改革开放初期所引进的大量技术就是以成套设备为主的硬件技术。

二、国际知识产权贸易的类型

自第二次世界大战以来，知识产权贸易进入持续、平稳的增长时期。技术欠发达的地区采用技术引进的方式，一方面，可以节约技术研发的时间和资本，大大缩短产品投入市场的过程，抢占市场先机；另一方面，可以带动国内高新技术的发展，促进国际竞争力的提高。

虽然技术出口国家在一定程度上影响了自身的技术垄断优势，但技术出口所得以及之后通过谈判进入国外市场所获得的便利，对技术出口企业和国家具有很大的吸引力。

目前，知识产权贸易有四种类型：

（一）替代型知识产权贸易

替代型知识产权贸易以专利费、技术费、特许权使用费等为目的。技术专利是指在基本技术开发之后，尚未在企业的产品生产中得到效果检验的专利。该技术的转让是为了获得巨额研发经费或规避技术转化为有形产品时遭遇损失的风险。在这种情况下，出售该技术并由技术引进方负责生产销售，比自己进行研发、生产、销售一体化更为有利。

假设有技术出口国甲和技术进口国乙。从甲的角度看，当研发、生产、销售一体化的收益 A 大于技术贸易的收益 B 时，甲将选择产品贸易；当 A 小于 B 时，甲将选择技术贸易；当 A、B 相等时，即收益相等，甲可随机选择。从乙的角度看，当引进技术所需的费用 C 大于将技术投入生产后的销售收益 D 时，乙将选择直接进口产品；当 C 小于 D 时，乙将选择引进技术；当 C、D 相等时，即实际收支水平相同，乙可随机选择。综上所述，只要满足 A 小于 B 或者 C 小于 D，技术服务贸易就可以在国家间达成。这里的贸易不局限于甲、乙之间。

（二）直接投资型知识产权贸易

直接投资型知识产权贸易以确保国外市场为主要目的。例如，当贸易对象国借助贸易保护政策限制进口时，可在贸易保护国进行对外直接投资，以占据该国市场。此时，投资母国往往利用技术优势参与当地生产经营，并通过影响当地市场获得利益。技术出口与对外直接投资的关系也可以从弗农的产品生命周期理论中得到很好的解释。一般来说，一国对其研发的新产品在出口方面拥有垄断优势。然而，随着进口国对产品技术的吸收以及生产过程的标准化，客观上要求产品的生产向最具人力、资本等相关要素优势的地区转移。

此时，研发国在该产品上的国际竞争优势逐步削减。为了规避未来产品优势衰退的危险，技术发达国家或研发企业可以事先选择资源丰富的地区，通过技术许可的方式进行对外直接投资，参与合作经营，用以打开国外市场。

（三）补充型知识产权贸易

补充型知识产权贸易主要是作为机器、成套设备类的技术集约型产品出口的补充，是补充产品贸易的问题。技术出口通常连带成套的软硬件或原材料的出口。在补充型知识产权贸易中，技术费收入只是很小的一部分，促进产品贸易才是背后真正的目的，尤其是当设备向技术欠发达的发展中国家出口时，技术指导就显得十分重要了。

（四）中立型知识产权贸易

中立型知识产权贸易是以技术交流、合作为目的，为提高技术水平而相互交换技术。这种情况普遍出现在高技术水平的发达国家之间。通常说来，针对产品贸易，它是中立互惠的。实际上，谈判实力强的国家在其中受益更多。

三、我国的知识产权贸易政策

自20世纪80年代以来，通过自主创新和对引进技术的消化吸收，我国已拥有大量成熟的产业化技术。20世纪90年代，我国已成功实现电力、通信、建材、石油勘探、汽车制造、化工和冶金技术的出口并带动了大量成套设备出口，这对于提高产业技术水平、推动出口结构优化、促进经济社会发展发挥了重要作用。但是，我国知识产权出口起步较晚，与发达国家存在较大差距。多年来，我国知识产权的出口额远低于进口额。2018年，我国知识产权使用费的进出口逆差超过300亿美元。

我国商务部与科技部为保持对外贸易的稳定增长、优化出口结构、推动技术出口快速增长、提高技术出口在技术贸易中的比例，2009年11月联合发布了《关于鼓励技术出口的若干意见》（以下简称《意见》）。

《意见》从给予政策扶持、加强国际合作、完善管理和服务三个方面提出了政策措施，以支持企业积极开展技术出口和知识产权贸易。

（1）在落实好现行政策的基础上，积极提供金融、保险支持，推动科研机构承接境外研发业务，鼓励科技型企业“走出去”。

（2）要在进一步推动国际技术合作的同时，利用各种平台，组织技术出口推介和洽谈会，宣传我国的优势技术。

（3）要推动技术出口服务体系建设，加强对知识产权的管理和保护，进一步完善法律法规和管理体系。

《意见》的发布，为推动成熟的产业化技术出口提供了政策保障。为推动《意见》的落实，我国商务部会同有关部门提出了以下具体意见：

（1）深刻认识技术出口的重要意义。随着经济全球化的深入发展，科学技术发展日新月异，服务业的跨国转移已成为经济全球化的新趋势。作为服务贸易的重要组成部分，技术进出口在提高自主创新能力、转变经济发展方式、推动对外贸易稳步增长等方面发挥着重要作用。鼓励技术出口，有利于科技成果的产业化和商品化，可以实现资源的有效配置；有利于引导高新技术、先进适用技术和成熟配套技术进入国际市场，带动成套设备、产品和服务出口，推动国内产业结构升级和发展方式转变。

（2）积极鼓励成熟的产业化技术出口。支持企业通过贸易、投资或者经济技术合作的方式出口技术（指未列入《中国禁止出口限制出口技术目录》的技术），包括专利权转让、专利申请权转让、专利实施许可、技术秘密许可、技术服务、技术咨询等。

（3）落实好现行支持技术出口的财税政策，充分运用相关外经贸支持政策支持技术出口。居民企业通过技术出口实现的技术转让所得，按照税法有关规定享受免征或减征企业所得税的优惠。

（4）积极提供金融、保险支持。研究制定符合技术出口企业特点和实际需要的信贷产品及保险险种，扩大企业的融资渠道和融资能力；支持技术出口企业开展知识产权质押贷款业务，建立知识产权质押融资服务机制，解决企业尤其是科技型中小企业的融资困难；利用质押贷款贴息专项资金，降低企业的融资成本；鼓励保险公司为技术出口，特别是附带成套设备的技术出口提供收汇保障、商账追收服务和保险项下的贸易融资便利，简化理赔手续，加快理赔速度，化解企业的收汇风险，加快企业资金的周转速度。

（5）支持科研机构承接境外研发业务。进一步鼓励跨国公司在中国设立研发机构及委托其在华研发机构研发技术；鼓励大学和科研机构通过承接境外研发业务，培养科技人才，提高研发能力，开拓国际市场；鼓励企业加强与境外企业、大学或科研机构的联系，支持其进行联合研究开发。

（6）鼓励科技型企业“走出去”。鼓励和支持科技型企业通过对外投资、承包工程、技术与知识产权入股等方式开展对外合作业务；鼓励科技型企业并购境外高新技术企业、设立境外研发机构，带动我国技术及服务出口；发挥驻外经济、商务、教育、科技等机构的作用，引导企业“走出去”，开展合作研发，建立海外研发基地和产业化基地。

（7）推动服务贸易领域的自主创新，提高服务出口的技术含量。建立以企业为主体、市场为导向的服务贸易领域的技术创新体制；鼓励服务贸易企业增强自主创新能力，充分发挥科技对服务贸易的支撑和引领作用；推动信息管理、数据处理、技术研发、工业设计等高技术含量的服务出口。

（8）加强国际技术合作。发挥全球和区域经济合作、多（双）边会议和磋商机制等方面的作用，将多（双）边技术合作与援外、对外投资、境外承包工程等工作结合起来，在推进与发达国家合作的同时，加强与发展中国家合作，进一步推动国际技术合作。

（9）加大对我国成熟的产业化技术、拥有自主知识产权的产品技术的宣传力度。鼓励中介组织和贸易促进机构组织企业赴我国技术出口重点国家和地区举办技术出口推介及洽谈会；依托国内外著名展会平台对我国优势技术进行宣传，推动技术出口的发展。

（10）加强技术出口服务体系建设。建立技术出口服务平台，通过信息收集、政策咨询、发布技术资源和技术供给信息，帮助企业获取国际技术市场信息；鼓励和支持相关中介机构的发展，为企业的技术出口提供人才信息、法律咨询、翻译、报关、专利申报、展会服务、培训等综合服务。

（11）加强对知识产权的管理和保护。健全知识产权管理和保护制度，建立技术出口企业的知识产权辅导服务机制，建立知识产权数据库和公共信息服务体系，支持技术出口企业的境外知识产权维权，增强技术出口企业解决海外知识产权争端的能力。

（12）完善技术出口统计体系。商务、科技部门应与相关部门加强协作，建立全口径的技术出口统计分析系统和相关数据的联网核查管理系统。

（13）进一步完善法律法规和管理体系，提高技术出口的管理效率。适时修订《中华人民共和国技术进出口管理条例》，完善技术出口法律法规；建立各部门密切配合的技术出口管理和服务体系；商务部等相关部门应加强协作，为企业的技术出口提供便利；充分利用信息化手段，推行政务公开，探索网上申报、网上领证业务，方便企业在线办理登记手续，鼓励在机构、人员、信息化等方面具备条件的省（市）进一步下放技术出口管理权限。

四、WTO的《与贸易有关的知识产权协定》

《与贸易有关的知识产权协定》（Agreement on Trade-Related Aspects of Intellectual Property Rights，TRIPs，以下简称《知识产权协定》）是由关税与贸易总协定主持的第八轮谈判达成的、受世界贸易组织管辖的一项多边贸易协定。

《知识产权协定》有七个部分，共73条。其中，《知识产权协定》定义的“知识产权”包括：

（1）著作权与邻接权。

（2）商标权。

（3）地理标志权。

（4）工业品外观设计权。

（5）专利权。

（6）集成电路布线图设计权。

（7）未披露的信息专有权。

乌拉圭回合谈判参加方定义的以上七个方面，旨在减少国际贸易中的扭曲与阻力，促进对知识产权充分、有效的保护，确保知识产权的执法措施与程序不至于变成合法贸易的障碍。

《知识产权协定》的主要条款有：一般规定和基本原则，关于知识产权的效力、范围及使用标准，知识产权的执法，知识产权的获得、维护及相关程序，争端的防止和解决，过渡安排，机构规定，最终条款等。《知识产权协定》的主要内容是：提出和重申了保护知识产权的基本原则，确立了《知识产权协定》与其他知识产权国际公约的基本关系。《知识产权协定》的保护范围包括著作权与邻接权、商标权、地理标志权、工业品外观设计权、专利权、集成电路布线图设计权、未披露的信息专有权七种知识产权，并规定了最低保护要求；与此同时，涉及对限制竞争行为的控制问题，规定和强化了知识产权的执法程序，将不同类型的成员加以区别对待。该协定的宗旨是促进知识产权在国际贸易范围内得到更充分、有效的保护，以使权利人能够从其创造发明中获益、受到激励，并继续其在创造发明方面的努力；减少知识产权保护对国际贸易的扭曲与阻碍，确保《知识产权协定》的实施及程序不对合法贸易构成壁垒。

2003年8月30日，WTO的全体成员针对《知识产权协定》在发生公共健康危机时，发展中国家和最不发达国家可对专利药品实行强制许可达成共识，并作为临时性措施实施。

2005年12月6日，各成员决定将该修正纳入《知识产权协定》，以帮助发展中成员和最不发达成员解决公共健康问题。在世界贸易组织2/3的成员批准这项修正后，它将正式生效。世界贸易组织成员将各自立法机构批准该修正的最后期限设为2007年12月1日。

根据该修正文件，发展中成员和最不发达成员可以在国内因艾滋病、疟疾、肺结核和其他流行疾病而发生公共健康危机时，在未经专利权人许可的情况下，在国内实施专利强制许可制度，生产、使用、销售或从其他实施强制许可制度的成员进口有关治疗上述疾病的专利药品。这不仅能大大降低相关专利药品的市场价格，而且有利于更迅速和有效地控制、缓解公共健康危机。

根据《知识产权协定》的规定，WTO成立了知识产权理事会，负责《知识产权协定》的实施。

《知识产权协定》强制性规定：各成员必须对药品授予专利权，这给广大发展中国家的民众以能够支付得起的价格获得治疗各种流行疾病的药品带来了负面影响。在发展中国家的大力推动下，2001年在多哈召开的世界贸易组织部长级会议通过了《TRIPS与公共健康宣言》。该宣言承认许多发展中国家所面临的公共健康问题的严重性，强调需要将《知识产权协定》的相应修改作为国际社会解决公共健康问题举措的一部分。依照该宣言的要求，世界贸易组织总理事会于2003年通过了落实该宣言的决议，并在2005年于中国香港召开的世界贸易组织部长级会议之前通过了对《知识产权协定》的相应修改方案。

在1883年前，知识产权的国际保护主要是通过双边国际条约的缔结来实现。1883年，在《保护工业产权巴黎公约》问世后，《保护文学和艺术作品伯尔尼公约》《商标国际注册马德里协定》等相继缔结。

在大概一个世纪的时间里，世界各国主要靠这些多边国际条约来协调各国之间差距很大的知识产权制度，减少国际交往中的知识产权纠纷。

世界贸易组织的《知识产权协定》是在1994年与世界贸易组织的其他协议一并缔结的。迄今为止，它是对各国的知识产权法律和制度影响最大的一个国际条约。与过去的知识产权国际条约相比，该协定具有三个突出的特点：

第一，它是第一个涵盖了绝大多数知识产权类型的多边条约，既包括实体性规定，又包括程序性规定。这些规定构成了世界贸易组织成员必须达到的最低标准，除了在个别问题上允许最不发达国家延缓施行之外，所有成员均不得有任何保留。这样一来，该协定就全方位地提高了全世界知识产权保护的水准。

第二，它是第一个对知识产权执法标准及执法程序做出规范的条约，对侵犯知识产权行为的民事责任、刑事责任以及保护知识产权的边境措施、临时措施等都做了明确规定。

第三，它引入了世界贸易组织的争端解决机制，用于解决各成员之间产生的知识产权纠纷。过去的知识产权国际条约对缔约方在立法或执法上违反条约并无相应的制裁条款，而《知识产权协定》将违反规定的行为直接与单边及多边经济制裁挂钩。

第四节 文化服务贸易

文化是一个国家最深沉长久的底蕴，文化的传播也能让人更加了解一个国家的内涵所在。在经济高速发展的今天，各国之间的服务贸易保持着飞速发展，文化服务贸易也不例外。

一、文化服务的分类

（一）世界贸易组织《服务贸易总协定》的相关分类

世界贸易组织的《国际服务贸易分类表》将服务贸易分为 11 大类 142 个服务项目，其中的 3 大类与文化服务有关：在商业服务中，有法律服务、软件服务、数据处理和数据库服务、广告服务、摄影服务、包装服务、印刷和出版服务；在视听服务中，有电影和录像的制作及分销服务、电影放映服务、广播和电视服务、录音服务；在娱乐、文化和体育服务（除视听服务外）中，有文娱服务，新闻社服务，图书馆、档案馆和其他文化服务，体育和娱乐服务。此外，近年来涌现出的文化会展服务、文化中介服务、文化咨询服务等新型服务以及相关的文化产品，也属于文化服务的范围。但随着科技的发展，上述分类显然已经无法适应现实的需要，并遭到了一些国家的批评。

（二）国际货币基金组织的相关分类

国际货币基金组织对国际文化服务贸易进行了描述，即居民与非居民之间有关个人、文化和娱乐服务的交易可细分为以下两类：一是视听和有关服务；二是其他文化和娱乐服务。第一类包括（影片或录像带形式的）电影、收音机、（实况或提前录制的）电视节目和音乐制品。这里还包括租金的支出和收入，演员、导演、制片人等因作品在国外播放而得到的报酬，卖给传播媒介、在指定地点上映有限次数的播映权费用。有关戏剧、音乐作品、体育活动、马戏等活动的演员、制片人收到的费用，以及这些活动（电视、收音机等）的放映权费用也包括在内。第二类包括其他文化和娱乐活动，比如与博物馆、图书馆及其他文化、体育和娱乐有关的活动。这里还包括国外教师或医生提供的函授课程的费用。

（三）联合国教科文组织的相关分类

（1）按照“文化产品与文化服务”进行分类。联合国教科文组织（UNESCO）通常把文化贸易按交易对象的性质划分为“文化产品贸易”和“文化服务贸易”，这是目前广泛应用的分类方法。2001 年联合国教科文组织在其发表的《文化、贸易与全球化》中对这两个概念做了如下定义：文化产品一般是指传播思想、符号和生活方式的消费品。它能够提供信息和娱乐，进而形成群体认同并影响文化行为。基于个人和集体创作成果的文化产品在产业化以及在世界范围内销售的过程中，被不断复制并附加了新的价值。图书、杂志、多媒体产品、软件、录音带、电影、录像带、视听节目、手工艺品和时装设计组成了多种多样的文化产品。文化服务是指满足人们文化兴趣和需要的行为。这种行为通常不以货物的形式出现，它是指政府、私人机构和半公共机构为社会文化实践提供的各种各样的文化支持。这种文化支持包括举行各种演出、组织文化活动、推广文化信息以及文化产品的收藏（如图书馆、文献资料中心和博物馆）等。

（2）按照“核心层”与“相关层”进行分类。2005年，联合国教科文组织在文化贸易的分类和统计描述上做出创新，依据贸易对象反映文化内容的程度差异，将文化产品与文化服务划分为“核心层”和“相关层”。“核心层”和“相关层”的区别主要体现在以下两个方面：第一，文化产品大多拥有无形元素（文化内容）和有形元素（物质支持）。“核心文化产品”是指能够反映和传达文化创作内容的产品；“相关文化产品”是指支撑、生产、配送“核心文化产品”的活动和支持要素，是有益于“核心文化产品”的创作、生产和销售的服务、设备及材料，它们是为创作、生产和传播文化内容服务的，但其本身并不一定能够反映文化内容。例如，当CD与版权相联系时就被定位为“核心文化产品”，但空白的CD和CD播放设备则被划分到“相关层”。第二，新的分类在有关“文化产业”和“创意产业”的划分中产生。创意产业比传统产业更多地关注创意的过程，包括了诸如软件、广告、建筑和商业等服务。这些活动和产生的产品被定位为“相关文化产品”，更传统的文化产品被定位为“核心文化产品”。

（3）按照“纵向领域-横向领域”进行分类。2009年，联合国教科文组织的文化统计框架（FCS）在1986年的FCS基础上通过其标准的定义，并考虑到文化产品生产和传播的全球化影响，提出了“文化圈”的概念，意指由文化的创造、生产、传播、展览/接受/传递、消费/参与五个不同阶段组成的网状循环。由此，该框架还提出了“文化领域”的界定，认为文化领域是包含一系列具有文化性的生产制造、活动和实践的部门，可具体分为纵向领域（核心领域和相关领域，见表6-1）与横向领域两大类。

表6-1 文化领域

核心领域				相关领域				
A. 文化和自然遗产 1. 博物馆（包括虚拟博物馆） 2. 考古和历史遗迹 3. 文化景观 4. 自然遗产	B. 表演和庆祝活动 1. 表演艺术 2. 节日、展览会、庆典、庙会	C. 视觉艺术和手工艺 1. 美术 2. 摄影 3. 手工艺	D. 书籍和报刊 1. 报纸和杂志 2. 其他印刷品 3. 图书馆（包括虚拟图书馆） 4. 图书博览会	E. 音像和交互媒体 1. 电影和视频 2. 电视和广播（包括互联网直播） 3. 互联网在线播放 4. 电子游戏（包括网络游戏）	F. 设计和创意服务 1. 时装设计 2. 平面造型设计 3. 室内设计 4. 园林设计 5. 建筑服务 6. 广告服务	G. 旅游业 1. 包机或包车旅行和旅游服务 2. 食宿招待和住宿	H. 体育与娱乐 1. 体育 2. 身体锻炼和健身 3. 游乐园和主题公园文化领域 4. 博彩	纵向领域
非物质文化遗产（口头传统和表现形式、仪式、语言、社会实践）				非物质文化遗产（口头传统和表现形式、仪式、语言、社会实践）				横向领域
教育和培训				教育和培训				
存档和保护				存档和保护				
装备和辅助材料				装备和辅助材料				

二、文化服务贸易的主要特点

（一）文化服务贸易具有高附加值的特点

文化产品具有文化知识密集、富含创意性以及附加值高等特点。文化服务贸易可以在原文化产品的价值基础上，在它的生产过程中带动产生更多的附加价值。因为发展文化服务贸易具有财富积累快、科技含量高、具有正外部性等特点，所以很多发达国家和发展中国家都逐渐意识到发展文化服务贸易的重要性。文化服务贸易的发展可以带动其他相关产业的发展，使得整个国家的经济都能得到提升，进而促进国家经济的繁荣。文化服务贸易发展具有的附加值高的特点，使得在文化产业进行贸易活动会比从事其他产品贸易活动所受的贸易阻力小很多。

（二）文化服务贸易具有经济外部性的特点

“文化”是一种客观存在，它的特点是会存在差异性，但对于文化的认同又会让人们的思想成为一体。对一国文化产品的认同会让其进而认同这个国家其他的与文化相关的附属类产品。

在文化服务贸易中，文化可以慢慢融入产品贸易和其他的服务贸易。文化会逐渐融入文化产品以及文化产品的设计、生产等多个环节，使得文化与有形和无形的产品相契合。因此，文化逐渐成为企业和国家建立品牌的重要因素。消费者消费的文化服务产品不仅能够满足消费者对文化服务的需求，而且会潜移默化地对人们的消费价值观以及文化需求、习惯等产生影响。内容健康积极的电影（电视）节目能对国民大众的行为起到很大的引导性，与此同时，也能带动消费者更多地消费产品。例如，中国曾引进了一些比较受欢迎的韩剧，如《大长今》《太阳的后裔》《继承者们》等。国内消费者出于对角色、文化等的喜爱就会接受并消费韩国产品。比如很受欢迎的韩餐，剧中人物角色所使用的韩国化妆品、服饰等。文化服务贸易所包含的文化内涵会对消费者产生影响，因此文化服务贸易所能创造出的价值远超简单的产品贸易所能产生的收入。

（三）文化服务贸易中存在“文化折扣”现象

由于不同国家的历史背景不同，因而在不同历史背景下的文化也会存在一定的差异，所以在文化认知上的差异会造成一国的文化产品在其他国家或者地区受到排斥。各种文化产品的内涵都是取自某一种文化，因此，如果一些国家和地区的受众对某一个国家的文化认知能力较强，那么这种文化就会得到最大程度的认同。但是，如果这些受众不熟知这种文化或者由于其他的原因而不太喜欢这个国家的文化，那么这种文化就不大可能会被大众所认同。综上所述，这就是“文化折扣”现象。造成“文化折扣”的原因有很多，比如贸易国之间在语言交流上存在障碍、历史背景不同以及宗教信仰的差异等都会造成“文化折扣”。

“文化折扣”使得中国的古代文化难以得到其他文化环境下人们的喜爱。“文化折扣”也存在高低之分，“文化折扣”低的文化产品易于得到别人的喜爱，而“文化折扣”高的产品就不容易被大众所接受。总之，贸易国之间的文化背景越接近，则“文化折扣”就会越低，越易于文化服务贸易的产生。

三、我国文化服务贸易的发展现状

我国文化服务贸易的发展大致经历了三个主要时期：第一个时期是20世纪80年代。这个时期处于改革开放初期，文化服务贸易的主要表现形式为中外文化交流，旨在通过文化交流来打开国门，以推动改革开放的顺利进行。在这个时期，文化服务贸易实现了量的初始性增长。第二个时期是20世纪90年代初至21世纪初。在这个时期，我国的文化服务贸易是以文化交流为主，同时兼有了商业服务活动，特别典型的是我国的传统文化类节目通过市场化途径走出国门。第三个时期是21世纪初到现在。在这个时期，我国文化服务贸易的表现形式呈现出多元化特征，并且文化服务贸易的规模实现了快速增长。综合这三个时期来看，我国的文化服务贸易在过去三十多年中由无到有，由单一到多元，初步具备了一个产业的完整特征。从整个文化贸易的角度来看，我国的文化服务贸易也实现了从以文化产品贸易为主向以文化服务贸易为主转变，而且文化服务贸易所占的比重不断提高，实现了跨越式发展。但与此同时，我国的文化服务贸易仍然存在着较大的问题和不足。

（一）文化服务贸易的进出口额逐年递增，但贸易逆差进一步扩大

近年来，我国文化服务贸易进出口额都有较快增长，其中，出口额的增长要明显快于进口额的增长，贸易逆差呈现进一步扩大趋势。2011—2016年我国文化服务贸易呈现出增长态势。以个人、文化和娱乐服务为例，2016年个人、文化和娱乐服务的进出口额为30.9亿美元，是2011年的5.9倍，年均增长率约为42.8%，高于世界文化服务贸易的平均增长速度（12.3%）。其中，2016年的出口额为7.7亿美元，是2011年的6.4倍，年均增长率约为45%；进口额为23.2亿美元，是2011年的5.8倍，年均增长率为42.1%。

（二）文化服务贸易的国际市场份额不断上升，但国际市场占有率较低

随着文化服务贸易的快速发展，我国文化服务出口的国际市场占有率不断上升。2011年，我国个人、文化和娱乐服务的出口额为1.2亿美元，占世界文化服务贸易出口总额的0.29%；2016年的出口额增长到7.7亿美元，约占世界文化出口总额的2.6%。近年来，我国文化服务贸易出口额的国际市场占有率在总体上呈现不断上升趋势，但整体而言，中国文化服务出口的国际市场占有率较低。

（三）文化服务贸易的市场集中度高，贸易结构不合理

我国文化服务贸易的市场集中度高，主要集中在北美、日本、西欧等少数西方发达国家，对东南亚、中亚、中东、非洲和南美等地区出口相对较少，贸易结构不合理。根据联合国的贸易统计，2015年我国个人、文化和娱乐服务的出口对象国主要集中在荷兰、德国和英国等欧盟国家以及俄罗斯，对这些国家的出口额占我国该大类文化服务出口总额的99%。

（四）文化服务的科技水平与创新能力较低

当前，我国文化服务贸易产品尚缺乏对具有中国特色的文化资源的整合与再造，文化服务产品的创新性、科技含量和品牌创建能力还比较低。在我国文化服务的出口中，以杂技和舞台剧为代表的实用文化服务和以书法为代表的直接文化艺术服务是主要的产品类

型，它们的“文化折扣”少，具有较好的传统市场影响力，但在传统文化的呈现方式、方法和内容等方面创新不足。例如，在动漫、网游、电影和视听等产品的形成中，我国企业提供的中间制作服务、素材搜集与供应服务和承接产品外包服务，很多都在相关产品的供应链中处于较低端的位置，因而科技含量低、附加值也不高。以数字创意产业为例，作为战略新兴产业，该产业主要包含以数字技术引领的动漫、影视、游戏、VR等。2016年，中国数字创业产业实现产业规模5 939亿元，同比增长23%，但距离欧美发达经济体尚有很大的差距。英国数字创意产业贡献了8%的GDP，全球15%的音乐源自英国，全球60%以上的动漫制作源自日本，而我国的数字创意产业仅仅贡献了0.7%的GDP。

四、在贸易争端下，未来我国文化服务贸易的发展对策

在全球贸易争端加剧、贸易保护主义势力抬头的大环境下，虽然我国的文化服务贸易规模快速扩大，占世界文化服务贸易的比重稳步提升，但文化服务贸易产业与贸易模式的落后，以及文化服务贸易市场的不均衡，都对我国进一步推进文化服务贸易的发展提出了更大的挑战。

（一）参与文化贸易规则的制定，加强政策沟通和战略对接

当前，国际社会在文化服务贸易领域已形成了部分规则，虽然这在一定程度上反映了文化服务贸易参与各方的利益诉求和价值判断，但不可否认，强国为维护自身利益所形成的有些文化贸易规则必然与公平贸易和共同发展的基本要求相冲突。随着我国的崛起和文化服务贸易规模的不断扩大，必须根据我国文化产业和文化贸易所处的阶段，积极参与文化贸易规则的制定，推动我国在国际文化服务贸易规则中话语权的提高，构建适应我国文化贸易发展的规则体系。

（二）促进文化产业的转型升级

促进文化产业的内容和科技创新，坚持文化立国战略，按照全球化、多元化、创新化和科技化的基本要求规划并加速文化产业的转型升级，强化创新引领，深化文化服务贸易创新发展，培育新业态、新模式，激发市场主体的活力，树立起中国文化服务的国际品牌，奠定提升中国软实力的基础。

（三）借力“一带一路”倡议，加快实现文化服务贸易伙伴的多元化

我国文化服务贸易的对象主要集中在美国和欧盟等较发达的国家及地区，表现出较高的贸易集中度。尽管贸易伙伴的稳定有助于贸易规模的放大和品质的提升，但这种稳定性也导致了我国文化服务贸易对外依存度的上升，在贸易保护主义抬头的大背景下，一旦相关贸易伙伴实施文化贸易保护主义措施，极易直接影响我国文化服务贸易的健康发展和中华文化影响力的拓展。借助“一带一路”建设新发展倡议，向沿线国家积极出口我国优秀的文化服务，与越来越多的沿线国家展开的文化服务贸易，不仅有助于我国文化服务贸易的多元化，降低文化服务的国际贸易风险，也有助于提高沿线国家对我国文化的认同，助力我国软实力的国际投送和国家战略的实现。

（四）持续放宽市场准入，加大知识产权的保护力度

以负面清单的形式，持续放宽市场准入，扩大文化领域开放，积极引导创意数字产业

等新兴文化服务产业发展。进一步加大知识产权保护力度，在发展文化产业和深化文化体制改革的过程中，第一步的产权和所有权已经明晰，现在需要进一步建立知识产权保护体系，产权和所有权是实现配置文化产业物质资源的基础，而保护知识产权则是文化产业的灵魂！产权、所有权是对物权的体现、而知识产权则是对人的体现、对人的尊重。此外，保护知识产权也体现了按劳分配的原则，有利于激发文化工作者的主观能动性，是对劳动的尊重和保护，保护知识产权实际上就是在保护人。

本章小结

本章第一节介绍了国际服务外包，主要包括服务外包的基本定义、服务外包的国际竞争格局、服务外包目前使用的一些竞争策略以及服务外包的风险。

第二节介绍了电信、计算机和信息服务贸易的一些相关内容，主要包括我国电信、计算机和信息服务贸易的发展情况、各国在信息服务上的竞争情况以及对计算机和信息服务贸易的风险及安全监管的介绍。

第三节讨论了知识产权服务贸易的分类，并以国际许可证贸易为主介绍了技术、商标、专利等的主要贸易方式，以及专利和商标所具有的一些特殊性质及我国为鼓励技术进出口所做的一些努力。

第四节介绍了文化服务贸易，包括不同国际组织对文化服务的分类、文化服务贸易的特点，以及我国文化服务贸易的现状和未来发展对策。

课后思考题

1. 什么是国际新兴服务贸易？
2. 结合所学的知识，分析我国的高科技产业如何更好地发展离岸外包。
3. 国际许可证贸易的分类是什么？
4. 简述国际知识产权贸易的分类和适用产业。
5. 几种文化服务的分类方法有什么异同？

第七章 国际服务外包

学习目标

1. 掌握国际服务外包的形式
2. 了解国际服务外包市场的现状及发展趋势
3. 熟知中国服务外包市场的潜力

引　子

惠普工程师于2004年2月入驻国家开发银行总部，经过初期的摸底调查、病毒采样分析测试、了解系统状况后，随即开始系统升级工作。2005年4月，惠普工程师完成了国家开发银行总部及所有分行的防病毒软件升级工作，系统运行良好。

病毒防治服务工程师在整个项目实施周期中负责完成每周的新病毒预警、近期恶性病毒预警通报等工作；始终保证在第一时间发布每月的操作系统安全补丁安装通报（100%在3个工作日内完成）；客户升级监控、升级服务器运行监控、EPO服务器系统备份、EPO服务器数据库备份等工作均按照工作计划定时进行；防病毒信息发布网站的内容更新及时，病毒库更新文件、操作系统安全补丁安装程序均在发布前经多次测试以保证有效；对行内用户提供网络安全常识及计算机安全使用技巧方面的相关培训等。除恶性病毒突然爆发的情况外，国家开发银行月病毒查杀数量已明显降低，仅为未实施防病毒项目前病毒查杀总量的10%～20%。

由于绝大多数计算机已安装了防病毒软件客户端，而且客户端病毒库的更新及时有效，因而一般病毒的感染、查杀数量已基本稳定。病毒防治外包项目的实施，大大增强了国家开发银行计算机设备的网络安全程度，有效地降低了网络安全问题导致的风险，降低了计算机病毒及恶意程序对行内计算机环境的危害，成为保障行内计算机环境安全洁净、平稳运行的不可或缺的手段。

随着社会分工的细化和发展，无论是产品还是组织形式都将从单一的大规模生产向精细化和个性化转变，因而各类服务的支持已成必然。

这种由企业外部专业服务提供商提供的服务支持称为服务外包。

第一节 国际服务外包简介

一、国际服务外包的定义与方式

在新一轮的国际产业转移中，服务业比较突出。作为服务业对外投资和服务贸易的主要方式，国际服务外包迅速发展，并成为国际经济领域中最活跃的因素之一。

（一）国际服务外包的定义

国际服务外包是在经济发展的情况下，企业为了更好地发展，将其非核心的业务外包出去，利用外部最优秀的专业团队来承接，从而使其专注于核心业务，达到降低成本、提高效率、增强企业核心竞争力和环境应变能力的一种管理模式。

在经济全球化的大环境下，资源的有效配置必然突破国界。放眼全球，分工与协作也不再局限于一国之内，我们必须考虑全球范围内的分工与协作。

国际分工有两种基本的类型，即水平型分工与垂直型分工。国际服务外包是融合了这两种基本类型的新模式。

企业为什么要把服务外包出去？

(1) 竞争的关键由一般技术转向核心技术。企业把一般技术的生产和服务外包出去，可以集中精力开发核心技术，以最大限度地保持企业的竞争力。

(2) 竞争的地域由区域转向全球。企业要在全球市场上保持和扩大占有率，必须利用国外资源，因而国际服务外包就成为一种有效模式。

(3) 信息技术的飞速发展，为国际服务外包提供了技术基础。信息技术，特别是网络技术的发展，使国际服务外包从可能变成现实。

(4) 成本最小化、利润最大化以及增强核心竞争力成为企业发展的内在动力。就短期效益而言，国际服务外包可以使企业节省20%～40%的运营成本。企业将自身的非核心业务外包，再将企业的资源、技术、人力运用在核心业务上，是企业资源优化配置的一种表现形式。一般来说，知识密集型、技术密集型等需要创新精神的业务大多属于企业的核心业务，它们能提供的利润与非核心业务相比也是呈几何级增长的。

（二）国际服务外包的方式

目前，从国际服务外包的水平来看，按照服务的商业需求划分，国际服务外包可以分为信息技术外包服务（ITO）、技术性业务流程外包服务（BPO）、技术性知识流程外包服务（KPO）三类。

ITO是指国际服务外包发包商以合同的方式委托信息技术服务外包提供商向企业提供部分或全部的信息技术服务，主要包括以下几种方式，见表7-1～表7-3。

表 7－1　软件研发及外包

类别	适用范围
软件研发及开发服务	用于金融、政府、教育、制造、零售、服务、能源、物流和交通、媒体、电信、公共事业和医疗卫生等行业，为用户的运营、生产、供应链、客户关系、人力资源和财务管理、计算机辅助设计、工程等业务进行软件开发，定制软件开发，嵌入式软件、套装软件开发，系统软件开发，软件测试等。
软件技术服务	软件咨询、维护、培训、测试等技术性服务。

表 7－2　信息技术研发服务外包

类别	适用范围
集成电路设计	集成电路产品设计以及相关技术支持服务等。
提供电子商务平台	为电子贸易服务提供信息平台等。
测试平台	为软件和集成电路的开发及运用提供测试平台。

表 7－3　信息系统运营维护外包

类别	适用范围
信息系统运营和维护服务	客户内部信息系统集成、网络管理、桌面管理与维护服务；信息工程、地理信息系统、远程维护等信息系统应用服务。
基础信息技术服务	基础信息技术管理平台整合等基础信息技术服务（IT 基础设施管理、数据中心、托管中心、安全服务、通信服务等）。

BPO 是指国际服务外包发包商将一个或多个原本属于企业内部的职能（后勤管理、客户管理、财务会计、人力资源开发、采购、培训等）外包给服务外包提供商，由后者拥有、运作、管理这些职能，主要内容见表 7－4。

表 7－4　技术性业务流程外包

类别	适用范围
企业业务流程设计服务	为客户提供内部管理、业务运作等流程设计服务。
企业内部管理数据库服务	为客户提供后台管理，人力资源管理，财务、审计与税务管理，金融支付服务、医疗数据及其他内部管理业务的数据分析、数据挖掘、数据管理、数据使用的服务；承接客户专业数据处理、分析和整合服务。
企业运营数据库服务	为客户提供技术研发服务，为企业经营、销售及产品售后服务提供的应用客户分析、数据库管理等服务，主要包括金融服务业务、政务与教育业务、制造业务、生命科学、零售和批发与运输业务、卫生保健业务、通信与公共事业、呼叫中心等。
企业供应链管理数据库服务	为客户提供采购、物流的整体方案设计及数据库服务。

KPO是一种帮助企业研究解决方案的服务，主要通过多种途径获取信息，经过即时、综合的分析、判断和研究，提出对策与建议，为发包方的决策提供依据。KPO主要用于知识产权、医药和生物技术研发及测试、产品技术研发、工业设计、分析和数据挖掘、动漫和网络游戏设计研发、教育课件研发、工程设计等领域。

按照外包承接商的地理位置，服务外包可以分为离岸外包、近岸外包和在岸外包三种类型。

1. 离岸外包

离岸外包（offshore outsourcing）是指外包商与其供应商来自不同国家，该外包工作需要跨国完成。在经济全球化的潮流中，通过国际合作，充分利用国家或地区的劳动力成本差异，是企业降低生产成本、增强综合竞争力的有效途径。同样，软件领域里的国际软件外包形成了软件离岸外包的概念。

离岸外包是企业充分利用国外资源和企业外部资源进行产业转移的一种形式，主要是指跨国公司利用发展中国家的低成本优势，将生产和服务外包到发展中国家。与对外直接投资相比，由于离岸外包具有降低成本、强化核心能力、扩大经济规模等作用，因此越来越多的跨国公司将离岸外包作为国际化的重要战略选择。离岸外包兴起于制造业，但进入21世纪以来，由于发展中国家的技术、人力资源等要素水平不断提高，而且保持了低成本优势，所以大量的服务业离岸外包从发达国家转向发展中国家。因此，承接新一轮跨国公司服务业外包成为许多发展中国家利用外资、实现经济增长的新途径。

离岸外包经历了三个发展阶段：

(1) 第一阶段：在20世纪80年代，美国为“领头羊”，英国紧随其后，企业最初进行服务外包的目的是为了降低成本。第一阶段的服务外包管理和发展受限于工具与带宽。随着新融资工具——私人融资计划（private finance initiative，PFI）及公私合股经营（public private partnership，PPP）的出现，全球资金市场逐渐开放与流动。

(2) 第二阶段：服务外包的发展波及西欧。在这个阶段，世界贸易组织开始允许ITO/BPO应用于制造业，并使产品流通增加。

(3) 第三阶段：服务外包在欧洲市场上得到发展，涉及波兰、捷克、匈牙利等国。欧洲的统一税制开始施行于爱尔兰、斯洛文尼亚等国，后来增加了保加利亚和罗马尼亚，直接导致印度、中国及其他离岸外包国家改善了政策环境和带宽等能够吸引服务外包的基础设施环境。

联合国发布的《2018年世界经济形势与展望》指出，全球经济增长趋强，2018年全球经济增长达3.2%，是自2011年以来的最快增长。预计2020年全球离岸服务外包将达1.65万亿～1.8万亿美元的市场规模。

2. 近岸外包

近岸外包（nearshore outsourcing）是指转移方、服务方和承接方分属于邻近国家的服务外包。

例如，墨西哥的一家服务提供商向美国的一家企业提供服务，或者中国的服务提供商向日本的一家企业提供服务等属于近岸外包。

邻近国家之间的服务外包通常在语言、文化背景方面有较大的相似性，因而可以降低服务外包双方的沟通、合作、运输成本。近岸外包属于离岸外包的一种特殊形式。

3. 在岸外包

在岸外包（onshore outsourcing），又称境内外包，是指外包商与外包供应商来自同一个国家，因而外包工作在国内完成。

在岸外包更强调核心业务战略、技术和专门知识。外包企业追求的重点已从降低固定成本转移至可变成本、规模经济，其对于价值增值更为重视；离岸外包主要强调成本节约、技术熟练的劳动力的可用性，借助较低的生产成本来抵消较高的交易成本。

二、当代国际服务外包的形势

服务外包的本质是企业以价值链管理为基础，将其非核心业务通过合同方式发包、分包或转包给本企业之外的服务提供者，以提高生产要素和资源配置效率的跨国生产组织模式。

国际服务外包是个新生事物，它源自 20 世纪 80 年代的 IT 产业软件服务。早期的服务外包并不是为了降低成本，而是为了满足服务需求。

随着科学技术的不断进步，全球经济一体化的进程不断加快，全球产业结构开始进入调整之中。随着国际分工的深入化、精细化以及生产在不同环节的细分，很多企业纷纷将非核心的服务活动交给其他企业进行，由此产生了国际服务业的大规模转移。服务外包作为一个行业得以迅速成长，并成为国际经济贸易活动的重要形式。

进入 21 世纪，全球服务外包业持续平稳增长，特别是离岸外包的增势喜人，它以超过 20%的速度增长。半数以上的欧美公司计划将更多的服务外包业务转移到海外。从市场结构来看，全球服务外包业务逐渐从基础的技术层面的外包业务转向高层次的服务流程外包业务，即 BPO 将继续保持高于 ITO 的增速。

据联合国贸易和发展会议估计，服务外包将保持 30%～40%的递增速度，其发展势头强劲，日益成为世界经济增长的新引擎。

首先，发达国家是国际服务外包的主要发包国（2013 年美国离岸服务外包的发包额约占全球外包总额的 64%）；其次，欧洲约占全球外包总额的 18%；最后，日本约占全球外包总额的 10%，其他国家的市场份额不到 10%。也就是说，美、欧、日主导了国际服务外包产业的发展，而其他国家和地区所占的比例不到 10%。全球服务外包产业的发展呈现出严重依赖美、欧、日三方的“中心-外围”市场格局。

美国占据了全球服务外包市场的 64%。IDC 的统计显示，2010 年北美地区仅 BPO 的支出就达 4 309 亿美元，主要由美国的需求推动，美国所占的份额达发包市场的 40%以上。据统计，90%的美国公司至少有一项业务被外包。

欧盟占全球服务外包市场的 18%，以近岸外包为主，涉及的行业主要是金融银行业，其主要承接市场集中在爱尔兰。IDC 的统计表明，2010 年欧洲地区仅 BPO 的支出就达 1 119亿美元。统计显示，70%的欧洲公司至少有一项业务被外包。

日本占全球服务外包市场的 10%，以近岸外包为主，涉及的行业主要是信息软件业，其主要承接市场在中国。IDC 的统计表明，2010 年亚太地区（以日本为主）仅 BPO 的支出就达 751 亿美元，占全球总支出的 12%以上。

从服务外包承接方来看，近年来承接国的数量激增、层次多元化。发达国家的服务外包承接国主要有澳大利亚、爱尔兰、加拿大等，这些承接国的服务外包业发展已趋向成熟，并形成了一定的产业规模。然而，从成本来说，发展中国家在人力成本方面的优势是明显的，所以一些发达国家在承接服务外包业务方面落后于发展中国家。发展中国家的承接商已成为全球服务外包市场上的重要承接方。亚太地区的服务外包发展迅速，已成为服务外包业发展的重要引擎，中国、印度、菲律宾承接了全球服务外包市场60%以上的份额。印度被视为最成熟的接包方，是接包市场中的"领导者"，而菲律宾是中国发展服务外包业最有力的"竞争者"。

印度作为最成熟的接包方，有"世界办公室"的美誉，位居全球服务外包接包市场之首。印度国家软件和服务公司协会发布的研究报告表明，2010年印度ITO和BPO的出口额达560亿美元以上，增加了13%，占全球40%以上的份额。

菲律宾凭借其在语言、人才和文化方面的优势，其服务外包发展得十分迅速。呼叫中心是菲律宾服务外包的重头戏，它也是菲律宾服务外包中增长最快、占有率最高的部分。菲律宾话务服务行业协会的报告称，2010年菲律宾呼叫服务行业的营业收入已达63亿美元。这表明菲律宾已超过印度，成为全球最大的呼叫中心服务外包国。

与率先进入国际服务外包领域的印度、菲律宾相比，我国的服务外包起步稍晚，但近年的增势迅猛。2006—2016年我国服务外包业的规模迅速扩大，执行金额从13.8亿美元增至1 064.6亿美元，年均增长率超过50%。服务外包企业从500多家迅速扩展到近4万家，而且这一行业已成为我国高学历人才聚集度最高的行业。此外，放眼全球，我国已成为全球第二大服务接包国，离岸服务外包执行金额从13.8亿美元增至704.1亿美元，在全球离岸服务外包市场的份额从不到1%攀升到33%，稳居全球第二位，我国的离岸服务外包市场从以日本为主拓展到北美、欧洲、东南亚、中东欧、西亚和北非等200个国家及地区。

三、当前国际服务外包市场发展的特征

当前，国际服务外包市场的发展呈现出以下特征：

1. 交易规模迅速扩大

美、欧占据了主要的市场份额。当今世界的服务外包交易规模日益增加，主要体现在两个方面：①外包的金额越来越大。据世界贸易组织的统计，2017年全球服务进出口总额为10.4万亿美元，同比增长7.1%；联合国贸易和发展会议的统计显示，服务业占全球外国直接投资（FDI）存量的比重持续保持在60%以上。云计算、大数据、人工智能等新一代信息技术的发展应用及与实体经济的深度融合，将为服务外包业的转型发展带来更多机遇。②美、欧依然占据主导地位。2016年，在全球信息技术（IT）服务市场中，美洲是规模最大的市场，占据了51.7%的份额，增长率为3.2%；欧洲、中东和非洲地区（EMEA）占据了31.3%的份额，增长率为1.7%；亚太地区是增速最快的市场，占据了17%的份额，增长率为6.8%。在全球BPO市场中，美洲依然是规模最大的市场，占据了62%的份额；欧洲、中东和非洲地区占据了21%的份额，增长率为2%；亚太地区占据了16%的份额，但增速最快。在全球IT离岸服务外包市场中，美国的占比为67%；随后是英国，占比为9.2%；整个欧洲、中东和非洲地区的发包金额占比达到23%，亚太地区则接近10%。

在这场由美国引领的服务外包浪潮中，美国仍然扮演了“领头羊”的角色，它不仅是世界上最大的发包市场，同时也是世界上最大的接包市场。美国接包商的竞争力居世界第一——排名世界前6名的接包商全部来自美国。

英国和德国是服务外包发展最快的两个国家，英国占2004年全球外包合同金额的20%；德国排在英国之后，其市场份额为12.5%。虽然亚洲国家也有不俗的表现，不过总体上仍落后于美国和欧洲。

2. 以ITO和BPO为主，服务外包业务不断拓宽

目前，ITO和BPO是服务外包的两大主要业务领域。在当今的服务外包业务中，ITO占41%，BPO占39%。相对于ITO业务，BPO业务对外包接包商的管理水平和服务水平有更高的要求。有关专家预测，BPO将成为未来服务外包的主导业务。

信息技术及网络技术的发展使服务外包所需的技术知识水平不断提高，全球知识型服务外包逐渐兴起。许多公司不仅将数据输入、文件管理等低端服务外包，而且将风险管理、金融分析、研发等技术含量高、附加值大的业务外包出去，从而产生了金融外包、医疗服务外包、研发外包等新的外包业务。

3. 参与服务外包的群体日益增多

由于发包商将部分业务外包的目的是想用较低的成本获得较高的服务质量，在这种利益的驱动下，目前服务外包并不局限于发达国家和一些大公司，许多发展中国家和一些中小发包商甚至个人为了降低成本，也将部分业务外包出去，致使外包的客户范围不断延伸。与此同时，外包的承接国家越来越多，一些发展中国家也加入了承接国际服务外包的行列，如印度、中国、菲律宾、泰国、越南、柬埔寨、马来西亚、委内瑞拉、孟加拉国等。

美国和欧洲一些国家的公司在服务外包中主要扮演着发包商的角色，其发展比较成熟，并以离岸外包为主。

日本是以发展在岸外包为主的国家。目前，日本的大部分业务仍停留在软件设计、代码转换阶段，但在基于IT的服务及业务流程离岸外包方面，日本发包商已表现出了迫切的需求。在接包商方面，印度以国际市场为主的服务出口型外包模式在承接国际外包业务方面一枝独秀。印度的服务外包以软件外包为主，其软件出口额在1990年前后达到1亿美元，在20世纪90年代中期突破10亿美元，在2000年前后突破100亿美元，2017年的软件服务外包出口收入超过650亿美元。此外，印度还承接客户管理、财务服务、支付服务、行政管理、项目开发等许多领域的服务外包业务。虽然中国发展服务外包起步较晚，但也有自己的优势和特色。

4. 全球服务外包以离岸外包为主，以在岸外包为辅

如前所述，发包商进行服务外包考虑的是降低成本，再加上全球经济发展的不平衡性，比如一些发展中国家的教育水平较高而工资水平较低，致使越来越多的外包业务以离岸的方式进行。例如，通用公司（GE）提出公司外包业务的70%采用离岸模式。著名的管理咨询公司麦肯锡预测：在今后5年内，美国白领工作的离岸外包将增长30%。与此同时，我们也应看到，正是由于欧美发达国家的服务外包业务以离岸外包为主，才使得印度以软件外包为主的服务外包模式如此发达以及服务外包在我国得以迅速发展。正是因为这个原因，服务外包越来越多地被发展中国家所接受。可以说，离岸外包使得服务外包变得

全球化，而且全球的企业都开始参与服务外包市场。

总之，世界范围内的服务外包正在迅猛发展，这给世界上的所有参与国都带来了显著的利益。与此同时，这种外包方式为很多发包商提供了一个很好的解决方案。不过，服务外包也存在许多风险。

第二节 国际服务外包的兴起和发展趋势

一、国际服务外包的产生和兴起

早在19世纪，英国政府就将街道照明、监狱管理、道路维护、税务征收等公共服务外包给私营部门提供；同期，美国和澳大利亚分别将国家邮件快递服务外包给私营部门，法国私营企业通过竞标承包国家铁路网络等交通设施的建设和维修工程。

服务外包作为新兴产业，兴起于20世纪80年代后期。服务外包从美国开始，迅速扩散到日本、欧洲，而后成为被全球跨国公司普遍接受并极力推广的新型经营模式。

服务外包的兴起是以IT等新兴技术的兴起为标志，随后带动了整个社会经济的增长，使整个社会经济进入了重新整合的时期。总之，国际服务外包的兴起有其深刻的社会和经济原因：

1. 行业成熟背景

相关行业主要是指由各种经济资源或承接企业组成的行业。随着相关行业的日趋成熟，市场交易成本大大降低，行业内逐渐形成了有序、健康的竞争格局，企业能够通过市场交易实现资源的最佳配置。因此，服务外包市场的规模相对于整个行业的规模越来越大。

2. “工业4.0”的到来

前三次工业革命的发生分别源于机械化、电力和信息技术。如今，随着“物联网”及服务的引入，制造业迎来了第四次工业革命。不久的将来，企业能以CPS（cyber physical systems，信息物理系统）的形式建立全球网络，整合其机器、仓储系统和生产设施。“工业4.0”将建立一个“物联网”，它可实时影响所有工业生产性设备，使人与设备、设备与设备、设备与产品，乃至产品与客户、管理、物流等均可进行自发性连通与交流，并自动向最优解决方案调整，进而构建一个具有高度灵活性、个性化，能利用最少资源进行最高效率生产的工业生产体系。

“工业4.0”的生产模式将由集中向分散转变，由产品同质化向个性化转变，这将打破传统的产业链结构，实现实时优化且自我组织的产业链。以往传统的“自上而下”或“自下而上”的从原材料开采、多级零部件供应商、多级生产企业、多级经销商到消费者的产品生产销售模式将不复存在，取而代之的是更智能的生产消费模式：消费者的个性化需求订单通过网络直接传递至总生产商，通过人与设备、设备与设备的交互在众多相关企业间形成一个最优生产分配方案，企业当前时点的生产负荷、设备损耗、库存多寡、与总生产商的距离远近、物流情况等各种因素对生产过程的影响均被充分考虑。在生产过程中，各地厂商的相关设备通过实时互通，自动调整生产进度并相互配合完成生产工作，而消费者通过移动客户端就可便捷地对产品生产情况进行追踪，乃至更改订单的内容。

3. 市场经济体制背景

市场经济体制的成熟、完善有利于交易的稳定进行，成熟的市场格局和不断健全的管理体制可相对降低企业之间交易的不确定性，有利于提高企业间的交易效率，使实施外包战略的企业的运营成本降低。

4. 国际分工背景

市场的急剧扩张导致企业间的竞争趋向国际化、高端化，从而促使大量企业调整了经营范围，以便充分利用社会乃至国际分工带来的机遇。

从战略角度考虑，企业产品结构的调整过程便是服务外包产生的过程。

二、国际服务外包发展的三个阶段

（一）国际产业转移的四个阶段

国际服务外包源于国际分工的深化，因此国际服务外包与世界范围内的国际产业转移有着密切的联系。随着经济全球化的发展和全球产业转移的加速，国际产业转移在不同阶段呈现出不同的势头：

（1）第一阶段为 20 世纪 50—60 年代，发达国家跨国公司开始转移制造业，即制造业外包。

（2）第二阶段为 20 世纪 80 年代后期，发达国家开始转移服务业。近年来，在服务业转移的过程中，服务外包几乎同时发展，而且服务外包逐渐成为服务业转移的主要形式。

（3）第三阶段为 20 世纪 90 年代，跨国公司开始转移研发业务。

（4）第四阶段为 21 世纪，跨国公司开始转移地区总部。

国际产业转移的上述四个阶段与服务外包的发展几乎同时发生、同步而行，由此可见，国际产业转移与国际服务外包是相辅相成的关系。

（二）离岸服务外包发展的三个阶段

在 20 世纪 80 年代以来的国际产业转移中，离岸服务外包呈显著增长的趋势，并迅速从发达国家向新兴经济体（中国、印度、巴西、俄罗斯、南非）延伸。在此期间，又经历了三个阶段：

（1）第一阶段为 20 世纪 80 年代，美国与英国最先动作。美国最先实施了离岸服务外包，而英国紧随其后，它们的初衷是为了降低成本，并获得通信工具与网络的支持。

（2）第二阶段为 20 世纪 90 年代，服务外包扩散到西欧，促使呼叫/客户服务中心大量兴起，主要是 WTO 的有关约定促进了制造业和商业服务领域中的外包快速发展。

（3）第三阶段是进入 21 世纪后，服务外包在整个欧洲市场得到广泛认可，涉及波兰、捷克、匈牙利等国。欧盟的统一税制推动了爱尔兰、斯洛文尼亚、保加尼亚、罗马尼亚等国企业承接离岸服务外包。随着知识经济和信息化社会的加速发展以及通信及 IT 基础设施等软硬件环境的不断健全、完善，印度、中国及其他发展中国家开始调整政策，逐步加入离岸服务外包承接行列。自此，离岸服务外包的发展领域日趋广阔。

三、国际服务外包的新趋势

进入21世纪后，国际服务外包的发展又出现了一些新特点：

(1) 发展普遍、增速快。据IDC预测，到2020年全球服务外包市场的规模有望达到1.65万亿～1.8万亿美元，其中离岸服务外包市场的规模约为4 500亿美元。为争取更多的市场份额、跻身全球价值链中高端环节，全球70多个国家（地区）将承接国际服务外包确立为战略重点，旨在拓展国际服务市场，并不断加大对企业能力建设的政策支持力度。

(2) 服务外包的应用范围广、业务层次提升。目前，服务外包已广泛用于信息技术、人力资源、金融、保险、会计管理、物流管理、后勤管理、旅游管理等服务领域。许多公司不仅将数据输入、文件管理等低端服务外包，而且将风险管理、金融分析、研发等技术含量高、附加值大的业务外包。国际服务外包业务正逐渐从“最基础的技术层面的外包业务”转向“高层次的服务流程外包业务”。

(3) BPO的增速快于ITO，但仍以IT外包为主。从发展趋势看，业务流程外包比传统的信息技术外包有更高的增速，但在金融危机的情况下，全球的BPO业务遭遇了一定困境。目前，IT和金融外包仍然主导着服务外包业务。

(4) 参与群体增多，但市场比较集中。目前，服务外包并不局限于发达国家和大公司，许多发展中国家和中小企业出于降低成本的目的，也将部分业务外包出去，因而服务外包的客户范围不断延伸。其中，美国、西欧和日本是世界主要发包地区，这三个地区转移的业务占全球的95%；中国和印度已成为全球两个最大的接包国。

(5) 离岸方式强化。2016年，全球服务外包市场的规模突破1万亿美元，其中离岸服务外包市场的规模达到2 137.9亿美元，同比增长6.9%，其增速超过全球服务外包市场。由于一些发展中国家的教育水平较高而工资水平较低，致使越来越多的服务外包以离岸方式进行。

除了服务外包的新特点，国际服务外包在全球范围内也逐渐显现出新的发展趋势：

(1) 服务接包方向亚太地区转移。受国际金融危机影响，国外大企业更注重节约运营成本，纷纷将非核心业务外包出去，这为亚洲国家的服务外包企业提供了发展契机。当前及今后一段时间，全球发包市场仍将集中在美、欧、日等发达国家或地区。由于一些发展中国家的教育水平较高而工资水平较低，加之政治环境、经济环境及法律环境方面的因素，中国、印度、爱尔兰、菲律宾和俄罗斯等国将是全球外包市场的主要承接国。

目前，国际服务外包的发包方有两种选择倾向：

第一，以美国的离岸服务外包方式为特征，主要选择印度、中国、菲律宾等距离较远、成本低廉、人才丰富的区域。

第二，以欧洲和日本的近岸外包方式为特征，主要选择与本国距离较近和文化接近的区域进行服务外包。其中，日本外包业务的40%在中国进行。

(2) 由信息技术主导的外包规模不断扩张。从2008年国际金融危机可以看出，ITO业务依然保持较快增长。这说明随着技术的进步，服务业已完成从以产品为中心到以客户为中心的转变。在这个转变的过程中，高科技含量、高附加值的业务所占的比例将越来越高。具体说来，服务外包已完成从维持系统的可供性到企业所有业务流程的转变，发包方与接包方之间形成了新的战略协作伙伴关系。这种关系的建立使先前提供单一服务的接包方转变为提供包括更先进的应用程序、风险管理、金融分析、研发等在内的高科技含量、高附加值的服务外包业务。

（3）垂直市场得到重视。通常说来，外包服务项目与产业类别无关，尤其在IT领域（如数据输入或维修服务器）是不区分垂直市场的。但是，随着外包市场的竞争日趋激烈，服务外包公司很难在与同业的竞争中凸显特色，以赢得有利位置。另外，客户迫切希望服务外包公司能提供更符合自身需求的服务。近年来，通过掌握垂直市场所需的专业技术，从而介入垂直市场，并获得为客户提供更专业服务的能力是一种很有效的策略。

第三节　国际服务外包在中国

一、中国服务外包市场的现状与特色

（一）中国服务外包市场的现状

伴随着我国经济社会的发展，服务业在国民经济中的比重不断提升。与此同时，我国服务贸易占外贸进出口总额的比重也在不断上升。2017年，我国服务进出口延续增长态势，规模再创历史新高，总金额超过7 000亿美元，服务进出口规模连续4年保持全球第二。

1. 服务外包合同额超过1 000亿美元

在2008—2017年间，中国服务外包企业承接离岸服务外包执行金额年均增幅超过50%，占全球离岸外包市场的份额也由7.7%增长至30.2%，使我国稳居全球第二大服务外包承接国。据商务部统计，2017年中国共签订服务外包合同金额1 807.5亿美元，同比增长25.1%；完成服务外包执行金额1 261.4亿美元，同比增长18.5%。其中，离岸服务外包合同的签约金额、执行金额分别为1 112.1亿美元、796.7亿美元，同比分别增长16.7%、13.2%，其增长速度超过服务贸易的出口速度，是新兴服务业出口的核心。

2. 聚集大量高学历人才

在2006—2017年间，我国服务外包执行金额从13.8亿美元增至1 261.4亿美元，年均增长达50%；从业企业从500多家迅速扩展至近4万家；从业人员由不足6万人增长至860多万人，其中大学（含大专）以上学历551万人，占从业人员总数的64.4%，成为我国高学历人才集聚度最高的行业。

3. 产业发展向量、质并举转型

创新逐步成为服务外包企业的核心驱动力，企业从依靠低成本竞争向依靠智力投入取胜转变。2017年，技术性知识流程外包服务（KPO）发展迅猛，特别是在国际业务领域，增长约为18%，均超过信息技术外包服务（ITO）、技术性业务流程外包服力（BPO）7个百分点以上。它的增长主要得益于知识产权外包服务、管理咨询服务、数据分析服务、工业设计外包及医药研发服务。2017年，ITO、BPO、KPO业务的执行金额分别为618.5亿美元、

235.7亿美元、407.2亿美元，三者的业务结构由2016年的53：16：31调整为49：19：32。“云计算”、大数据、移动互联等技术创新和应用，推动我国服务外包产业向价值链高端延伸，同时业务结构不断优化。

4.“一带一路”沿线国家的经贸合作加深

经贸合作是推进“一带一路”建设的基础和先导。2017年，我国企业承接“一带一路”沿线国家的服务外包合同执行金额152.7亿美元，同比增长25.98%，成为国际业务发展的新亮点，占离岸服务外包执行总金额的19.2%，比2016年提升2个百分点。其中，东南亚11国是规模最大的区域，我国企业承接该区域的服务外包合同执行金额78.81亿美元；西亚和北非的16国是增长最快的区域，合同执行金额同比增长44.9%。国际服务外包业务合作已成为我国与“一带一路”沿线国家加深经贸交流与融合的一条路径。

5. 离岸业务拓展至200个国家（和地区）

美国、欧盟、中国香港、日本是最主要的国际业务来源地，2017年内地企业共完成来自这四个区域的服务外包执行金额491.4亿美元，占比为61.7%。

离岸服务外包逐渐从美、欧、日拓展至东南亚、澳大利亚、中东、拉丁美洲和非洲的近200个国家和地区，其市场多元化趋势日益显现。

（二）中国服务外包产业的发展特色

中国服务外包产业经历了10多年的快速增长，因而产业发展规模和质量都得到了极大的提升。

在2006—2017年间，我国服务外包合同执行金额从13.8亿美元增至1 261.4亿美元，年均增长达50%；从业企业从500多家迅速扩展至近4万家。中国服务外包产业呈现出从面向企业业务流程各环节的服务外包向垂直行业的综合服务外包转变的趋势，因而拥有垂直行业专业知识的企业将获得成功。接包方通过强化行业知识，可以为客户提供更专业的服务，并提升其竞争力。目前，中国在软件业、金融业、通信业、制造业、生物医药业等行业的服务外包领域已形成一定的优势，相关市场的发展初具规模。

1. 软件服务外包快速发展

（1）行业规模持续扩大。近年来，我国软件服务外包产业迅速发展，产业规模不断扩大，营业收入不断增加，对经济增长的贡献不断增强。以东软、浙大网新等为代表的龙头企业不断涌现，营业收入超过10亿元。软件外包企业应有效地整合优势资源、优化产品结构、推进品牌的国际化战略，促使其国际竞争力快速提高。

（2）产业呈集聚发展态势。我国软件服务外包产业呈集聚发展态势，以北京、天津、上海、重庆、大连、深圳、广州、武汉、哈尔滨、成都、南京、西安、济南、杭州、合肥、南昌、长沙、大庆、苏州、无锡、厦门21个服务外包示范城市为重点，形成了中国软件服务外包产业五大集群——环渤海集群、长三角集群、珠三角集群、中西部集群和东北集群。

（3）业务向二三线城市转移。随着一线城市的人力成本及商务成本的上升，软件接包企业将低附加值业务转移至二三线城市。软件接包企业的业务转移方式有两种：一种是在二三线城市设立分支机构；另一种是在二三线城市寻找长期合作伙伴。国内有不少中小企业组成了企业联盟，它们作为大型外包企业的下游企业，主要获取软件外包的转包和分包业务。

(4) 新技术为软件服务外包提供了新的发展方向。据统计，2015 年中国“云计算”的产业规模已达 1 500 亿元，未来将以接近 40%的年复合增长率快速增长。“云计算”“物联网”等新技术的应用使企业看到了新的技术方向，众多软件外包企业纷纷在新技术转型上寻找新的发展之路。

2. 电信服务外包处于优势

近年来，随着电信运营商的重组与转型，4G 网络、“物联网”、“云计算”等新技术的开发与运用，以及新型服务项目的拓展等，推动了电信服务业的大发展，促使电信服务外包市场和规模扩张迅速，并且保持了增长态势。2016 年，中国的电信服务外包市场规模达到了 2 298.1 亿元，比 2015 年增长近 20%，比 2003 年的 198.1 亿元增长了 10.6 倍。2003—2016 年中国电信服务外包市场规模的年均增长率达到了 19.1%。电信服务外包在众多服务外包行业中处于优势地位，并且呈现出广阔的发展前景。

(1) 电信服务外包市场的规模持续扩大。电信企业为降低成本、提高竞争力以及不断推出新业务，其业务外包需求持续增长。

(2) 电信服务外包市场日益专业化与规范化。随着政府管理的日益加强以及外包业务的进一步细分，电信外包市场日趋专业化和规范化。

(3) 服务接包企业与发包企业的战略合作关系更加密切。接包企业不仅能够为运营商提供服务，同时还能借助自身研发能力来把握前沿技术，引导电信运营商的最优发展。

3. 金融服务外包持续增长

目前，中国金融服务外包主要集中在银行业外包和保险业外包两个领域。银行业外包主要集中在信息技术外包、灾难备份外包、银行卡外包和客户服务四个方面；保险业外包主要集中在信息技术外包、理赔勘查外包、营销业务外包等方面。

中国金融服务外包主要集中在以下三类城市：①战略地位显著的城市，北京、上海作为金融机构最集中的两个城市，它们发展金融业服务外包具有得天独厚的优势；②地缘优势明显的城市，包括大连、深圳、广州、天津、苏州（昆山）、杭州等，它们借助自身的产业氛围，可以获得核心城市的金融业务溢出效应；③成本优势突出的城市，如成都、重庆、西安、武汉、长沙等地，它们可以低廉的人力成本及商务成本吸引金融服务外包业务的转移。随着金融业前台业务和后台业务、核心业务和非核心业务、标准流程业务和非标准流程业务分离的趋势日益加快，未来金融后台的建设和以各类后台为载体的服务外包业的发展将持续推进，筹建金融后台服务中心的城市将不断增多。目前，中国金融服务外包的发展主要表现出以下特征：

(1) 银行业和保险业的外包市场趋于成熟，证券业的外包服务正在兴起。银行业和保险业仍将持续释放大量的外包需求，从以 ITO 为主导，逐步向 BPO、KPO 领域延伸；证券业的 IT 投资日益增加，企业不断发展壮大，证券业的外包服务正在兴起。

(2) 金融后台中心建设取得长足进展。金融机构前台业务与后台业务的分离日益加速，大型金融机构利用其分支企业运营后台业务成为发展的主流模式。

(3) 发包商倾向于将 ITO、BPO 捆绑，然后寻找能提供综合技术解决方案的供应商。金融领域外包的商业模式逐渐从一般软件配套服务进入了运营操作过程承包，它将运营过程与高技术外包逐渐融合，形成了一个更完整的外包服务供应链。

（4）向专业市场发展。中小型金融服务外包企业逐步定位于做特定领域的细分市场外包服务供应商，它们通过提供特殊的专业能力，可以帮助客户处理特殊的商业功能，如图像处理、数据管理、ATM服务、E-banking服务等，以获得竞争优势。

（5）中国金融服务外包企业的市场竞争力获得了明显提升，开始探索国际市场及承接离岸业务。在我国ITO企业努力承接国际金融发包业务的同时，BPO企业正在努力尝试走向国际市场，如坐落于上海浦东的第三方支付企业快钱正在探索开展全球支付业务。但总体而言，我国的金融服务外包尚处于起步阶段。为了规范行业发展，政府在加强金融服务外包监管方面做了一系列工作，如2010年中国银行业监督管理委员会制定颁布了《银行业金融机构外包风险管理指引》，用于引导金融服务外包行业的规范发展。

4. 生物医药外包初具规模

为了促进生物医药产业的集聚式发展，在“十一五”期间，国家发展和改革委员会选择了一批产业基础好、创新能力强、市场化水平高、开放性强的地区，分批建设了国家生物产业基地和国家高技术产业基地，先后认定了石家庄、深圳、长沙、北京、上海、广州、武汉、昆明、青岛、成都、重庆等12个国家生物产业基地，以及西安、天津、泰州、通化、德州、郑州、南宁、哈尔滨、杭州、南昌10个生物产业领域国家高技术产业基地。这些基地的建设为我国生物医药服务外包产业的发展奠定了良好的基础。

目前，国内合同研究机构（Contract Research Organization，CRO）市场发展比较迅速。《中国生物医药外包行业“十三五”市场前瞻与发展规划分析报告》显示，2017年我国CRO行业的市场规模在559亿元左右，年均增长率保持在20%左右。由于人才资源丰富、基础设施完善和政府政策支持，目前中国已超过印度成为亚洲医药研发外包的首选之地。国内企业以及跨国公司越来越多地将临床研究外包给CRO公司，因而中国的CRO市场潜力非常大。经过几年的发展，我国的生物医药外包初具规模，主要呈现出如下特征：

（1）发包市场主要为国际市场，国内需求尚处于起步阶段。随着医疗改革的持续深入，国内的医药研发市场将不断释放出来，国内市场将是CRO机构未来关注的重点。

（2）海外留学人员创立的企业表现活跃。生物医药领域的认证标准相对严格，企业在国际市场上承接业务必须达到国际标准，往往具有海外背景的领导者在对国际标准的理解方面具有优势，容易获得国际市场的认可。例如，在上海张江高科技园区从事新药研发外包服务的企业桑迪亚、联友药业、华大天源等，都是由留学归国人员创办的公司。

（3）CRO企业的规模小，处于产业链低端。由于国内CRO企业的自我创新能力不足以及自主知识产权保护不力，因而规模普遍偏小。很多CRO企业成为国外企业的加工厂，开展中高端业务外包的企业不多。

（4）化学合成研究具有优势，临床外包业务的规模不大。我国CRO企业在化学合成、提取与工艺研发方面有一定优势，但在临床、动物试验研究方面的规模不大。化学合成在整个新药研发外包活动中的份额比较小，而对于份额较大的临床外包业务而言，国内的大多数 CRO 企业很难获得欧美制药企业的认可。

（5）生物医药服务外包的环境污染备受政府关注。在生物医药的研发过程中，不可避免地会产生医学废水、废气，这些有毒物质的不合理排放会造成环境污染，因而环境保护成为政府对医学服务外包企业进行监管的重要方面，而生物医药服务外包企业也在努力采取措施，以减少环境污染。

二、中国服务外包行业的发展趋势

（一）“十三五”行业发展目标

未来，我国服务外包行业的发展趋势既取决于现有的发展基础和资源优势，又取决于因国内外经济结构调整而形成的新市场需求。

《国际服务外包产业发展“十三五”规划》对未来几年我国服务外包行业的发展问题提出了如下目标：到 2020 年，我国企业承接离岸服务外包合同执行金额超过1 000亿美元，年均增长 10%以上。产业结构更加优化，数字化、智能化的高技术含量、高附加值服务外包比重明显提升。提高服务外包标准化程度，打造一批众创平台，培育一批具有国际先进水平的骨干企业和知名品牌。以服务外包示范城市为中心，扶持一批主导产业突出、创新能力强、体制机制完善的重点园区，形成区域特色鲜明、功能完善、差异发展的服务外包产业新布局。结合“一带一路”倡议，培育服务发包市场，推广和传播中国的技术与标准。鼓励政府和企业发包，壮大在岸外包市场，促进离岸和在岸业务协调。第一，优化产业结构。积极推进服务外包产业供给侧结构性改革，有序扩大服务外包产业规模，突出优势领域、关键领域和新兴领域，提升劳动密集型服务外包业务的竞争力，着力发展高技术、高附加值的综合性服务外包，向产业价值链的高端延伸。在继续大力发展信息技术外包、技术性业务流程外包、技术性知识流程外包的基础上，鼓励不同领域融合发展，提升信息化、智能化水平。以产业转型升级和市场需求为导向，不断巩固“云计算”服务、软件研发及开发服务、集成电路和电子电路设计服务等信息技术外包；着力拓展供应链管理服务、电子商务平台服务等技术性业务流程外包；积极发展大数据分析服务、工业设计服务、工程技术服务、管理咨询服务、医药和生物技术研发服务等技术性知识流程外包；大力推进信息技术解决方案服务、文化创意服务等综合性服务外包。第二，优化国际市场布局。以国际市场需求为导向，深入实施“一带一路”倡议，积极推进市场多元化，实现全方位、宽领域、多层次的互利合作格局。巩固与发达国家和地区合作，提高软件和信息技术、设计、研发、医疗、互联网等高端业务领域的服务外包业务比重。不断开拓新兴市场，积极开展新业务，大力扩展营销网络。深化“一带一路”相关国家合作，推动“装备＋服务”、“工程＋服务”和中国服务标准的国际化进程，开展工业、能源、软件和信息技术、文化创意、金融、交通物流等领域的跟随服务。支持国内企业向境外中资企业发包，带动中国标准、文化、品牌“走出去”。鼓励服务外包企业参与我国相关境外经贸合作区建设，开展国际服务外包合作，全面提升合作的质量和水平。第三，提高标准化水平。建立健全服务外包标准体系，提高中国服务标准的国际化水平。制定一批具有国际领先水平的标准并应用推广，建立和完善服务外包能力、质量和流程的标准体系。支持行业协会制定相关的发包规范和服务供应商提供服务的技术标准。建设推广信息技术服务标准ITSS品牌。积极倡导建立服务外包国际标准体系，参与制定全球数字贸易规则，增强我国在全球标准方面的话语权。

“十三五”规划提出的行业发展目标，是基于对我国服务外包各个行业发展基础的准确把握和对市场发展趋势的科学判断，具有一定的前瞻性和可行性，也是未来五年中国服务外包各行业发展的基本目标。

（二）发展趋势分析

1. 软件服务外包将继续发展

作为服务外包的基础性行业，软件服务外包将会继续发展，这是由国内外巨大的市场需求与我国有着丰富的软件开发和服务人力资源而决定的。扣除美元汇率波动影响，2017年全球IT外包服务支出为10 380亿美元，比2016年增长4.5%。全球IT服务支出呈现稳步上升的趋势；国内随着技术进步和经济结构调整，IT服务需求也会大幅增长，因此软件服务外包将会继续发展。当然，随着沿海地区人工成本和商务成本的提升，部分软件服务外包业务将会向中西部地区转移，因此软件服务外包的交付方式会发生变化，即由一线城市接单，由二三线城市交付。目前，我国中西部的二三线城市（如西安、成都、重庆、郑州、洛阳）都拥有大量的软件服务外包企业，它们与沿海示范城市的企业联手，可以承接境内外发包企业发出的软件外包业务。

2. 生物医药研发服务外包将进一步发展

目前，虽然中国生物医药研发服务外包还处于起步阶段，在产业链中仍处于低端，但由于中国拥有较雄厚的生物医药研发实力以及政府的高度重视，因而生物医药研发服务外包将会在未来几年得到进一步发展。目前，我国已形成了上海、北京、南京、天津、广州等实力雄厚的生物医药研发基地，其中上海最引人注目。在被誉为“张江药谷”的上海张江生物医药研发基地，集聚了一大批实力较强的生物医药企业，形成了生物医药产业集群发展的雏形，成为国内生物医药研发机构最集中、创新实力最强、新药创制成果最突出的标志性区域。上海市先后认定张江生物医药基地为上海市研发外包基地、上海市首批服务外包专业园区。目前，“张江药谷”已成为我国创新药物研发数最多、国内外生物医药领域专业CRO机构集聚度最高、承接研发外包业务最活跃的园区之一。它集聚了40多家CRO企业，主要的外包模式是离岸外包，其业务面基本覆盖了产业链的全过程，重点集中在临床前研发服务，在化合物合成筛选、提取与工艺研发以及临床前药理、毒理研究等方面具有较强的实力。

3. 文化创意服务外包将得到突破性发展

以承接动漫设计制作为主的文化创意服务外包行业将获得突破性的发展。

目前，从沿海示范城市上海、杭州、深圳、无锡，到中西部示范城市长沙、成都，甚至非示范城市洛阳，集聚了许多动漫创意设计企业。其中，杭州共拥有2个国家级的动画产业基地，3个国家级的动画教学基地，有200多家在册动漫企业，从业人员超过2万人；长沙拥有55家动漫游戏企业和300余家动漫工作室，动漫原创人员近3 000人，动漫相关从业人员3万多人。这些动漫设计企业不仅承接来自国外包括好莱坞大片等影视的后期制作业务，同时也在积极设计、开发拥有自我品牌的文化影视产品，已先后创造了3个知名动漫品牌——“蓝猫”“虹猫蓝兔”“喜羊羊”。目前，我国已形成了上海、杭州、长沙、深圳、成都等几大动漫生产基地，因而我国的文化创意服务外包产业在未来将得到突破性发展。

4. 金融服务、通信服务、研发设计服务外包将成为重点领域

金融服务外包在中国方兴未艾，随着中国金融市场的进一步对外开放和中国金融改革的逐步深化，金融服务外包将会拥有更广阔的市场空间。其中，在岸服务外包的市场空间将会更大，金融服务外包将继软件服务外包之后成为我国服务外包的又一个重点领域。当然，我们应该清醒地认识到，目前我国的金融服务外包无论就发展规模还是就发展水平来说，均远远落后于印度，中国在金融服务外包人才的培养和知识产权的保护等方面还需要做许多工作。

随着通信技术的发展，中国的通信服务外包具有广阔的市场前景。广阔的市场需求和素质较高的人力资源是中国通信服务外包发展的最基本条件，未来几年以呼叫中心为主要业务内容的通信服务外包将会得到更快的发展。我们已经注意到，地处中西部连接部的三线城市洛阳，以成本和地缘优势吸引了中国移动的关注，并规划建设了拥有20 000个座席的呼叫中心，承接上海、北京、广州、深圳等地的外包业务溢出，同时开展中高端呼叫中心业务，如电话调研、电话营销、客户咨询、技术支持、数据挖掘、客户管理等业务；中国平安也已将数据录入中心从上海迁到洛阳。今后，通信服务外包（包括呼叫中心业务）的地域分布格局是：沿海城市发展高端服务业务，中西部城市发展基础性服务业务。

以工业设计为重点的研发设计服务外包也将成为中国服务外包的重点领域。中国拥有众多的研发设计院所、成千上万的科研人员以及每年数百万的大学毕业生、研究生，这是研发设计服务外包的资源基础。随着科研体制改革的深化，大部分机构和人员都将成为研发设计服务提供商。在这一领域，印度与中国是无法比较的。早在十多年前，许多世界跨国公司已看到中国在这方面的比较优势，纷纷在中国设立了研发中心，利用中国廉价而优质的智力资源进行新产品、新技术的开发。

综上所述，随着服务外包新兴行业和领域的发展，中国的服务外包将从低端业务领域向高端业务领域拓展延伸，产业咨询、软件与信息系统架构设计、研发服务外包等高附加值、高技术含量的业务比重不断上升，以金融服务外包、通信服务外包、研发服务外包等为重点的BPO、KPO等高端领域将成为中国服务外包产业的发展重点。

本章小结

服务外包作为服务贸易中迅速崛起的重要组成部分，是我们研究国际服务贸易的重要一环。本章第一节介绍了服务外包的定义以及服务外包产生的相关原因，然后介绍了当前国际上常见的几种关于服务外包的分类方式，进而分析了当前国际服务外包的形势和发展特征。

第二节阐明了服务外包产生和发展的历史过程以及在此过程中服务外包得以快速发展的社会和经济原因，随后介绍了当今服务外包领域的新发展趋势。

第三节重点讲述了我国服务外包的发展状况。首先，介绍了我国的服务外包市场概

况；其次，介绍了我国在服务外包方面各个相关领域的发展现状，并分别做出了详细的分析；最后，介绍了我国未来发展服务外包产业的新方向和新趋势。

课后思考题

1. 服务外包产生的原因是什么？
2. 国际服务外包的方式都有哪些？
3. 国际服务外包的发展趋势是什么？
4. 离岸外包相对于传统外包的优势有哪些？
5. 我国发展服务外包的优势有哪些？

第八章

中国的国际服务贸易

学习目标

1. 了解中国电信服务贸易的发展情况
2. 了解我国旅游航运服务贸易
3. 了解我国各种服务贸易的未来发展

引　子

自改革开放以来，中国服务业迅速发展，规模不断扩大。然而，由于中国服务业发展的起点低、起步晚、基数小，因而整体竞争力落后。自1992年以来，中国服务贸易连续出现逆差（除1994年外），而且1996年后服务贸易逆差不断扩大，似乎表明中国服务业的国际竞争力有下降的迹象（其中，非要素服务贸易的逆差从1992年的2亿美元增加到1999年的75亿美元；要素服务贸易的逆差变化更大，从1992年的3亿美元顺差变成1999年的180亿美元逆差。然而，在将这些数据解读为中国服务业国际竞争力的指示器时要小心，因为很多服务被计入了货物出口）。中国在加入世界贸易组织后，要降低市场准入壁垒，逐步开放服务市场，允许外资进入中国服务市场并实行国民待遇，这势必会给中国服务业的发展带来挑战。因此，认真分析和评估中国服务贸易的国际竞争力，不仅可为政府采取合理的经济政策提供客观依据，促使服务业向更高层次发展，同时也有助于指导服务贸易的发展，减小服务贸易逆差，提高中国服务贸易的国际竞争力。本章主要介绍中国服务贸易在各方面的发展情况。

第一节 中国国际电信服务贸易

国际电信服务贸易是指不同国家或地区的电信局（站）之间提供的电信服务贸易。电信业属于高新技术产业。

电信是一种资本和信息的传递方式或分配系统，电信对广告、银行、保险、数据处理和其他专业服务起着决定性的作用。依据乌拉圭回合谈判达成的《服务贸易总协定》的定义，电信是通过电磁方式传递和接收信号。从技术角度来说，电信实际上是一种电子传导，用于一端到另一端的声音或数据传输，或者进行大众传播，如广播等。

一、中国电信服务业的发展现状

近年来，中国的电信业得到了迅猛发展。

在20世纪80年代之前，中国电话用户数的发展几乎是停滞不前的。从新中国成立到1978年改革开放之前，中国的电话用户数仅仅增长了170.8万户。20世纪八九十年代，新增电话用户不断增加；在2000年以后，电话用户数高速增长，达到每年新增1亿户；2007年，电话普及率达到每百人27.8部移动电话，普及率超过世界平均水平；2017年，移动电话用户总数达14.2亿户，移动电话用户普及率达每百人102.5部，这也是中国移动电话普及率首次破百。电信业务收入在全国GDP中的比重从1986年的0.3%上升到2017年的1.5%，短短的三十多年，中国电信业在拉动国民经济增长、推动国家信息化等方面取得了举世瞩目的成就。

2001年，中国在加入WTO后，随着外来竞争的加剧，中国企业的危机感迅速增加。中国各电信运营商都在不同程度上进行了国际化探索，但由于实力、规模和经验方面的差异，它们所获得的成就各不相同。以中国移动为例，目前中国移动已与200多个国家和地区的450多家运营商开展了国际通信漫游业务合作，包括“一带一路”沿线的64个国家和地区。2016年中国移动国际漫游来访/出访用户约2 800万人次，语音业务量达1.4亿分钟，数据业务量超过1 000TB。

截至2007年，中国加入WTO的五年保护期已经结束，国际电信企业正通过资本参股、技术合作等方式进入中国的电信市场，国内电信市场的竞争也在原有的竞争基础上增添了数字媒体等代表信息通信技术（ICT）的市场竞争。由此可见，中国加入WTO给中国电信业带来了挑战，同时也带来了机遇，要求中国的电信企业从信息通信技术以及国际化的角度重新审视自己的发展策略和国际化步伐。

中国电信业进行国际化运作有其自身优势。中国电信业拥有庞大的市场规模和雄厚的资金实力，电信企业在竞争力的提升过程中不断积累经验和教训。但是，中国电信业在国际化进程中也存在很多劣势，比如缺乏国际化经营管理的人才和经验、内部管理体系不完善、缺乏竞争意识。一方面，国际化可能带来企业的跨越式发展；另一方面，国际化可能带来新的风险，甚至威胁到企业的生存。

随着技术的进步和融合、经济全球化的加快，国内电信市场的空间有限，而且中国加入 WTO 的五年保护期已经结束，在这种情况下，国际化发展道路是中国电信业应对当前形势的必然选择，实施国际化战略已成为国内电信企业的内在要求和自发选择。

中国电信业只有将目光转向国际化经营，布局国际化战略，积累国际运营经验，提高综合竞争力，才有可能在未来的全球化竞争中取得有利的竞争地位。

由于我国电信业受到经济水平和技术水平等因素的制约，在很长的一段时间内，我国电信业都处在一个缓慢的发展过程中，一些主要的电信设备长期依靠外国进口来满足。因此，在 20 世纪八九十年代，外国电信设备基本上垄断了中国市场。

加入 WTO 之后，中国的电信市场进一步对外开放，不仅中国的电信制造业受到冲击，中国的电信服务业也遭到巨大冲击。但到了 21 世纪初期，中国电信业从电信设备到电信服务竞争力逐渐增强，各国电信设备制造商在中国的垄断地位逐渐下降。国内企业由最初的仿制、代理，发展到现在的自主研发。中国的电信产品不仅在国内销售，还出口到海外市场。

统计数据显示，从 2004 年开始，中国手机的产量一直位居世界第一位。2017 年，中国以 19 亿部手机的产量位居世界第一，其中智能手机 14 亿部。印度以 1 100 万部手机超越越南，成为世界第二大手机生产国。以华为、OPPO、VIVO、小米等为代表的国产手机国内市场占有率超过 75%，全球市场占有率超过 48%。近年来，我国民族电信设备制造业已实现群体性突破，中兴、华为等通信设备制造商所生产的数字程控交换机达到了世界先进水平，我国自主研发的交换机市场占有率达到 60%。

2013 年，华为击败了爱立信，成为全球最大的电信设备制造商。截至 2016 年底，华为有 17 万多名员工，华为的产品和解决方案已经应用于全球 170 多个国家，服务全球运营商 50 强中的 45 家及全球 1/3 的人口。除华为以外，中兴通讯在国际化的进程中也取得了巨大发展。2004 年 12 月，中兴通讯成功在香港联交所上市，成为内地首家“ATOH”公司。与此同时，随着对巴西、俄罗斯、印度尼西亚、印度等市场潜力巨大国家的布局完成，目前中兴通讯已经在欧洲大陆成立了 15 个具备本地化营销咨询、技术支持和服务保障能力的代表处，实现了对英国、法国、德国等西欧市场的全覆盖。

二、中国电信服务贸易的竞争力

2004 年，中国电信业的环境竞争力位居世界第 25 位，与排名靠前的国家或地区的差距逐渐缩小。在 2004 年后，中国相关部门在已颁布的电信相关法律基础上又陆续出台了《互联网电子邮件服务管理办法》、《互联网新闻信息服务管理规定》、《电信服务规范》、《电子认证服务管理办法》、《互联网 IP 地址备案管理办法》和《中华人民共和国电子签名法》等一大批法律法规和部门规章。

通过电信改革和政府职能转变，政府的服务质量得到进一步改善，政府的工作效率也有所提高。在电信业国际化方面，中国严格遵守了 WTO 的相关规定和对 WTO 做出的承诺。目前，已经有部分外资进入中国电信业，中国也有一些相关企业走出了国门。

当前，中国的电信服务贸易竞争力较弱，与欧盟、美国等发达国家或地区相比，仍然存在较大差距。从世界贸易组织在《2016 年国际贸易统计》中发布的各国电信服务贸易出口的国际市场占有率最新数据来看，欧盟仍然具有明显优势，它在2014年的国际市场占有率高达65.6%；随后是美国，国际市场占有率超过17%；科威特的电信服务贸易以3.8%的国际市场占有率位居世界第三位。

第二节　中国金融服务贸易

一、中国金融服务贸易的发展情况

随着全球经济一体化和贸易自由化的发展，服务贸易的发展进程日益加快，覆盖领域也日益扩大，其中作为服务贸易重要组成部分的金融服务贸易在近年来的发展趋势越来越强。作为一个发展中国家，我国金融服务贸易的发展与发达国家相比起步较晚，基础和实力也较为薄弱。但自2001年加入WTO后，随着我国金融体系的日趋成熟、稳定，金融市场也在逐步开放，为金融服务贸易提供了发展空间。近年来，伴随我国经济的快速发展和全球贸易往来的频繁，我国的金融服务贸易总额由2000年的27.54亿美元增长到2014年的364.99亿美元，增长了12.25倍，整体显现为一个上升的发展势态。虽然在我国服务贸易总额中，金融服务贸易的规模仅占其中的5.9%，可是站在增长速度的角度分析，2000—2014年我国金融服务贸易的年均增速达到18.09%，远超服务贸易的年均增速（见表8-1）。

表8-1　2000—2014年中国金融服务贸易的进出口情况　　单位：亿美元

年份	金融服务贸易出口总额	金融服务贸易进口总额	金融服务贸易进出口总额
2000	1.86	25.68	27.54
2001	3.26	27.88	31.14
2002	2.60	33.36	35.96
2003	4.91	47.97	52.88
2004	4.75	62.62	67.37
2005	6.94	73.59	80.53
2006	7.00	97.22	104.22
2007	11.34	112.21	123.55
2008	16.98	133.09	150.07
2009	19.59	119.52	139.11
2010	30.58	171.42	202.00
2011	38.67	204.85	243.52
2012	52.15	225.26	277.41
2013	72.06	257.80	329.86
2014	91.05	273.94	364.99

资料来源：联合国服务贸易统计数据库。

二、中国金融服务贸易的结构情况

当前，保险服务在我国金融服务贸易结构中所占的比例远超银行和证券等其他金融服务贸易，是我国金融服务贸易的主要形式。从出口来看，我国保险服务贸易的出口额在金融服务贸易总出口额中所占的比重由 2000 年的 58.06%先增长到 2009 年的 81.83%，从 2010 年开始，银行及证券等其他金融服务贸易随着我国金融市场的进一步开放，其出口额增长到 43.53%，比上一年增加了 25%左右。直至 2014 年，在我国金融服务贸易额的内部结构中，保险服务和银行及证券等其他金融服务所占的比例进一步均衡，分别占 50.24%和 49.76%。从进口角度来分析，在我国金融服务贸易的进口总额中，保险服务从 2000 年的 96.22%下降到 2014 年的 81.97%。在我国金融市场内部，对国外保险服务的需求占比在下降，这在一定程度上说明了国内保险服务在市场上的竞争力有一定的提升和进步。相比之下，银行及证券等其他金融服务贸易的进口额在 2000—2012 年占金融服务贸易进口总额的比重一直不高，直到近两年才达到 14.29%和 18.03%（见表 8－2）。

表 8－2　2000—2014 年中国金融服务贸易结构情况

年份	金融服务贸易出口总额（亿美元）	保险服务贸易出口额（亿美元）	保险服务贸易出口占比（%）	银行及证券服务贸易出口额（亿美元）	银行及证券服务贸易出口占比（%）	金融服务贸易进口总额（亿美元）	保险服务贸易进口额（亿美元）	保险服务贸易进口占比（%）	银行及证券服务贸易进口额（亿美元）	银行及证券服务贸易进口占比（%）
2000	1.86	1.08	58.06	0.78	41.94	25.68	24.71	96.22	0.97	3.78
2001	3.26	2.27	69.63	0.99	30.37	27.88	27.11	97.24	0.77	2.76
2002	2.60	2.09	80.38	0.51	19.62	33.36	32.46	97.30	0.90	2.70
2003	4.91	3.39	69.04	1.52	30.96	47.97	45.64	95.14	2.33	4.86
2004	4.75	3.81	80.21	0.94	19.79	62.62	61.24	97.80	1.38	2.20
2005	6.94	5.49	79.11	1.45	20.89	73.59	72.00	97.84	1.59	2.16
2006	7.00	5.55	79.29	1.45	20.71	97.22	88.31	90.84	8.91	9.16
2007	11.34	9.04	79.72	2.30	20.28	112.21	106.64	95.04	5.57	4.96
2008	16.98	13.83	81.45	3.15	18.55	133.09	127.43	95.75	5.66	4.25
2009	19.59	16.03	81.83	3.56	18.17	119.52	113.09	94.62	6.43	5.38
2010	30.58	17.27	56.47	13.31	43.53	171.42	157.55	91.91	13.87	8.09
2011	38.67	30.18	78.04	8.49	21.96	204.85	197.38	96.35	7.47	3.65
2012	52.15	33.29	63.84	18.86	36.16	225.26	206.00	91.45	19.26	8.55
2013	72.06	40.38	56.04	31.68	43.96	257.80	220.95	85.71	36.85	14.29
2014	91.05	45.74	50.24	45.31	49.76	273.94	224.54	81.97	49.40	18.03

资料来源：联合国服务贸易统计数据库。

从我国金融服务贸易的结构可以发现，我国保险服务贸易在金融服务贸易中占有较大的比重。这是因为，一方面，保险服务与货物贸易发展具有相辅相成的联系。在货物贸易方面，我国在国际市场上所占的份额比较大，并且国际地位日益提升。自 2013 年以来，我国多次位居世界第一大货物贸易国，所以保险服务的业务规模也会随之不断扩大。另一方面，银行及证券等其他金融服务对其工作人员和系统的专业性要求更高，相关知识和技能在软件及硬件配置与更新方面，与其他发达国家相比存在很大不足。此外，我国对这一领域的国内市场准入要求较严格，其自由度和开放度给其他金融产品及服务的发展与创新带来了很大限制。

三、金融服务业对外开放的新进展

近年来，随着我国持续、深入地推进改革开放，我国金融业也迎来了全面对外开放的关键期。2018 年 4 月 10 日，在博鳌亚洲论坛开幕式的主旨演讲中，国家主席习近平明确将金融业的对外开放列为扩大开放的首位，指出在服务业，特别是在金融业方面，2017 年底宣布的放宽银行、证券、保险行业外资股比限制的重大措施要确保落地，同时要加大开放力度，加快保险行业开放进程，放宽外资金融机构设立限制，扩大外资金融机构在华业务范围，拓宽中外金融市场合作领域。2018 年 4 月 11 日，在博鳌亚洲论坛上，我国进一步扩大金融业对外开放的具体措施和时间表发布。中国人民银行行长易纲表示，推进金融业对外开放将遵循以下三条原则：

（1）实施准入前国民待遇和负面清单管理。

（2）金融业对外开放将与汇率形成机制改革和资本项目可兑换改革进程相互配合，共同推进。

（3）在开放的同时，要重视防范金融风险，要使金融监管能力与金融开放度相匹配。

2018 年，我国在金融领域的开放措施包括六方面：

（1）取消银行和金融资产管理公司的外资持股比例限制，内外资一视同仁；允许外国银行在我国境内同时设立分行和子行。

（2）将证券公司、基金管理公司、期货公司、人身险公司的外资持股比例上限放宽至 51%，三年后不再设限。

（3）不再要求合资证券公司境内股东至少有一家是证券公司。

（4）为进一步完善内地和香港两地股市互联互通的机制，从 5 月 1 日起把互联互通每日额度扩大 4 倍，即沪股通及深股通每日额度从 130 亿元调整为 520 亿元人民币，港股通每日额度从 105 亿元调整为 420 亿元人民币。

（5）允许符合条件的外国投资者来华经营保险代理业务和保险公估业务。

（6）放开外资保险经纪公司的经营范围，与中资机构一致。

与此同时，鼓励在信托、金融租赁、汽车金融、货币经纪、消费金融等银行业金融领域引入外资；对商业银行新发起设立的金融资产投资公司和理财公司的外资持股比例不设上限；大幅扩大外资银行的业务范围；不再对合资证券公司的业务范围单独设限，内外资一致；全面取消外资保险公司设立前需开设两年代表处的要求。

2019 年 5 月 1 日，中国人民银行党委书记、中国银保监会主席郭树清表示，拟推出 12 条金融业对外开放新措施。具体内容包括：

（1）按照内外资一致原则，同时取消单家中资银行和单家外资银行对中资商业银行的持股比例上限。

（2）取消外国银行来华设立外资法人银行的100亿美元总资产要求和外国银行来华设立分行的200亿美元总资产要求。

（3）取消境外金融机构投资入股信托公司的10亿美元总资产要求。

（4）允许境外金融机构入股在华外资保险公司。

（5）取消外国保险经纪公司在华经营保险经纪业务需要满足30年经营年限、总资产不少于2亿美元的要求。

（6）放宽中外合资银行中方股东限制，取消中方唯一或主要股东必须是金融机构的要求。

（7）鼓励和支持境外金融机构与民营资本控股的银行业、保险业机构开展股权、业务和技术等各类合作。

（8）允许外国保险集团公司投资设立保险类机构。

（9）允许境内外资保险集团公司参照中资保险集团公司资质要求发起设立保险类机构。

（10）按照内外资一致原则，同时放宽中资和外资金融机构投资设立消费金融公司方面的准入政策。

（11）取消外资银行开办人民币业务审批，允许外资银行开业时即可经营人民币业务。

（12）允许外资银行经营“代理收付款项”业务。

目前，德国安联筹建安联（中国）保险控股有限公司、美国安达增持华泰保险集团股份、约旦阿拉伯银行和摩洛哥外贸银行设立上海分行等多项市场准入申请均已正式获批。银保监会的数据显示，自2018年以来，我国共批准设立9家外资银行保险法人机构以及54家分支机构，批准外资银行、保险机构增加注册资本或营运资金共计257亿元。

金融业对外开放水平的提高不可能一蹴而就，需要积极稳妥地做好相关领域改革开放的统筹配套和协调配合，平衡好开放、改革、发展和稳定之间的关系，逐步形成适应我国国情的对外开放新格局。金融管理部门应加快法规修订和配套制度建设，推动上述开放措施落地实施，同时加强动态评估，提升审慎监管水平和风险管理能力，促进银行业、保险业健康发展，维护金融体系安全稳定，确保新时代金融业改革开放行稳致远。近期，银保监会计划完成《外资银行管理条例实施细则》、《外资银行行政许可事项实施办法》和《外资保险公司管理条例实施细则》三项规章办法的修订工作。

四、中国金融行业的展望

当前，我国银行业、保险业已形成了国有、民营和外资等多元股权结构。其中，民营资本在股份制银行、城商行、农商行和保险公司总股本中的占比已分别达到43%、56%、83%和49%；外资银行和外资保险公司在华资产的占比为1.64%和6.36%。

扩大开放不会对目前的国内金融业和金融市场造成太大的影响，国内金融企业不需要惧怕外资，中国的开放是在各个领域进行的多层次立体开放，金融业的开放只是其中的一个环节。对于金融业开放，中国的金融企业和消费者都应该有信心。外资企业与中资企业的市场地位不同，两者既竞争又合作，是一种互补，可共同推动中国金融市场的发展与成熟，提高中国金融市场的规模与效益。我国金融业可以通过扩大对外开放实现“提质”：

一是引资，利用对外开放的契机，拓宽资本补充的渠道与方式；二是引进先进制度，学习外资企业先进的内控合规、公司治理制度与良性的企业文化；三是“引智”，要丰富与外资企业合作的内容和结构，形成在人才培养、技术与专业知识培训等方面的深层次、高质量合作，实现自我“智”的提升。

第三节 中国海运与旅游服务贸易

一、中国海运服务贸易的概况

运输服务贸易的四种提供形式如下：

(1) 跨境提供，即“从一成员境内向其他成员境内提供服务”，如一国航运公司不将营业机构移至东道国境内而向东道国消费者提供服务。

(2) 境外消费，即“在一成员境内向其他成员的消费者提供服务”，如中国居民在美国接受当地航运公司提供的运输服务。

(3) 商业存在，即“一成员的服务提供者在其他成员境内以商业存在提供服务”，如外国航运公司在东道国设立子公司或分支机构从事经营。

(4) 自然人存在，即“一成员的服务提供者在其他成员境内以自然人的存在形式提供服务”，如外国航运公司派其员工到中国担任分支机构的负责人。

中国是一个大国，海岸线曲折漫长，北起中朝边界的鸭绿江入海口，南至广西壮族自治区的北仑河口，总计 18 400 公里，包括岛屿的海岸线长度为 32 000 公里。按照 1992 年联合国公布的《国际海洋法公约》中“主权国家以二百海里内的海域为其经济专属区”而划定的庞大海域内包括海底石油、矿产、海洋渔业等海洋资源和领海、领空的交通、运输权益及未来的潜在资源等。

从封建社会开始，我国都是航运大国。从鉴真六次东渡到明朝早期郑和七次下西洋，都在我国远洋航运史上写下了浓墨重彩的一笔。如今，中国远洋运输公司、中海、长江海运集团公司等已在世界海运及综合物流行业中占据了重要地位。随着科学技术的不断发展，运输方式将不断更新，但海洋运输仍是国际大宗商品长距离运输的主要方式。此外，在 WTO 服务贸易的谈判和承诺中，海运业的地位也十分特殊。

二、中国海运的海外扩张与竞争力

自 1979 年改革开放至今，我国海运已有了很大的发展，并跃居世界海运界前列。截至 2016 年底，我国拥有水上运输船舶 16.01 万艘，净载重量为 26 623 万吨，在希腊、日本之后，为世界第三大船队；其中，远洋船舶 2 409 艘，静载重量为 6 522.76 万吨。

我国已成为海运大国，但不是海运强国。我国已完成了实施海运强国战略的准备阶段，并在 2010 年完成了战略框架，使我国海运的国际竞争力明显提高，为提高我国运输服务贸易的国际地位和缩小逆差扩大态势做出了贡献。

目前，我国正在向海运强国迈进：我国外贸进口货物的 90%以上是通过海运进行的；

海运出口额逐年稳步提升，2017 年中国集装箱吞吐量达 2.38 亿标准箱；全球排名前 100 的港口，我国有 24 个港口入围，排名前 10 的港口，我国占 7 个，分别为上海港（第 1 位）、深圳港（第 3 位）、宁波舟山港（第 4 位）、香港港（第 5 位）、广州港（第 7 位）、青岛港（第 8 位）、天津港（第 10 位）。截至 2017 年底，我国已拥有生产性码头泊位 2.76 万个，其中万吨级以上泊位 2 366 个，分别是 1978 年的 38 倍和 18 倍，我国港口货物和集装箱吞吐量已连续 10 多年保持世界第一。

我国与 100 多个国家或地区的 1 000 多个港口建立了业务往来，境外船舶公司在我国设立了 1 000 多个机构，我国船运公司在境外设立的公司和代表处超过 600 家。随着我国加入 WTO，外国航运企业纷纷加入我国运输市场，并不断扩大其势力，这对我国的中小型航运企业和大型航运企业均构成新的威胁。随着经济全球化趋势的不断发展，我国航运企业要想在世界航运业中占有一席之地，就必须走向世界、参与国际竞争。

（1）增大船队规模，提高运量。2015 年，面对竞争日渐激烈的全球海运市场，我国海运行业的龙头企业中国远洋运输（集团）总公司与中国海运（集团）总公司实施合并重组。截至 2017 年底，合并后的中国远洋海运集团有限公司经营船队的综合运力为8 635万载重吨/1 123 艘，其排名从合并前的世界第六、第七跃居世界第一。此外，大多数中国航运企业的特点是企业规模小、运输能力低、所在地区分散，与全球的企业并购浪潮相悖，因而在国际竞争中往往处于劣势地位。

（2）大力加强信息技术的应用，缩短与国际先进水平的差距。21 世纪是信息时代、数字时代，世界经济在高新技术产业的带动下蓬勃发展，信息技术也在悄无声息地改变着海运业的发展。互联网电子商务的出现，使得原来需要面对面的交易，现在只需要通过网络就可以完成，如大量的电子运单、电子订舱、电子货币结算以及全球客户系统，网络交易已成为现在贸易交易体系中不可缺少的一部分。如今，海运服务的接受者可以通过网络在任何地点、任何时间对所托运的货物进行管理。在发达国家，网络已成为整个海运业信息收集的主要途径。在中国，一些大型的海运企业已建立了自己的信息系统，但这些信息系统仅限于个别企业自己使用，无法成为全行业标准，进而在全行业分享信息。

（3）加大政府扶持力度。一个国家的某个行业要想得到长远发展，与国家政策的扶持密不可分。在第二次世界大战后，日本航运业得到了迅速发展，这与其对造船业的大力支持以及大量优惠政策的实施密不可分。20 世纪 70 年代韩国海运业在世界海运市场上占得一席之地，这可以归功于政府的大力扶持。在改革开放以后，不仅中国的航运企业要“走出去”与世界各国航运企业进行竞争，势必也有更多的外国海运企业进入中国。它们凭借着强大的经济实力、技术管理实力和所在国的政策优势，必将在与中国的竞争中处于有利地位。因此，中国政府应加大政策扶持力度。

三、中国旅游服务贸易概况

我国历史悠久、地域辽阔、地理位置优越、旅游资源非常丰富，但我国的旅游产品主要是一些热点城市，属于观光游；旅游产品的类型过于单调，与国际旅游所需的产品细分、多样化的特点有差距，不能满足海外旅游多方位的需求。与国际标准相比，我国在旅游卫生、安全设施和条件方面还有一定的距离，这些因素影响了来华游客的信心和积极性。我国旅游局用于宣传促销的经费不足，虽然各地方政府的促销积极性很高，但缺乏统一指导，所以总体效果不明显。

我国旅游法规的建设与旅游业的法律法规严重欠缺。例如，“旅游法”及其相关的法律（如“旅游安全法”、“饭店法”和“旅游安全管理法”）至今尚未出台。这些问题在一定程度上影响了我国旅游服务贸易的竞争力提升。随着中国加入 WTO 和服务业的进一步开放，旅游服务贸易面临着更多的机遇和挑战，其竞争力有待进一步提高。

旅游业是旅游服务贸易的基础，要提升我国旅游服务贸易的竞争力，就要大力发展旅游业。根据迈克尔·波特的竞争优势理论，一国产业的国际竞争力取决于四个基本因素（即生产要素、需求状况、相关和辅助产业状况、企业的竞争条件）和两个辅助因素（即政府和机遇）。只有围绕这几个因素制定相关的政策措施，才能提升我国旅游服务贸易的竞争力。

（1）充分利用和整合我国的自然资源及人文资源，进一步提升人才素质，实现资源集约优化利用。对旅游业而言，最重要的资源禀赋在于自然资源与人文（历史与文化）资源。如果这些资源比较独特，就形成了天然的垄断性；在这个意义上，“越有民族性就越有世界性”的论断在旅游业中是有意义的。我国是拥有五千年文明史的文明古国，而且是地形、地貌与生态类型最丰富的大国，所以我们拥有发展旅游业和旅游服务贸易的良好自然资源及人文资源条件。从数量上看，仅在联合国教科文组织 2018 年世界遗产名录上所列的 1 092 个世界遗产中，我国就占 53 个，位居世界第二位；从结构上看，我国发展旅游的自然资源和人文资源具有明显的多样性与差异性，还具有浓厚的历史积淀性。这些都反映了我国在国际旅游市场上拥有巨大的竞争潜力，我们应该很好地挖掘和整合这些优势。从这个意义上说，我们不主张旅游资源分割管理，而主张实行集约化管理。此外，鉴于旅游业离不开人与人的关系，无论是旅游机构的服务人员与游客的关系，还是游客之间关系的协调，都需要旅游业从业人员有良好的素质，从业人员的素质构成了除自然、人文历史因素之外的第三个基本要素。从一定意义上说，提高人才素质是我国国际旅游服务贸易进一步提高竞争力的关键。提高从业人员的素质，包括提高决策人员、管理人员以及服务人员的素质，因为决策人员素质的高低会影响产业发展方向，管理人员素质的好坏会影响管理的质量和效率，而从业人员素质的好坏会影响国家和民族的形象。

（2）我国发展旅游服务贸易必须坚持科学发展观，实施国际旅游服务业的可持续发展战略。旅游业属于自然资源和历史资源依赖型服务，游客希望体验的是“原汁原味”的自然和文化风貌，而一切仿制的或“狗尾续貂”式的设施都难以引起游客的兴趣。从某种程度上说，旅游资源的开发是对旅游资源的破坏，因为这种开发往往会影响原生态的风貌，所以开发与维护的矛盾是发展旅游业的长期矛盾。在处理这一矛盾的时候，我们一定要明确：旅游资源，特别是不可再生的旅游资源，一旦遭到破坏就不可复得，因此我国发展国际旅游服务业应坚持可持续性和以人为本的统一，按照旅游景区接待承载能力开展国际旅游服务贸易。需要注意的是，除旅游景点存在着防止过度开发的需要外，我们在城市建设方面也应注意发现和保护有历史文物价值的亮点。近年来，我们对旧城的拆除已造成了不少历史性遗憾；反观欧洲的不少城市，其风貌几百年来仍能保护得较好，形成了许多有浓厚观光价值的旧城区和建筑物，这里面有文化品位的因素，也有体制的因素。

（3）我国应提高旅游信息化水平，延长旅游服务贸易的产业链，加强配套设施建设。旅游产业的产业链较长、关联度较大，其相关产业包括交通、通信、娱乐、购物、住宿等，辅助产业包括农业、制造业、服务业、建筑业、基础产业等。在信息化时代，旅游体系已不只是旅游景点、旅游交通、旅游宾馆和饭店等空间个体的简单组合，而是一个以信息为核心，由众多旅游资源、旅行社、宾馆旅游设施、交通部门、金融部门参与，集食、住、行、游、购、娱为一体，由旅游产品信息传递引起的旅游者流动。信息传递已成为游客、旅游资源供给者和旅游代理商三要素动态交流的桥梁，加快以信息化为核心的国际旅游服务产业链建设是提升我国国际旅游业竞争力的捷径。首先，在体制上要为旅游资源整合及信息网络体系建设提供便利。例如，我国旅游业中宾馆、饭店的连锁体系建设严重滞后，已影响到旅游服务贸易的规模化经营。其次，要加强对旅游产品开发的力度，着重解决研发投入问题，并且辅以严格的知识产权保护措施，争取有更多、更有特色的旅游产品问世，改变各地旅游纪念品普遍雷同的乏味状态。最后，要加强配套设施建设。例如，在我国的一些旅游区，行路难问题没有得到根本的解决。这些方面都要求国家和地方政府加大投入，同时应该通过股份化的方式集中社会资本，包括引进外资，解决好投入不足的问题。

（4）增强企业竞争力，改善服务质量，增强开拓海外市场的能力。随着旅游业的进一步开放，国内的旅游企业将面临更大的挑战。竞相压价使得众多企业无利可图，陷入“囚徒困境”。当前，中国旅游企业要以建立共同市场为目标，以资产重组为导向，组建跨行业、跨地区、跨国界的大型现代企业集团。通过强强联手、编队起航、兵团作战，形成管理优势和人才优势，创建一批国际名牌，从而打好中国国际旅游服务贸易的基础。此外，中国的旅游企业要不断改善服务质量，丰富旅游产品的供应，因为优质的服务质量和旅游产品是企业的品牌。再者，中国的旅游企业应多参加关于国际旅游的交易会，主动开拓海外市场。参加交易会不仅能使企业增强营销意识，而且还增加了联系客户特别是大客户的机会，有利于开拓销售渠道和新的市场。我们要把国际旅游服务竞争看成国家形象的竞争、国家实力的竞争，目前中国的国际旅游促销费一年只有数百万元人民币，因此我们在国际市场促销方面还必须加大投入。

（5）熟知《服务贸易总协定》的规则，知晓我国旅游业的入世承诺，充分把握加入WTO后给中国旅游服务贸易提供的机遇。随着中国对外开放力度的进一步加大，我们与其他国家在产品、技术、管理、金融等方面的交流更加方便顺畅，无疑会大大促进中国旅游服务贸易的发展。这就要求我们熟知GATS规则。GATS中的旅游服务原则分为两类：

第一，一般性原则，即每一个缔约方均须遵守的原则，如最惠国待遇原则、透明度原则、发展中国家的更多参与原则、国内法原则。

第二，每个缔约方都须经谈判做出具体承诺，如市场准入原则和国民待遇原则。此外，旅游服务业是在WTO中开放承诺最多的一个部门，各成员方的承诺包括：不对到国外旅游设置新的限制；不对由国外业者拥有的或者经营的旅游机构实施限制；不对本国国民到国外旅游设立最高随带金额或兑换外币的限制等。因此，我国政府和企业应了解自己的权利与义务，只有熟知规则和承诺，认识到我国国际旅游服务业发展面临的机遇与挑战，才能提升我国国际旅游服务贸易的竞争力。

(6) 加强政府的引导和行业协会的作用。国家的旅游政策以及有关制度是发展旅游业的保障。旅游业对国民经济做出的贡献有目共睹，它的地位也在不断提高。党的十四届五中全会通过的《中共中央关于制定国民经济和社会发展“九五”计划和2010年远景目标的建议》，把旅游业确定为第三产业内“积极发展”的新兴产业序列中的第一位。旅游业并不是单纯的经济事业，还是一种文化事业、资源保护事业等，因而不能简单地套用市场经济的做法。政府应该在旅游业发展中发挥其宏观调控作用，采取一定的政策、法律措施等，规范旅游市场，并进一步加强对行业的宏观管理。我国旅游事业的行政管理机构应就我国入境旅游业的长期发展制定适宜的旅游战略，并运用好宏观管理手段，保证旅游业的健康有序发展，为旅游贸易的发展打下坚实的产业基础。与此同时，在市场经济条件下，政府对行业的具体运作，特别是企业的微观行为已难以直接管理，所以“第三方力量”(即行业协会等中介组织) 就应该充分发挥应有作用。当前，我们要着重克服行业协会组织形式不健全、自主管理意识不强、横向协调能力不足、信息整合能力欠缺和行业自律精神体现不够等弱点，让行业组织在规范企业行为、组织开拓市场、协调整合资源和塑造行业形象等方面真正成为市场的重要力量。

第四节 离岸服务外包的兴起与发展

我国发展离岸服务外包还存在承接服务外包的企业规模较小、从事外包服务业的中高级技术人才和管理人才缺乏等问题，故应采取基地城市+示范区模式，加快上海等21个中国服务外包基地城市的建设，在宏观政策、招商引资、综合协调等方面给予支持，有效发挥基地城市的示范和带动作用。

2016年，我国服务业实际使用外资金额5 715.8亿元人民币，同比增长8.3%，占实际使用外资总量的70.3%；其中，高技术服务业实际使用外资仅有955.6亿元人民币，服务领域的层次仍需进一步提高。

(1) 积极稳妥地推进服务领域对外开放。2007年，我国首次把服务外包产业列入外商投资产业指导目录的鼓励类。未来需要根据国民经济发展，逐渐以负面清单形式调整扩大鼓励类的范围，有重点、有步骤地扩大服务领域对外开放；对会计、电信等服务业，实行全面开放；对商业流通、城市基础设施建设、医疗卫生、文化教育等服务业，要在总结经验的基础上稳步扩大开放；对银行、证券、保险等服务业，要根据我国金融监管水平和国民经济承受能力，实行审慎开放。

(2) 推动世界知名的国际服务外包企业进驻。我国可以引进一批国际知名服务外包企业的地区总部、投资性公司和研发中心，并在引进和推动它们本土化发展的过程中，吸收其在信息技术咨询和服务项目方面的丰富经验，迅速提升高端服务的能力，推动跨国公司将服务外包业务转移到中国。

(3) 扶持服务外包企业做大做强。当服务外包企业的规模达到4 000人时才能建立自身在承接大型项目上的优势，提高抵抗风险的能力和对外的信誉。2017年，我国最大的离岸软件外包提供商东软集团股份有限公司的员工人数为20 000多人，年营业收入不到

11亿美元。印度最大的软件公司Infosys是印度历史上第一家在美国上市的公司（纳斯达克股票代码：INFY）。其总部位于印度信息技术中心——班加罗尔市，在全球拥有雇员超过100 000名，分布于27个国家，在56个国家和地区（包括美国、新加坡、日本、德国、阿根廷、澳大利亚、加拿大、法国、荷兰、瑞典、瑞士、阿联酋、英国以及中国香港）设有办事处或分公司，2017年的营业收入超过100亿美元。我们必须引导和鼓励一批中小服务外包企业实施调整、联合、并购、重组等聚集性措施，以形成大型服务外包企业集团，并使之成为我国离岸服务外包的总承接商；与此同时，以补贴的方式鼓励服务外包企业申请、维护和进一步完善开发能力成熟度模型集成（CMM）认证等国际认证。对于我国商务部确定的服务外包基地和企业，要积极给予国家开发银行信贷资金、研发资金和国际市场开拓资金支持。此外，我国还要推进中国出口信用保险公司为大型离岸外包项目提供信贷保险服务等。

（4）加强知识产权保护体系建设，加快形成有利于自主知识产权，尤其是核心技术领域的自主知识产权创造、保护与运用的体制。我国应构建保护知识产权举报投诉服务中心与相关执法部门间的信息化工作平台，形成部门协作、区域互动的保护知识产权工作机制；改善保护知识产权、企业重要数据和个人信息的环境；尽快制定个人信息保护方面的规定，加强承担第三方备份业务的机构建设。

（5）给予服务外包企业税收优惠政策，尽快出台鼓励服务外包发展的税收优惠政策。在产业政策上，我国可将服务外包产业视作高新技术产业，抵消《企业所得税法》调整后示范区内离岸外包企业所享受的15%的优惠税率将上调到25%所带来的冲击。对于离岸服务外包，暂不区分是属于劳动力密集型、技术密集型还是智力密集型服务，在企业所得税、增值税等方面给予优惠。借鉴当年我国为促进产品出口而采取的出口退税政策及效应，对离岸服务外包业务属于增值税征收范围的，给予退税。

（6）加大对服务外包人才引进、培养的力度。当前，缺乏从事国际服务外包的中高级技术人才和管理人才，制约着我国承接欧美离岸外包业务的发展。为此，我国要将服务外包人才的引进、培育和培养作为一个基础性的、长期性的、战略性的举措来抓。例如，建立服务外包企业博士后工作站，实施吸引海外人员回国创业的制度；吸引国外熟悉欧美市场、国际业务流程管理和能与欧美外包客户直接进行业务沟通的服务外包高级人才；加快服务外包人才的培养；引导和鼓励各级各类院校及社会培训机构开展多层次、多类型的服务外包专业教育；吸引境内外机构和企业采用多种形式兴建培训机构，大力发展职业和非学历教育；建立服务外包人才的职业培训体系；加大对服务外包领域急需的新职业开发；鼓励跨国公司与国内培训机构和大企业进行合作，共建服务外包人才实训基地。

（7）巩固日、韩服务外包市场，开拓欧美服务外包市场。我国承接的服务外包以日本和韩国低端的数据输入等BPO业务为主，因此产业利润率低，而承接欧美服务外包刚刚起步，但利润率高。我国应利用在日本、韩国软件市场逐渐建立起来的良好信誉和品牌，使中国的服务外包企业提升在日本和韩国金融、电信、游戏等领域的外包量及外包层次，积极扩大在日本嵌入式软件开发方面的外包市场，扩大与韩国在文化资讯、移动通信等领域的人才资源合作。

（8）拓展欧美服务外包市场。政府和协会应帮助服务外包供应商与美国客户进行沟通，促进企业与跨国公司建立上下游合作关系，参加跨国公司供应商的选拔与竞争。与此同时，我国应鼓励一些有规模、品牌优势和出口前景的软件企业实施“走出去”战略，在境外设立研发、营销及服务机构。

本章小结

本章第一节介绍了中国国际电信服务贸易，指出中国电信业得到了迅猛发展。人均移动电话、手机生产量等数据稳居世界第一，电信基础设备领域也涌现了华为、中兴通讯等世界领先厂商。

第二节介绍了中国金融服务贸易，重点介绍了中国金融服务贸易的情况以及对外开放情况，指出中国金融市场要继续加大开放力度，加强和改进金融监管，巩固已取得的效果，并健全金融体系。

第三节介绍了中国海运服务贸易的发展情况以及在面对国际竞争时我国海运业的劣势。此外，本节还介绍了我国旅游服务贸易的基本情况，而后在此基础上总结了怎样提高我国旅游服务贸易的竞争力。

第四节介绍了离岸服务外包的发展情况，并对我国发展离岸服务外包方面的一些不足和需要提高的地方进行了简单介绍。

课后思考题

1. 简述我国电信服务贸易的基本概况。
2. 简述我国银行业国际服务贸易的概况。
3. 简述怎样提高我国旅游服务贸易的竞争力。
4. 简述运输服务贸易的几种基本形式。

附录一

《中华人民共和国加入世界贸易组织议定书（标准中文版全文）》

中华人民共和国加入议定书全文如下：

序　言

世界贸易组织①（“WTO”），按照 WTO 部长级会议，根据《马拉喀什建立世界贸易组织协定》(《WTO 协定》）第 12 条所做出的批准，与中华人民共和国（“中国”），忆及中国是《1947 年关税与贸易总协定》的创始缔约方，注意到中国是“乌拉圭回合多边贸易谈判结果最后文件”的签署方，注意到载于 WT/ACC/CHN/49 号文件的《中国加入工作组报告书》(“工作组报告书”），考虑到关于中国 WTO 成员资格的谈判结果，协议如下：

第一部分　总　则

第 1 条　总体情况

1. 自加入时起，中国根据《WTO 协定》第 12 条加入该协定，并由此成为 WTO 成员。

2. 中国所加入的《WTO 协定》应为在加入之日前已生效的法律文件所更正、修正或修改的《WTO 协定》。本议定书，包括工作组报告书第 342 段所指的承诺，应成为《WTO 协定》的组成部分。

3. 除本议定书另有规定外，中国应履行《WTO 协定》所附各多边贸易协定中的、应在自该协定生效之日起开始的一段时间内履行的义务，如同中国在该协定生效之日已接受该协定。

4. 中国可维持与《服务贸易总协定》(“GATS”）第 2 条第 1 款规定不一致的措施，只要此措施已记录在本议定书所附《第 2 条豁免清单》中，并符合 GATS《关于第 2 条豁

---

① 货物贸易理事会、与贸易有关的知识产权理事会、服务贸易理事会、国际收支限制委员会、市场准入委员会（包括《信息技术协定》)、农业委员会、卫生与植物卫生措施委员会、技术性贸易壁垒委员会、补贴与反补贴措施委员会、反倾销措施委员会、海关估价委员会、原产地规则委员会、进口许可程序委员会、与贸易有关的投资措施委员会、保障措施委员会和金融服务委员会。

免的附件》中的条件。

第 2 条 贸易制度的实施

(A) 统一实施

1.《WTO 协定》和本议定书的规定应适用于中国的全部关税领土，包括边境贸易地区、民族自治地方、经济特区、沿海开放城市、经济技术开发区以及其他在关税、国内税和法规方面已建立特殊制度的地区（统称“特殊经济区”）。

2. 中国应以统一、公正和合理的方式适用和实施中央政府有关或影响货物贸易、服务贸易、与贸易有关的知识产权（“TRIPS”）或外汇管制的所有法律、法规及其他措施以及地方各级政府发布或适用的地方性法规、规章及其他措施（统称“法律、法规及其他措施”）。

3. 中国各级地方政府的地方性法规、规章及其他措施应符合在《WTO 协定》和本议定书中所承担的义务。

4. 中国应建立一种机制，使个人和企业可据以提请国家主管机关注意贸易制度未统一适用的情况。

(B) 特殊经济区

1. 中国应将所有与其特殊经济区有关的法律、法规及其他措施通知 WTO，列明这些地区的名称，并指明界定这些地区的地理界线。中国应迅速，而且无论如何应在 60 天内，将特殊经济区的任何增加或改变通知 WTO，包括与此有关的法律、法规及其他措施。

2. 对于自特殊经济区输入中国关税领土其他部分的产品，包括物理结合的部件，中国应适用通常适用于输入中国关税领土其他部分的进口产品的所有影响进口产品的税费和措施，包括进口限制及海关税费。

3. 除本议定书另有规定外，在对此类特殊经济区内的企业提供优惠安排时，WTO 关于非歧视和国民待遇的规定应得到全面遵守。

(C) 透明度

1. 中国承诺只执行已公布的且其他 WTO 成员、个人和企业可容易获得的有关或影响货物贸易、服务贸易、TRIPS 或外汇管制的法律、法规及其他措施。此外，在所有有关或影响货物贸易、服务贸易、TRIPS 或外汇管制的法律、法规及其他措施实施或执行前，应请求，中国应使 WTO 成员可获得此类措施。在紧急情况下，应使法律、法规及其他措施最迟在实施或执行之时可获得。

2. 中国应设立或指定一官方刊物，用于公布所有有关或影响货物贸易、服务贸易、TRIPS 或外汇管制的法律、法规及其他措施，并且在其法律、法规或其他措施在该刊物上公布之后，应在此类措施实施之前提供一段可向有关主管机关提出意见的合理时间，但涉及国家安全的法律、法规及其他措施，确定外汇汇率或货币政策的特定措施，以及一旦公布就会妨碍法律实施的其他措施除外。中国应定期出版该刊物，并使个人和企业可容易获得该刊物各期。

3. 中国应设立或指定一咨询点，应任何个人、企业或 WTO 成员的请求，在咨询点可获得根据本议定书第 2 条（C）节第 1 款要求予以公布的措施有关的所有信息。对此类提出信息请求的答复一般应在收到请求后 30 天内做出。在例外情况下，可在收到请求后 45

天内做出答复。延迟的通知及其原因应以书面形式向有关当事人提供。向WTO成员做出的答复应全面，并应代表中国政府的权威观点。应向个人和企业提供准确和可靠的信息。

（D）司法审查

1. 中国应设立或指定并维持审查庭、联络点和程序，以便迅速审查所有与《1994年关税与贸易总协定》（“GATT 1994”）第10条第1款、GATS第6条和《TRIPS协定》相关规定所指的法律、法规、普遍适用的司法决定和行政决定的实施有关的所有行政行为。此类审查庭应是公正的，并独立于被授权进行行政执行的机关，且不应对审查事项的结果有任何实质利害关系。

2. 审查程序应包括给予受须经审查的任何行政行为影响的个人或企业进行上诉的机会，且不因上诉而受到处罚。如果初始上诉权需要向行政机关提出，则在所有情况下应有选择向司法机关对决定提出上诉的机会。关于上诉的决定应通知上诉人，做出该决定的理由应以书面形式提供。上诉人还应被告知可进一步上诉的任何权利。

第3条　非歧视

除本议定书另有规定外，在下列方面给予外国个人、企业和外商投资企业的待遇不得低于给予其他个人和企业的待遇：

（a）生产所需投入物、货物和服务的采购，及其货物据以在国内市场或供出口而生产、营销或销售的条件；及

（b）国家和地方各级主管机关以及公有或国有企业在包括运输、能源、基础电信、其他生产设施和要素等领域所供应的货物和服务的价格及可用性。

第4条　特殊贸易安排

自加入时起，中国应取消与第三国和单独关税区之间的、与《WTO协定》不符的所有特殊贸易安排，包括易货贸易安排，或使其符合《WTO协定》。

第5条　贸易权

1. 在不损害中国以符合《WTO协定》的方式管理贸易的权利的情况下，中国应逐步放宽贸易权的获得及其范围，以便在加入后3年内，使所有在中国的企业均有权在中国的全部关税领土内从事所有货物的贸易，但附件2A所列依照本议定书继续实行国营贸易的货物除外。此种贸易权应为进口或出口货物的权利。对于所有此类货物，均应根据GATT 1994第3条，特别是其中第4款的规定，在国内销售、许诺销售、购买、运输、分销或使用方面，包括直接接触最终用户方面，给予国民待遇。对于附件2B所列货物，中国应根据该附件中所列时间表逐步取消在给予贸易权方面的限制。中国应在过渡期内完成执行这些规定所必需的立法程序。

2. 除本议定书另有规定外，对于所有外国个人和企业，包括未在中国投资或注册的外国个人和企业，在贸易权方面应给予其不低于给予在中国的企业的待遇。

第6条　国营贸易

1. 中国应保证国营贸易企业的进口购买程序完全透明，并符合《WTO协定》，且应避免采取任何措施对国营贸易企业购买或销售货物的数量、价值或原产国施加影响或指导，但依照《WTO协定》进行的除外。

2. 作为根据GATT 1994和《关于解释1994年关税与贸易总协定第17条的谅解》所

做通知的一部分，中国还应提供有关其国营贸易企业出口货物定价机制的全部信息。

第7条 非关税措施

1. 中国应执行附件3包含的非关税措施取消时间表。在附件3中所列期限内，对该附件中所列措施所提供的保护在规模、范围或期限方面不得增加或扩大，且不得实施任何新的措施，除非符合《WTO协定》的规定。

2. 在实施GATT 1994第3条、第11条和《农业协定》的规定时，中国应取消且不得采取、重新采取或实施不能根据《WTO协定》的规定证明为合理的非关税措施。对于在加入之日以后实施的、与本议定书或《WTO协定》相一致的非关税措施，无论附件3是否提及，中国均应严格遵守《WTO协定》的规定，包括GATT 1994及其第13条以及《进口许可程序协定》的规定，包括通知要求，对此类措施进行分配或管理。

3. 自加入时起，中国应遵守《TRIMs协定》，但不援用《TRIMs协定》第5条的规定。中国应取消并停止执行通过法律、法规或其他措施实施的贸易平衡要求和外汇平衡要求、当地含量要求和出口实绩要求。此外，中国将不执行设置此类要求的合同条款。在不损害本议定书有关规定的情况下，中国应保证国家和地方各级主管机关对进口许可证、配额、关税配额的分配或对进口、进口权或投资权的任何其他批准方式，不以下列内容为条件：此类产品是否存在与之竞争的国内供应者；任何类型的实绩要求，例如当地含量、补偿、技术转让、出口实绩或在中国进行研究与开发等。

4. 进出口禁止和限制以及影响进出口的许可程序要求只能由国家主管机关或由国家主管机关授权的地方各级主管机关实行和执行。不得实施或执行不属国家主管机关或由国家主管机关授权的地方各级主管机关实行的措施。

第8条 进出口许可程序

1. 在实施《WTO协定》和《进口许可程序协定》的规定时，中国应采取以下措施，以便遵守这些协定：

(a) 中国应定期在本议定书第2条（C）节第2款所指的官方刊物中公布下列内容：

——按产品排列的所有负责授权或批准进出口的组织的清单，包括由国家主管机关授权的组织，无论是通过发放许可证还是其他批准；

——获得此类进出口许可证或其他批准的程序和标准，以及决定是否发放进出口许可证或其他批准的条件；

——按照《进口许可程序协定》，按税号排列的实行招标要求管理的全部产品清单；包括关于实行此类招标要求管理产品的信息及任何变更；

——限制或禁止进出口的所有货物和技术的清单；这些货物也应通知进口许可程序委员会；

——限制或禁止进出口的货物和技术清单的任何变更；用一种或多种WTO正式语言提交的这些文件的副本应在每次公布后75天内送交WTO，供散发WTO成员并提交进口许可程序委员会。

(b) 中国应将加入后仍然有效的所有许可程序和配额要求通知WTO，这些要求应按协调制度税号分别排列，并附与此种限制有关的数量（如有数量），以及保留此种限制的理由或预定的终止日期。

(c) 中国应向进口许可程序委员会提交其关于进口许可程序的通知。中国应每年向进口许可程序委员会报告其自动进口许可程序的情况，说明产生这些要求的情况，并证明继续实行的需要。该报告还应提供《进口许可程序协定》第3条中所列信息。

(d) 中国发放的进口许可证的有效期至少应为6个月，除非例外情况使此点无法做到。在此类情况下，中国应将要求缩短许可证有效期的例外情况迅速通知进口许可程序委员会。

2. 除本议定书另有规定外，对于外国个人、企业和外商投资企业在进出口许可证和配额分配方面，应给予不低于给予其他个人和企业的待遇。

第9条　价格控制

1. 在遵守以下第2款的前提下，中国应允许每一部门交易的货物和服务的价格由市场力量决定，且应取消对此类货物和服务的多重定价做法。

2. 在符合《WTO协定》，特别是GATT 1994第3条和《农业协定》附件2第3、4款的情况下，可对附件4所列货物和服务实行价格控制。除非在特殊情况下，并须通知WTO，否则不得对附件4所列货物或服务以外的货物或服务实行价格控制，且中国应尽最大努力减少和取消这些控制。

3. 中国应在官方刊物上公布实行国家定价的货物和服务的清单及其变更情况。

第10条　补　贴

1. 中国应通知WTO在其领土内给予或维持的、属《补贴与反补贴措施协定》(“《SCM协定》”)第1条含义内的、按具体产品划分的任何补贴，包括《SCM协定》第3条界定的补贴。所提供的信息应尽可能具体，并遵循《SCM协定》第25条所提及的关于补贴问卷的要求。

2. 就实施《SCM协定》第1条第2款和第2条而言，对国有企业提供的补贴将被视为专向性补贴，特别是在国有企业是此类补贴的主要接受者或国有企业接受此类补贴的数量异常之大的情况下。

3. 中国应自加入时起取消属《SCM协定》第3条范围内的所有补贴。

第11条　对进出口产品征收的税费

1. 中国应保证国家主管机关或地方各级主管机关实施或管理的海关规费或费用符合GATT 1994。

2. 中国应保证国家主管机关或地方各级主管机关实施或管理的国内税费，包括增值税，符合GATT 1994。

3. 中国应取消适用于出口产品的全部税费，除非本议定书附件6中有明确规定或按照GATT 1994第8条的规定适用。

4. 在进行边境税的调整方面，对于外国个人、企业和外商投资企业，自加入时起应被给予不低于给予其他个人和企业的待遇。

第12条　农　业

1. 中国应实施中国货物贸易承诺和减让表中包含的规定，以及本议定书具体规定的《农业协定》的条款。在这方面，中国不得对农产品维持或采取任何出口补贴。

2. 中国应在过渡性审议机制中，就农业领域的国营贸易企业（无论是国家还是地方）

与在农业领域按国营贸易企业经营的其他企业之间或在上述任何企业之间进行的财政和其他转移做出通知。

第 13 条 技术性贸易壁垒

1. 中国应在官方刊物上公布作为技术法规、标准或合格评定程序依据的所有正式的或非正式的标准。

2. 中国应自加入时起,使所有技术法规、标准和合格评定程序符合《TBT 协定》。

3. 中国对进口产品实施合格评定程序的目的应仅为确定其是否符合与本议定书和《WTO 协定》规定相一致的技术法规和标准。只有在合同各方授权的情况下,合格评定机构方可对进口产品是否符合该合同的商业条款进行合格评定。中国应保证此种针对产品是否符合合同商业条款的检验不影响此类产品通关或进口许可证的发放。

4. (a) 自加入时起,中国应保证对进口产品和国产品适用相同的技术法规、标准和合格评定程序。为保证从现行体制的顺利过渡,中国应保证自加入时起,所有认证、安全许可及质量许可机构和部门获得既对进口产品又对国产品进行此类活动的授权;加入 1 年后,所有合格评定机构和部门获得既对进口产品又对国产品进行合格评定的授权。对机构和部门的选择应由申请人决定。对于进口产品和国产品,所有机构和部门应颁发相同的标志,收取相同的费用。它们还应提供相同的处理时间和申诉程序。进口产品不得实行一种以上的合格评定程序。中国应公布并使其他 WTO 成员、个人和企业可获得有关其各合格评定机构和部门相应职责的全部信息。

(b) 不迟于加入后 18 个月,中国应仅依据工作范围和产品种类,指定其各合格评定机构的相应职责,而不考虑产品的原产地。指定给中国各合格评定机构的相应职责将在加入后 12 个月通知 TBT 委员会。

第 14 条 卫生与植物卫生措施

中国应在加入后 30 天内,向 WTO 通知其所有有关卫生与植物卫生措施的法律、法规及其他措施,包括产品范围及相关国际标准、指南和建议。

第 15 条 确定补贴和倾销时的价格可比性

GATT 1994 第 6 条、《关于实施 1994 年关税与贸易总协定第 6 条的协定》("《反倾销协定》")以及《SCM 协定》应适用于涉及原产于中国的进口产品进入一 WTO 成员的程序,并应符合下列规定:

(a) 在根据 GATT 1994 第 6 条和《反倾销协定》确定价格可比性时,该 WTO 进口成员应依据下列规则,使用接受调查产业的中国价格或成本,或者使用不依据与中国国内价格或成本进行严格比较的方法:

(i) 如受调查的生产者能够明确证明,生产该同类产品的产业在制造、生产和销售该产品方面具备市场经济条件,则该 WTO 进口成员在确定价格可比性时,应使用受调查产业的中国价格或成本;

(ii) 如受调查的生产者不能明确证明生产该同类产品的产业在制造、生产和销售该产品方面具备市场经济条件,则该 WTO 进口成员可使用不依据与中国国内价格或成本进行严格比较的方法。

(b) 在根据《SCM 协定》第二、三及五部分规定进行的程序中,在处理第 14 条 (a)

项、（b）项、（c）项和（d）项所述补贴时，应适用《SCM 协定》的有关规定；但是，如此种适用遇有特殊困难，则该 WTO 进口成员可使用考虑到中国国内现有情况和条件并非总能用作适当基准这一可能性的确定和衡量补贴利益的方法。在适用此类方法时，只要可行，该 WTO 进口成员在考虑使用中国以外的情况和条件之前，应对此类现有情况和条件进行调整。

（c）该 WTO 进口成员应向反倾销措施委员会通知依照（a）项使用的方法，并应向补贴与反补贴措施委员会通知依照（b）项使用的方法。

（d）一旦中国根据该 WTO 进口成员的国内法证实其是一个市场经济体，则（a）项的规定即应终止，但截至加入之日，该 WTO 进口成员的国内法中须包含有关市场经济的标准。无论如何，（a）项（ii）目的规定应在加入之日后 15 年终止。此外，如中国根据该 WTO 进口成员的国内法证实一特定产业或部门具备市场经济条件，则（a）项中的非市场经济条款不得再对该产业或部门适用。

第 16 条　特定产品过渡性保障机制

1. 如原产于中国的产品在进口至任何 WTO 成员领土时，其增长的数量或所依据的条件对生产同类产品或直接竞争产品的国内生产者造成或威胁造成市场扰乱，则受此影响的 WTO 成员可请求与中国进行磋商，以期寻求双方满意的解决办法，包括受影响的成员是否应根据《保障措施协定》采取措施。任何此种请求应立即通知保障措施委员会。

2. 如在这些双边磋商过程中，双方同意原产于中国的进口产品是造成此种情况的原因并有必要采取行动，则中国应采取行动以防止或补救此种市场扰乱。任何此类行动应立即通知保障措施委员会。

3. 如磋商未能使中国与有关 WTO 成员在收到磋商请求后 60 天内达成协议，则受影响的 WTO 成员有权在防止或补救此种市场扰乱所必需的限度内，对此类产品撤销减让或限制进口。任何此类行动应立即通知保障措施委员会。

4. 市场扰乱应在下列情况下存在：一项产品的进口快速增长，无论是绝对增长还是相对增长，从而构成对生产同类产品或直接竞争产品的国内产业造成实质损害或实质损害威胁的一个重要原因。在认定是否存在市场扰乱时，受影响的 WTO 成员应考虑客观因素，包括进口量、进口产品对同类产品或直接竞争产品价格的影响以及此类进口产品对生产同类产品或直接竞争产品的国内产业的影响。

5. 在根据第 3 款采取措施之前，采取此项行动的 WTO 成员应向所有利害关系方提供合理的公告，并应向进口商、出口商及其他利害关系方提供充分机会，供其就拟议措施的适当性及是否符合公众利益提出意见和证据。该 WTO 成员应提供关于所采取措施的决定的书面通知，包括采取该措施的理由及其范围和期限。

6. 一 WTO 成员只能在防止和补救市场扰乱所必需的时限内根据本条采取措施。如一措施是由于进口水平的相对增长而采取的，而且如该项措施持续有效的期限超过 2 年，则中国有权针对实施该措施的 WTO 成员的贸易暂停实施 GATT 1994 项下实质相当的减让或义务。但是，如一措施是由于进口的绝对增长而采取的，而且如该措施持续有效的期限超过 3 年，则中国有权针对实施该措施的 WTO 成员的贸易暂停实施 GATT 1994 项下实质相当的减让或义务。中国采取的任何此种行动应立即通知保障措施委员会。

7. 在迟延会造成难以补救的损害的紧急情况下，受影响的 WTO 成员可根据一项有关进口产品已经造成或威胁造成市场扰乱的初步认定，采取临时保障措施。在此种情况下，应在采取措施后立即向保障措施委员会做出有关所采取措施的通知，并提出进行双边磋商的请求。临时措施的期限不得超过 200 天，在此期间，应符合第 1 款、第 2 款和第 5 款的有关要求。任何临时措施的期限均应计入第 6 款下规定的期限。

8. 如一 WTO 成员认为根据第 2 款、第 3 款或第 7 款采取的行动造成或威胁造成进入其市场的重大贸易转移，则该成员可请求与中国和/或有关 WTO 成员进行磋商。此类磋商应在向保障措施委员会做出通知后 30 天内举行。如此类磋商未能在做出通知后 60 天内使中国与一个或多个有关 WTO 成员达成协议，则请求进行磋商的 WTO 成员在防止或补救此类贸易转移所必需的限度内，有权针对该产品撤销减让或限制自中国的进口。此种行动应立即通知保障措施委员会。

9. 本条的适用应在加入之日后 12 年终止。

第 17 条　WTO 成员的保留

WTO 成员以与《WTO 协定》不一致的方式针对自中国进口的产品维持的所有禁止、数量限制和其他措施列在附件 7 中。所有此类禁止、数量限制和其他措施应依照该附件所列共同议定的条件和时间表逐步取消或加以处理。

第 18 条　过渡性审议机制

1. 所获授权涵盖中国在《WTO 协定》或本议定书项下承诺的 WTO 下属机构 1，应在加入后 1 年内，并依照以下第 4 款，在符合其授权的情况下，审议中国实施《WTO 协定》和本议定书相关规定的情况。中国应在审议前向每一下属机构提供相关信息，包括附件 1A 所列信息。中国也可在具有相关授权的下属机构中提出与第 17 条下任何保留或其他 WTO 成员在本议定书中所做任何其他具体承诺有关的问题。每一下属机构应迅速向根据《WTO 协定》第 4 条第 5 款设立的有关理事会报告审议结果（如适用），有关理事会应随后迅速向总理事会报告。

2. 总理事会应在加入后 1 年内，依照以下第 4 款，审议中国实施《WTO 协定》和本议定书条款的情况。总理事会应依照附件 1B 所列框架，并按照根据第 1 款进行的任何审议的结果，进行此项审议。中国也可提出与第 17 条下任何保留或其他 WTO 成员在本议定书中所做任何其他具体承诺有关的问题。总理事会可在这些方面向中国或其他成员提出建议。

3. 根据本条审议问题不得损害包括中国在内的任何 WTO 成员在《WTO 协定》或任何诸边贸易协定项下的权利和义务，并不得排除或构成要求磋商或援用《WTO 协定》或本议定书中其他规定的先决条件。

4. 第 1 款和第 2 款规定的审议将在加入后 8 年内每年进行。此后，将在第 10 年或总理事会决定的较早日期进行最终审议。

第二部分　减让表

1. 本议定书所附减让表应成为与中国有关的、GATT 1994 所附减让和承诺表及 GATS 所附具体承诺表。减让表中所列减让和承诺的实施期应按有关减让表相关部分列明的时间执行。

2. 就GATT 1994第2条第6款（a）项所指的该协定日期而言，本议定书所附减让和承诺表的适用日期应为加入之日。

第三部分　最后条款

1. 本议定书应开放供中国在2002年1月1日前以签字或其他方式接受。

2. 本议定书应在接受之日后第30天生效。

3. 本议定书应交存WTO总干事。总干事应根据本议定书第三部分第1款的规定，迅速向每一WTO成员和中国提供一份本议定书经核证无误的副本和中国接受本议定书通知的副本。

4. 本议定书应依照《联合国宪章》第102条的规定予以登记。

2001年11月10日订于多哈，正本一份用英文、法文和西班牙文写成，三种文本具有同等效力，除非所附减让表中规定该减让表只以以上文字中的一种或多种为准。

附录二

《服务贸易总协定》

各成员：

认识到服务贸易对世界经济增长和发展日益增加的重要性；

希望建立一个服务贸易原则和规则的多边框架，以期在透明和逐步自由化的条件下扩大此类贸易，并以此为手段促进所有贸易伙伴的经济增长和发展中国家的发展；

期望在给予国家政策目标应有尊重的同时，通过连续回合的多边谈判，在互利基础上促进所有参加方的利益，并保证权利和义务的总体平衡，以便早日实现服务贸易自由化水平的逐步提高；

认识到各成员为实现国家政策目标，有权对其领土内的服务提供进行管理和采用新的法规，同时认识到由于不同国家服务法规发展程度方面存在的不平衡，发展中国家特别需要行使此权利；

期望便利发展中国家更多地参与服务贸易和扩大服务出口，特别是通过增强其国内服务能力、效率和竞争力；

特别考虑到最不发达国家由于特殊的经济状况及其在发展、贸易和财政方面的需要而存在的严重困难；

特此协议如下：

第一部分　范围和定义

第1条　范围和定义

1. 本协定适用于各成员影响服务贸易的措施。

2. 就本协定而言，服务贸易定义为：

(a) 自一成员领土向任何其他成员领土提供服务；

(b) 在一成员领土内向任何其他成员的服务消费者提供服务；

(c) 一成员的服务提供者通过在任何其他成员领土内的商业存在提供服务；

(d) 一成员的服务提供者通过在任何其他成员领土内的自然人存在提供服务。

3. 就本协定而言：

(a)“成员的措施”指：

(i) 中央、地区或地方政府和主管机关所采取的措施；及

(ii) 由中央、地区或地方政府或主管机关授权行使权力的非政府机构所采取的措施。

在履行本协定项下的义务和承诺时，每一成员应采取其所能采取的合理措施，以保证其领土内的地区、地方政府和主管机关以及非政府机构遵守这些义务和承诺。

(b)“服务”包括任何部门的任何服务，但在行使政府职权时提供的服务除外；

(c)“行使政府职权时提供的服务”指既不依据商业基础提供，也不与一个或多个服务提供者竞争的任何服务。

第二部分　一般义务和纪律

第 2 条　最惠国待遇

1. 关于本协定涵盖的任何措施，每一成员对于任何其他成员的服务和服务提供者，应立即和无条件地给予不低于其给予任何其他国家同类服务和服务提供者的待遇。

2. 一成员可维持与第 1 款不一致的措施，只要该措施已列入《关于第 2 条豁免的附件》，并符合该附件中的条件。

3. 本协定的规定不得解释为阻止任何成员对相邻国家授予或给予优惠，以便利仅限于毗连边境地区的当地生产和消费的服务的交换。

第 3 条　透明度

1. 除紧急情况外，每一成员应迅速公布有关或影响本协定运用的所有普遍适用的措施，最迟应在此类措施生效之时。一成员为签署方的有关或影响服务贸易的国际协定也应予以公布。

2. 如第 1 款所指的公布不可行，则应以其他方式使此类信息可公开获得。

3. 每一成员应迅速并至少每年向服务贸易理事会通知对本协定项下具体承诺所涵盖的服务贸易有重大影响的任何新的法律、法规、行政准则或现有法律、法规、行政准则的任何变更。

4. 每一成员对于任何其他成员关于提供属第 1 款范围内的任何普遍适用的措施或国际协定的具体信息的所有请求应迅速予以答复。每一成员还应设立一个或多个咨询点，以应请求就所有此类事项和需遵守第 3 款中的通知要求的事项向其他成员提供具体信息。此类咨询点应在《建立世界贸易组织协定》（本协定中称《WTO 协定》）生效之日起 2 年内设立。对于个别发展中国家成员，可同意在设立咨询点的时限方面给予它们适当的灵活性。咨询点不必是法律和法规的保存机关。

5. 任何成员可将其认为影响本协定运用的、任何其他成员采取的任何措施通知服务贸易理事会。

第 3 条之二　机密信息的披露

本协定的任何规定不得要求任何成员提供一经披露即妨碍执法或违背公共利益或损害特定公私企业合法商业利益的机密信息。

第 4 条　发展中国家的更多参与

1. 不同成员应按照本协定第三部分和第四部分的规定，通过谈判达成有关以下内容的具体承诺，以便利发展中国家成员更多地参与世界贸易：

（a）增强其国内服务能力、效率和竞争力，特别是通过在商业基础上获得技术；

（b）改善其进入分销渠道和利用信息网络的机会；以及

（c）在对其有出口利益的部门和服务提供方式实现市场准入自由化。

2. 发达国家成员和在可能限度内的其他成员，应在《WTO 协定》生效之日起 2 年内设立联络点，以便利发展中国家成员的服务提供者获得与其各自市场有关的、关于以下内容的信息：

（a）服务提供的商业和技术方面的内容；

（b）专业资格的登记、认可和获得；

（c）服务技术的可获性。

3. 在实施第 1 款和第 2 款时，应对最不发达国家成员给予特别优先。鉴于最不发达国家的特殊经济状况及其发展、贸易和财政需要，对于它们在接受谈判达成的具体承诺方面存在的严重困难应予特殊考虑。

第 5 条　经济一体化

1. 本协定不得阻止任何成员参加或达成在参加方之间实现服务贸易自由化的协定，只要此类协定：

（a）涵盖众多服务部门①；

（b）规定在该协定生效时或在一合理时限的基础上，对于（a）项所涵盖的部门，在参加方之间通过以下方式不实行或取消第 17 条意义上的所有歧视：

（i）取消现有歧视性措施，并/或

（ii）禁止新的或更多的歧视性措施，但第 11 条、第 12 条、第 14 条以及第 14 条之二下允许的措施除外。

2. 在评估第 1 款（b）项下的条件是否得到满足时，可考虑该协定与有关国家之间更广泛的经济一体化或贸易自由化进程的关系。

3.（a）如发展中国家为第 1 款所指类型协定的参加方，则应依照有关国家总体和各服务部门及分部门的发展水平，在第 1 款所列条件方面，特别是其中（b）项所列条件方面给予灵活性。

（b）尽管有第 6 款的规定，但是在第 1 款所指类型的协定只涉及发展中国家的情况下，对此类协定参加方的自然人所拥有或控制的法人仍可给予更优惠的待遇。

4. 第 1 款所指的任何协定应旨在便利协定参加方之间的贸易，并且与订立该协定之前的适用水平相比，对于该协定外的任何成员，不得提高相应服务部门或分部门内的服务贸易壁垒的总体水平。

5. 如因第 1 款下的任何协定的订立、扩大或任何重大修改，一成员有意修改或撤销一具体承诺，因而与其减让表中所列条款和条件不一致，则该成员应至少提前 90 天通知该项修改或撤销，并应适用第 21 条第 2 款、第 3 款和第 4 款中所列程序。

6. 任何其他成员的服务提供者，如属根据第 1 款所指协定参加方的法律所设立的法

① 此条件应根据部门数量、受影响的贸易量和提供方式进行理解。为满足此条件，协定不应规定预先排除任何服务提供方式。

人，则有权享受该协定项下给予的待遇，只要该服务提供者在该协定的参加方领土内从事实质性商业经营。

7.（a）属第1款所指任何协定参加方的成员应迅速将任何此类协定及其任何扩大或重大修改通知服务贸易理事会。它们还应使理事会可获得其所要求的有关信息。理事会可设立工作组，以审查此类协定及其扩大或修改，并就其与本条规定的一致性问题向理事会提出报告。

（b）属第1款所指的在一时限基础上实施的任何协定参加方的成员应定期就协定的实施情况向服务贸易理事会提出报告。理事会如认为必要，可设立工作组，以审查此类报告。

（c）依据（a）项和（b）项所指的工作组的报告，理事会可向参加方提出其认为适当的建议。

8. 属第1款所指的任何协定参加方的成员，不可对任何其他成员从此类协定中可能获得的贸易利益寻求补偿。

第5条之二　劳动力市场一体化协定

本协定不得阻止任何成员参加在参加方之间实现劳动力市场完全一体化①的协定，只要此类协定：

（a）对协定参加方的公民免除有关居留和工作许可的要求；

（b）通知服务贸易理事会。

第6条　国内法规

1. 在已做出具体承诺的部门中，每一成员应保证所有影响服务贸易普遍适用的措施以合理、客观和公正的方式实施。

2.（a）对每一成员应维持或尽快设立司法、仲裁或行政庭或程序，在受影响的服务提供者请求下，对影响服务贸易的行政决定迅速进行审查，并在请求被证明合理的情况下提供适当的补救。如此类程序并不独立于做出有关行政决定的机构，则该成员应保证此类程序在实际中提供客观和公正的审查。

（b）（a）项的规定不得解释为要求一成员设立与其宪法结构或其法律制度的性质不一致的法庭或程序。

3. 对已做出具体承诺的服务，如提供此种服务需要得到批准，则一成员的主管机关应在根据其国内法律法规被视为完整的申请提交后一段合理时间内，将有关该申请的决定通知申请人。在申请人请求下，该成员的主管机关应提供有关申请情况的信息，不得有不当延误。

4. 为保证有关资格要求和程序、技术标准和许可要求的各项措施不致构成不必要的服务贸易壁垒，服务贸易理事会应通过其可能设立的适当机构，制定任何必要的纪律。此类纪律应旨在特别保证上述要求：

（a）依据客观的和透明的标准，例如提供服务的能力和资格；

① 在一般情况下，此类一体化为其参加方的公民提供自由进入各参加方就业市场的权利，并包括有关工资条件及其他就业和社会福利条件的措施。

(b) 不得比为保证服务质量所必需的限度更难以负担；

(c) 如为许可程序，则这些程序本身不成为对服务提供的限制。

5. (a) 在一成员已做出具体承诺的部门中，在按照第 4 款为这些部门制定的纪律生效之前，该成员不得以以下方式实施使此类具体承诺失效或减损的许可要求、资格要求和技术标准：

(i) 不符合第 4 款 (a) 项、(b) 项或 (c) 项中所概述的标准的；且

(ii) 在该成员就这些部门做出具体承诺时，不可能合理预期的。

(b) 在确定一成员是否符合第 5 款 (a) 项下的义务时，应考虑该成员所实施的有关国际组织①的国际标准。

6. 在已就专业服务做出具体承诺的部门，每一成员应规定适当程序，以核验任何其他成员专业人员的能力。

第 7 条　承　认

1. 为使服务提供者获得授权、许可或证明的标准或准则得以全部或部分实施，在遵守第 3 款要求的前提下，一成员可承认在特定国家已获得的教育或经历、已满足的要求或已给予的许可或证明。此类可通过协调或其他方式实现的承认，可依据与有关国家的协定或安排，也可自动给予。

2. 属第 1 款所指类型的协定或安排参加方的成员，无论此类协定或安排是现有的还是在将来订立，均应向其他利害关系成员提供充分的机会，以谈判加入此类协定或安排，或与其谈判类似的协定或安排。如一成员自动给予承认，则应向任何其他成员提供充分的机会，以证明在该其他成员获得的教育、经历、许可或证明以及满足的要求应得到承认。

3. 一成员给予承认的方式不得构成在适用服务提供者获得授权、许可或证明的标准或准则时在各国之间进行歧视的手段，或构成对服务贸易的变相限制。

4. 每一成员应：

(a) 在《WTO 协定》对其生效之日起 12 个月内，向服务贸易理事会通知其现有的承认措施，并说明此类措施是否以第 1 款所述类型的协定或安排为依据；

(b) 在就第 1 款所指类型的协定或安排进行谈判之前，尽早迅速通知服务贸易理事会，以便向任何其他成员提供充分的机会，使其能够在谈判进入实质性阶段之前表明其参加谈判的兴趣；

(c) 如采用新的承认措施或对现有措施进行重大修改，则迅速通知服务贸易理事会，并说明此类措施是否以第 1 款所指类型的协定或安排为依据。

5. 只要适当，承认即应以多边议定的准则为依据。在适当的情况下，各成员应与有关政府间组织或非政府组织合作，以制定和采用关于承认的共同国际标准和准则，以及有关服务行业和职业实务的共同国际标准。

第 8 条　垄断和专营服务提供者

1. 每一成员应保证在其领土内的任何垄断服务提供者在有关市场提供垄断服务时，不以与其在第 2 条和具体承诺下的义务不一致的方式行事。

① "有关国际组织"是指成员资格对至少所有 WTO 成员的有关机构开放的国际机构。

2. 如一成员的垄断提供者直接或通过附属公司参与其垄断权范围之外且受该成员具体承诺约束的服务提供的竞争，则该成员应保证该提供者不滥用其垄断地位在其领土内以与此类承诺不一致的方式行事。

3. 如一成员有理由认为任何其他成员的垄断服务提供者以与第 1 款和第 2 款不一致的方式行事，则在该成员请求下，服务贸易理事会可要求设立、维持或授权该服务提供者的成员提供有关经营的具体信息。

4. 在《WTO 协定》生效之日后，如一成员对其具体承诺所涵盖的服务提供给予垄断权，则该成员应在所给予的垄断权预定实施前不迟于 3 个月通知服务贸易理事会，并应适用第 21 条第 2 款、第 3 款和第 4 款的规定。

5. 如一成员在形式上或事实上（a）授权或设立少数几个服务提供者，且（b）实质性阻止这些服务提供者在其领土内相互竞争，则本条的规定应适用于此类专营服务提供者。

第 9 条　商业惯例

1. 各成员认识到，除属第 8 条范围内的商业惯例外，服务提供者的某些商业惯例会抑制竞争，从而限制服务贸易。

2. 在任何其他成员的请求下，每一成员应进行磋商，以期取消第 1 款所指的商业惯例。被请求的成员对此类请求应给予充分和积极的考虑，并应通过提供与所涉事项有关的、可公开获得的非机密信息进行合作。在遵守其国内法律并在提出请求的成员保障其机密性达成令人满意的协议的前提下，被请求的成员还应向提出请求的成员提供其他可获得的信息。

第 10 条　紧急保障措施

1. 应就紧急保障措施问题在非歧视原则基础上进行多边谈判。此类谈判的结果应在不迟于《WTO 协定》生效之日起 3 年的一日期生效。

2. 在第 1 款所指的谈判结果生效之前的时间内，尽管有第 21 条第 1 款的规定，但是任何成员仍可在其一具体承诺生效 1 年后，向服务贸易理事会通知其修改或撤销该承诺的意向；只要该成员向理事会说明该修改或撤销不能等待第 21 条第 1 款规定的 3 年期限期满的理由。

3. 第 2 款的规定应在《WTO 协定》生效之日起 3 年后停止适用。

第 11 条　支付和转移

1. 除在第 12 条中设想的情况外，一成员不得对与其具体承诺有关的经常项目交易的国际转移和支付实施限制。

2. 本协定的任何规定不得影响国际货币基金组织的成员在《国际货币基金组织协定》项下的权利和义务，包括采取符合《国际货币基金组织协定》的汇兑行动，但是一成员不得对任何资本交易设置与其有关此类交易的具体承诺不一致的限制，根据第 12 条或在基金组织请求下除外。

第 12 条　保障国际收支的限制

1. 如发生严重国际收支和对外财政困难或其威胁，一成员可对其已做出具体承诺的服务贸易，包括与此类承诺有关的交易的支付和转移，采取或维持限制。各方认识到，由于处于经济发展或经济转型过程中的成员在国际收支方面的特殊压力，可能需要使用限制措施，特别是保证维持实施其经济发展或经济转型计划所需的适当财政储备水平。

2. 第 1 款所指的限制：

(a) 不得在各成员之间造成歧视；

(b) 应与《国际货币基金组织协定》相一致；

(c) 应避免对任何其他成员的商业、经济和财政利益造成不必要的损害；

(d) 不得超过处理第 1 款所指的情况所必需的限度；

(e) 应是暂时的，并应随第 1 款列明情况的改善而逐步取消。

3. 在确定此类限制的影响范围时，各成员可优先考虑对其经济或发展计划更为重要的服务提供。但是，不得为保护一特定服务部门而采取或维持此类限制。

4. 根据第 1 款采取或维持的任何限制，或此类限制的任何变更，应迅速通知总理事会。

5. (a) 实施本条规定的成员应就根据本条采取的限制迅速与国际收支限制委员会进行磋商。

(b) 部长级会议应制定定期磋商的程序①，以便能够向有关成员提出其认为适当的建议。

(c) 此类磋商应评估有关成员的国际收支状况和根据本条采取或维持的限制，同时特别考虑如下因素：

(i) 国际收支和对外财政困难的性质和程度；

(ii) 磋商成员的外部经济和贸易环境；

(iii) 其他可采取的替代纠正措施。

(d) 磋商应处理任何限制与第 2 款一致性的问题，特别是依照第 2 款 (e) 项逐步取消限制的问题。

(e) 在此类磋商中，应接受国际货币基金组织提供的与外汇、货币储备和国际收支有关的所有统计和其他事实，结论应以基金组织对磋商成员国际收支状况和对外财政状况的评估为依据。

6. 如不属国际货币基金组织成员的一成员希望适用本条的规定，则部长级会议应制定审议程序和任何其他必要程序。

第 13 条　政府采购

1. 第 2 条、第 16 条和第 17 条不得适用于政府管理机构为政府目的而购买服务的法律、法规或要求，此种购买不是为进行商业转售或为供商业销售而在提供服务过程中使用。

2. 在《WTO 协定》生效之日起 2 年内，应就本协定项下服务的政府采购问题进行多边谈判。

第 14 条　一般例外

在此类措施的实施不在情形类似的国家之间构成任意或不合理歧视的手段或构成对服

① 各方理解，第 5 款下的程序应与 GATT 1994 的程序相同。

务贸易的变相限制的前提下，本协定的任何规定不得解释为阻止任何成员采取或实施以下措施：

（a）为保护公共道德或维护公共秩序[①]所必需的措施；

（b）为保护人类、动物或植物的生命或健康所必需的措施；

（c）为使与本协定的规定不相抵触的法律或法规得到遵守所必需的措施，包括与下列内容有关的法律或法规：

（i）防止欺骗和欺诈行为或处理服务合同违约而产生的影响；

（ii）保护与个人信息处理和传播有关的个人隐私及保护个人记录和账户的机密性；

（iii）安全；

（d）与第17条不一致的措施，只要待遇方面的差别国在保证对其他成员的服务或服务提供者公平或有效地[②]课征或收取直接税；

（e）与第2条不一致的措施，只要待遇方面的差别是约束该成员的避免双重征税的协定或任何其他国际协定或安排中关于避免双重征税的规定的结果。

第14条之二　安全例外

1. 本协定的任何规定不得解释为：

（a）要求任何成员提供其认为如披露则会违背其根本安全利益的任何信息；

（b）阻止任何成员采取其认为对保护其根本安全利益所必需的任何行动；

（i）与直接或间接为军事机关提供给养的服务有关的行动；

（ii）与裂变和聚变物质或衍生此类物质的物质有关的行动；

（iii）在战时或国际关系中的其他紧急情况下采取的行动；

（c）阻止任何成员为履行其在《联合国宪章》项下的维护国际和平与安全的义务而采取的任何行动。

2. 根据第1款（b）项和（c）项采取的措施及其终止，应尽可能充分地通知服务贸易理事会。

第15条　补　贴

1. 各成员认识到，在某些情况下，补贴可对服务贸易产生扭曲作用。各成员应进行谈判，以期制定必要的多边纪律，以避免此类贸易扭曲作用。[③]谈判还应处理反补贴程序适当性的问题。此类谈判应认识到补贴在发展中国家发展计划中的作用，并考虑到各成

① 只有在社会的某一根本利益受到真正的和足够严重的威胁时，方可援引公共秩序例外。

② 旨在保证公平或有效地课征和收取直接税的措施包括一成员根据其税收制度所采取的以下措施：（i）认识到非居民的纳税义务由源自或位于该成员领土内的应征税项目确定的事实，而对非居民服务提供者实施的措施；或（ii）为保证在该成员领土内课税或征税而对非居民实施的措施；或（iii）为防止避税或逃税而对非居民或居民实施的措施，包括监察措施；或（iv）为保证对服务消费者课征或收取的税款来自该成员领土内的来源而对在另一成员领土内或自另一成员领土提供的服务的消费者实施的措施；或（v）认识到按世界范围应征税项目纳税的服务提供者与其他服务提供者之间在课税基础、性质方面的差异而区分这两类服务提供者的措施；或（vi）为保障该成员的课税基础而确定、分配或分摊居民或分支机构，或有关联的人员之间，或同一人的分支机构之间收入、利润、收益、亏损、扣除或信用的措施。第14条（d）款和本脚注中的税收用语或概念，根据采取该措施的成员国内法律中的税收定义和概念，或相当的或类似的定义和概念确定。

③ 未来的工作计划应确定有关此类多边纪律的谈判如何进行及在什么时限内进行。

员，特别是发展中国家成员在该领域需要灵活性。就此类谈判而言，各成员应就其向国内服务提供者提供的所有与服务贸易有关的补贴交换信息。

2. 任何成员如认为受到另一成员补贴的不利影响，则可请求与该成员就此事项进行磋商。对此类请求，应给予积极考虑。

第三部分 具体承诺

第16条 市场准入

1. 对于通过第1条确认的服务提供方式实现的市场准入，每一成员对任何其他成员的服务和服务提供者给予的待遇，不得低于其在具体承诺减让表中同意和列明的条款、限制和条件。①

2. 在做出市场准入承诺的部门，除非在其减让表中另有列明，否则一成员不得在其一地区或在其全部领土内维持或采取按如下定义的措施：

(a) 无论以数量配额、垄断、专营服务提供者的形式，还是以经济需求测试要求的形式，限制服务提供者的数量；

(b) 以数量配额或经济需求测试要求的形式限制服务交易或资产总值；

(c) 以配额或经济需求测试要求的形式，限制服务业务总数或以指定数量单位表示的服务产出总量；②

(d) 以数量配额或经济需求测试要求的形式，限制特定服务部门或服务提供者可雇用的、提供具体服务所必需且直接有关的自然人总数；

(e) 限制或要求服务提供者通过特定类型法律实体或合营企业提供服务的措施；以及

(f) 以限制外国股权最高百分比或限制单个或总体外国投资总额的方式限制外国资本的参与。

第17条 国民待遇

1. 对于列入减让表的部门，在遵守其中所列任何条件和资格的前提下，每一成员在影响服务提供的所有措施方面给予任何其他成员的服务和服务提供者的待遇，不得低于其给予本国同类服务和服务提供者的待遇。③

2. 一成员可通过对任何其他成员的服务或服务提供者给予与其本国同类服务或服务提供者的待遇形式上相同或不同的待遇，满足第5款的要求。

3. 如形式上相同或不同的待遇改变竞争条件，与任何其他成员的同类服务或服务提供者相比，有利于该成员的服务或服务提供者，则此类待遇应被视为较为不利的待遇。

第18条 附加承诺

各成员可就影响服务贸易，但根据第16条或第17条不需列入减让表的措施，包括有

① 如一成员就通过第1条第2款（a）项所指的方式提供服务做出市场准入承诺，且如果资本的跨境流动是该服务本身必需的部分，则该成员由此已承诺允许此种资本跨境流动。如一成员就通过第1条第2款（c）项所指的方式提供服务做出市场准入承诺，则该成员由此已承诺允许有关的资本转移进入其领土内。

② 第2款（c）项不涵盖一成员限制服务提供投入的措施。

③ 根据本条承担的具体承诺不得解释为要求任何成员对由于有关服务或服务提供者的外国特性而产生的任何固有的竞争劣势做出补偿。

关资格、标准或许可事项的措施，谈判承诺。此类承诺应列入一成员减让表。

第四部分　逐步自由化

第 19 条　具体承诺的谈判

1. 为推行本协定的目标，各成员应不迟于《WTO 协定》生效之日起 5 年开始并在此后定期进行连续回合的谈判，以期逐步实现更高的自由化水平。此类谈判应针对减少或取消各种措施对服务贸易的不利影响，以此作为提供有效市场准入的手段。此进程的进行应在互利基础上促进所有参加方的利益，并保证权利和义务的总体平衡。

2. 自由化进程的进行应适当尊重各成员的国家政策目标及其总体和各部门的发展水平。个别发展中国家成员应有适当的灵活性，以开放较少的部门，放开较少类型的交易，以符合其发展状况的方式逐步扩大市场准入，并在允许外国服务提供者进入其市场时，对此类准入附加旨在实现第 4 条所指目标的条件。

3. 对于每一回合，应制定谈判准则和程序。就制定此类准则而言，服务贸易理事会应参照本协定的目标，包括第 4 条第 1 款所列目标，对服务贸易进行总体的和逐部门的评估。谈判准则应为处理各成员自以往谈判以来自主采取的自由化和在第 4 条第 3 款下给予最不发达国家成员的特殊待遇制定模式。

4. 各谈判回合均应通过旨在提高各成员在本协定项下所做具体承诺总体水平的双边、诸边或多边谈判，推进逐步自由化的进程。

第 20 条　具体承诺减让表

1. 每一成员应在减让表中列出其根据本协定第三部分做出的具体承诺。对于做出此类承诺的部门，每一减让表应列明：

（a）市场准入的条款、限制和条件；

（b）国民待遇的条件和资格；

（c）与附加承诺有关的承诺；

（d）在适当时，实施此类承诺的时限；以及

（e）此类承诺生效的日期。

2. 与第 16 条和第 17 条不一致的措施应列入与第 16 条有关的栏目。在这种情况下，所列内容将被视为也对第 17 条规定了条件或资格。

3. 具体承诺减让表应附在本协定之后，并应成为本协定的组成部分。

第 21 条　减让表的修改

1.（a）一成员（本条中称“修改成员”）可依照本条的规定，在减让表中任何承诺生效之日起 3 年期满后的任何时间修改或撤销该承诺。

（b）修改成员应将其根据本条修改或撤销一承诺的意向，在不迟于实施修改或撤销的预定日期前 3 个月通知服务贸易理事会。

2.（a）在本协定项下的利益可能受到根据第 1 款（b）项通知的拟议修改或撤销影响的任何成员（本条中称“受影响成员”）请求下，修改成员应进行谈判，以期就任何必要的补偿性调整达成协议。在此类谈判和协定中，有关成员应努力维持互利承诺的总体水平，使其不低于在此类谈判之前具体承诺减让表中规定的对贸易的有利水平。

(b) 补偿性调整应在最惠国待遇基础上做出。

3. (a) 如修改成员和任何受影响成员未在规定的谈判期限结束之前达成协议，则此类受影响成员可将该事项提交仲裁。任何希望行使其可能享有的补偿权的受影响成员必须参加仲裁。

(b) 如无受影响成员请求仲裁，则修改成员有权实施拟议的修改或撤销。

4. (a) 修改成员在做出符合仲裁结果的补偿性调整之前，不可修改或撤销其承诺。

(b) 如修改成员实施其拟议的修改或撤销而未遵守仲裁结果，则任何参加仲裁的受影响成员可修改或撤销符合这些结果的实质相等的利益。尽管有第 2 条的规定，但是此类修改或撤销可只对修改成员实施。

5. 服务贸易理事会应为更正或修改减让表制定程序。根据本条修改或撤销承诺的任何成员应根据此类程序修改其减让表。

第五部分　机构条款

第 22 条　磋　商

1. 每一成员应对任何其他成员可能提出的、关于影响本协定运用的任何事项的交涉所进行的磋商给予积极考虑，并提供充分的机会。《争端解决谅解》(DSU) 应适用于此类磋商。

2. 在一成员请求下，服务贸易理事会或争端解决机构 (DSB) 可就其通过根据第 1 款进行的磋商未能找到满意解决办法的任何事项与任何一个或多个成员进行磋商。

3. 一成员不得根据本条或第 23 条，对另一成员属它们之间达成的与避免双重征税有关的国际协定范围的措施援引第 17 条。在各成员不能就一措施是否属它们之间的此类协定范围达成一致的情况下，应允许两成员中任一成员将该事项提交服务贸易理事会。[①] 理事会应将该事项提交仲裁。仲裁人的裁决应为最终的，并对各成员具有约束力。

第 23 条　争端解决和执行

1. 如任何成员认为任何其他成员未能履行本协定项下的义务或具体承诺，则该成员为就该事项达成双方满意的解决办法可援用 DSU。

2. 如 DSB 认为情况足够严重，有理由采取此类行动，则可授权一个或多个成员依照 DSU 第 22 条对任何其他一个或多个成员中止义务和具体承诺的实施。

3. 如任何成员认为其根据另一成员在本协定第三部分下的具体承诺可合理预期获得的任何利益，由于实施与本协定规定并无抵触的任何措施而丧失或减损，则可援用 DSU。如 DSB 确定该措施使此种利益丧失或减损，则受影响成员有权依据第 21 条第 2 款的要求做出双方满意的调整，其中可包括修改或撤销该措施。如在有关成员之间不能达成协议，则应适用 DSU 第 22 条。

第 24 条　服务贸易理事会

1. 服务贸易理事会应履行对其指定的职能，以便利本协定的运用，并促进其目标的

① 对于在《WTO 协定》生效之日已存在的避免双重征税协定，此类事项只有在经该协定各参加方同意后方可提交服务贸易理事会。

实现。理事会可设立其认为对有效履行其职能适当的附属机构。

2. 理事会及其附属机构应开放供所有成员的代表参加，除非理事会另有决定。

3. 理事会主席应由各成员选举产生。

第 25 条　技术合作

1. 需要此类援助的成员的服务提供者应可使用第 4 条第 2 款所指的咨询点的服务。

2. 给予发展中国家的技术援助应在多边一级由秘书处提供，并由服务贸易理事会决定。

第 26 条　与其他国际组织的关系

总理事会应就与联合国及其专门机构及其他与服务有关的政府间组织进行磋商和合作做出适当安排。

第六部分　最后条款

第 27 条　利益的拒绝给予

一成员可对下列情况拒绝给予本协定项下的利益：

(a) 对于一项服务的提供，如确定该服务是自或在一非成员或与该拒绝给予利益的成员不适用《WTO 协定》的成员领土内提供的；

(b) 在提供海运服务的情况下，如确定该服务是：

(i) 由一艘根据一非成员或对该拒绝给予利益的成员不适用《WTO 协定》的成员的法律进行注册的船只提供的，及

(ii) 由一经营和/或使用全部或部分船只的人提供的，但该人属一非成员或对该拒绝给予利益的成员不适用《WTO 协定》的成员；

(c) 对于具有法人资格的服务提供者，如确定其不是另一成员的服务提供者，或是对该拒绝给予利益的成员不适用《WTO 协定》的成员的服务提供者。

第 28 条　定　义

就本协定而言：

(a)“措施”指一成员的任何措施，无论是以法律、法规、规则、程序、决定、行政行为的形式还是以任何其他形式；

(b)“服务的提供”包括服务的生产、分销、营销、销售和交付；

(c)“各成员影响服务贸易的措施”包括关于下列内容的措施：

(i) 服务的购买、支付或使用；

(ii) 与服务的提供有关的、各成员要求向公众普遍提供的服务的获得和使用；

(iii) 一成员的个人为在另一成员领土内提供服务的存在，包括商业存在；

(d)“商业存在”指任何类型的商业或专业机构，包括为提供服务而在一成员领土内：

(i) 组建、收购或维持一法人；或

(ii) 创建或维持一分支机构或代表处；

(e) 服务“部门”：

(i) 对于一具体承诺，指一成员减让表中列明的该项服务的一个、多个或所有分部门；或

(ii) 在其他情况下，则指该服务部门的全部，包括其所有的分部门；

(f)“另一成员的服务”，

(i) 指自或在该另一成员领土内提供的服务，对于海运服务，则指由一艘根据该另一成员的法律进行注册的船只提供的服务，或由经营和/或使用全部或部分船只提供服务的该另一成员的人提供的服务；或

(ii) 对于通过商业存在或自然人存在所提供的服务，指由该另一成员服务提供者所提供的服务；

(g)“服务提供者”指提供一服务的任何人[①]；

(h)“服务的垄断提供者”指一成员领土内有关市场中被该成员在形式上或事实上授权或确定为该服务的独家提供者的任何公私性质的人；

(i)“服务消费者”指得到或使用服务的任何人；

(j)“人”指自然人或法人；

(k)“另一成员的自然人”指居住在该另一成员或任何其他成员领土内的自然人，且根据该另一成员的法律：

(i) 属该另一成员的国民；

(ii) 在该另一成员中有永久居留权，如该另一成员：

1. 没有国民；

2. 按其在接受或加入《WTO协定》时所做通知，在影响服务贸易的措施方面，给予其永久居民的待遇与给予其国民的待遇实质相同，只要各成员无义务使其给予此类永久居民的待遇优于该另一成员给予此类永久居民的待遇。此种通知应包括该另一成员依照其法律和法规对永久居民承担与其他成员对其国民承担相同责任的保证；

(l)“法人”指根据适用法律适当组建或组织的任何法人实体，无论是否以营利为目的，无论属私营所有还是政府所有，包括任何公司、基金、合伙企业、合资企业、独资企业或协会；

(m)“另一成员的法人”指：

(i) 根据该另一成员的法律组建或组织的，并在该另一成员或任何其他成员领土内从事实质性业务活动的法人；或

(ii) 对于通过商业存在提供服务的情况：

1. 由该成员的自然人拥有或控制的法人；或

2. 由 (i) 项确认的该另一成员的法人拥有或控制的法人；

(n) 法人：

(i) 由一成员的个人所“拥有”，如该成员的个人实际拥有的股本超过50%；

(ii) 由一成员的个人所“控制”，如此类人拥有任命其大多数董事或以其他方式合法指导其活动的权力；

(iii) 与另一成员具有“附属”关系，如该法人控制该另一人，或为该另一人所控制；

① 如该服务不是由法人直接提供，而是通过如分支机构或代表处等其他形式的商业存在提供，则该服务提供者(即该法人)仍应通过该商业存在被给予在本协定项下规定给予服务提供者的待遇。此类待遇应扩大至提供该服务的存在方式，但不需扩大至该服务提供者位于提供服务的领土以外的任何其他部分。

或该法人和该另一人为同一人所控制；

(o)“直接税”指对总收入、总资本或对收入或资本的构成项目征收的所有税款，包括对财产转让收益、不动产、遗产和赠予、企业支付的工资或薪金总额以及资本增值所征收的税款。

第29条　附　件

本协定的附件为本协定的组成部分。

附件　关于第2条豁免的附件

范　围

1. 本附件规定了一成员在本协定生效时豁免其在第2条第1款下义务的条件。

2. 《WTO协定》生效之日后提出的任何新的豁免应根据其第9条第3款处理。

审　议

3. 服务贸易理事会应对所给予的超过5年期的豁免进行审议。首次审议应在《WTO协定》生效后不超过5年进行。

4. 服务贸易理事会在审议中应：

(a) 审查产生该豁免的条件是否仍然存在；并

(b) 确定任何进一步审议的日期。

终　止

5. 就一特定措施对一成员在本协定第2条第1款下义务的豁免在该豁免规定的日期终止。

6. 原则上，此类豁免不应超过10年。无论如何，此类豁免应在今后的贸易自由化回合中进行谈判。

7. 在豁免期终止时，一成员应通知服务贸易理事会已使该不一致的措施符合本协定第2条第1款。

第2条　豁免清单

根据第2条第2款议定的豁免清单在《WTO协定》的条约文本中作为本附件的一部分。

关于本协定项下提供服务的自然人流动的附件

1. 本附件在服务提供方面，适用于影响作为一成员服务提供者的自然人的措施，及影响一成员服务提供者雇用的一成员的自然人的措施。

2. 本协定不得适用于影响寻求进入一成员就业市场的自然人的措施，也不得适用于在永久基础上有关公民身份、居住或就业的措施。

3. 依照本协定第三部分和第四部分的规定，各成员可就在本协定项下提供服务的所有类别的自然人流动所适用的具体承诺进行谈判。应允许具体承诺所涵盖的自然人依照该具体承诺的条件提供服务。

4. 本协定不得阻止一成员实施对自然人进入其领土或在其领土内暂时居留进行管理的措施，包括为保护其边境完整和保证自然人有序跨境流动所必需的措施，只要此类措施的实施不致使任何成员根据一具体承诺的条件所获得的利益丧失或减损。[①]

关于空运服务的附件

1. 本附件适用于影响定期或不定期空运服务贸易及附属服务的措施。各方确认在本协定项下承担的任何具体承诺或义务不得减少或影响一成员在《WTO协定》生效之日已生效的双边或多边协定项下的义务。

2. 本协定，包括其争端解决程序，不得适用于影响下列内容的措施：

（a）业务权，无论以何种形式给予；或

（b）与业务权的行使直接有关的服务，但本附件第3款中的规定除外。

3. 本协定适用于影响下列内容的措施：

（a）航空器的修理和保养服务；

（b）空运服务的销售和营销；

（c）计算机预订系统（CRS）服务。

4. 本协定的争端解决程序只有在有关成员已承担义务或具体承诺，并且在双边和其他多边协定或安排中的争端解决程序已用尽的情况下方可援引。

5. 服务贸易理事会应定期且至少每5年一次审议空运部门的发展情况和本附件的运用情况，以期考虑将本协定进一步适用于本部门的可能性。

6. 定义：

（a）"航空器的修理和保养服务"指在航空器退出服务的情况下对航空器或其一部分进行的此类活动，不包括所谓的日常维修。

（b）"空运服务的销售和营销"指有关航空承运人自由销售和推销其空运服务的机会，包括营销的所有方面，如市场调查、广告和分销。这些活动不包括空运服务的定价，也不包括适用的条件。

（c）"计算机预订系统（CRS）服务"指由包含航空承运人的时刻表、可获性、票价和定价规则等信息的计算机系统所提供的服务，可通过该系统进行预订或出票。

（d）"业务权"指以有偿或租用方式，往返于一成员领土或在该领土之内或之上经营和/或运载乘客、货物和邮件的定期或不定期服务的权利，包括服务的地点、经营的航线、运载的运输类型、提供的能力、收取的运费及其条件以及指定航空公司的标准，如数量、所有权和控制权等标准。

关于金融服务的附件

1. 范围和定义

（a）本附件适用于影响金融服务提供的措施。本附件所指的金融服务提供应指提供按本协定第1条第2款定义的服务。

（b）就本协定第1条第3款（b）项而言，"在行使政府职权时提供的服务"指：

① 对某些成员的自然人要求签证而对其他成员的自然人不做要求的事实不得视为使根据一具体承诺获得的利益丧失或减损。

（i）中央银行或货币管理机关或任何其他公共实体为推行货币或汇率政策而从事的活动；

（ii）构成社会保障法定制度或公共退休计划组成部分的活动；以及

（iii）公共实体代表政府或由政府担保或使用政府的财政资源而从事的其他活动。

（c）就本协定第1条第3款（b）项而言，如一成员允许其金融服务提供者从事本款（b）项（ii）目或（iii）目所指的任何活动，与公共实体或金融服务提供者进行竞争，则“服务”应包括此类活动。

（d）本协定第1条第3款（c）项不得适用于本附件涵盖的服务。

2. 国内法规

（a）尽管有本协定的任何其他规定，但是不得阻止一成员为审慎原因而采取措施，包括为保护投资人、存款人、保单持有人或金融服务提供者对其负有信托责任的人而采取的措施，或为保证金融体系完整和稳定而采取的措施。如此类措施不符合本协定的规定，则不得用作逃避该成员在本协定项下的承诺或义务的手段。

（b）本协定的任何规定不得解释为要求一成员披露有关个人客户的事务和账户的信息，或公共实体拥有的任何机密或专有信息。

3. 承　认

（a）一成员在决定其有关金融服务的措施应如何实施时，可承认任何其他国家的审慎措施。此类承认可以依据与有关国家的协定或安排，通过协调或其他方式实现，也可自动给予。

（b）属（a）项所指协定或安排参加方的一成员，无论该协定或安排是将来的还是现有的，如在该协定或安排的参加方之间存在此类法规的相同法规、监督和实施，且如适当，还存在关于信息共享的程序，则应向其他利害关系成员提供谈判加入该协定或安排的充分机会，或谈判达成类似的协定或安排。如一成员自动给予承认，则应为任何其他成员提供证明此类情况存在的充分机会。

（c）如一成员正在考虑对任何其他国家的审慎措施予以承认，则不得适用第7条第4款（b）项。

4. 争端解决

关于审慎措施和其他金融事项争端的专家组应具备与争议中的具体金融服务有关的必要的专门知识。

5. 定　义

就本附件而言：

（a）金融服务指一成员金融服务提供者提供的任何金融性质的服务。金融服务包括所有保险及其相关服务，以及所有银行和其他金融服务（保险除外）。金融服务包括下列活动：

（i）直接保险（包括共同保险）：

（A）寿险；

（B）非寿险。

（ii）再保险和转分保；

(iii) 保险中介，如经纪和代理；

(iv) 保险附属服务，如咨询，精算、风险评估和理赔服务，银行和其他金融服务(保险除外)；

(v) 接受公众存款和其他应偿还基金；

(vi) 所有类型的贷款，包括消费信贷、抵押信贷、商业交易的代理和融资；

(vii) 财务租赁；

(viii) 所有支付和货币转移服务，包括信用卡、赊账卡、贷记卡、旅行支票和银行汇票；

(ix) 担保和承诺；

(x) 交易市场、公开市场或场外交易市场的自行交易或代客交易：

(A) 货币市场工具（包括支票、汇票、存单)；

(B) 外汇；

(C) 衍生产品，包括但不仅限于期货和期权；

(D) 汇率和利率工具，包括换汇和远期利率协议等产品：

(E) 可转让证券；

(F) 其他可转让票据和金融资产，包括金银条块。

(xi) 参与各类证券的发行，包括承销和募集代理（无论公开或私下)，并提供与该发行有关的服务；

(xii) 货币经纪；

(xiii) 资产管理，如现金或证券管理、各种形式的集体投资管理、养老基金管理、保管、存款和信托服务；

(xiv) 金融资产的结算和清算服务，包括证券、衍生产品和其他可转让票据；

(xv) 提供和传送其他金融服务提供者提供的金融信息、金融数据处理和相关软件；

(xvi) 就（v）目至（xv）目所列的所有活动提供咨询、中介和其他附属金融服务，包括信用调查和分析、投资和资产组合的研究及咨询、收购咨询、公司重组和策略咨询。

(b) 金融服务提供者指希望提供或正在提供金融服务的一成员的自然人或法人，但“金融服务提供者”一词不包括公共实体。

(c)“公共实体”指：

(i) 一成员的政府、中央银行或货币管理机关，或由一成员拥有或控制的、主要为政府目的执行政府职能或进行活动的实体，不包括主要在商业条件下从事金融服务提供的实体；或

(ii) 在行使通常由中央银行或货币管理机关行使的职能时的私营实体。

关于金融服务的第二附件

1. 尽管有本协定第 2 条和《关于第 2 条豁免的附件》第 1 款和第 2 款的规定，但是一成员仍可在《WTO 协定》生效之日起 4 个月后开始的 60 天内，将与本协定第 2 条第 1 款不一致的有关金融服务的措施列入该附件。

2. 尽管有本协定第 21 条的规定，但是一成员仍可在《WTO 协定》生效之日起 4 个

月后开始的60天内，改善、修改或撤销列入其减让表的有关金融服务的全部或部分具体承诺。

3. 服务贸易理事会应为适用第1款和第2款制定必要的程序。

关于海运服务谈判的附件

1. 第2条和《关于第2条豁免的附件》，包括关于在该附件中列出一成员将维持的、与最惠国待遇不一致的任何措施的要求，只有在以下日期方可对国际海运、附属服务以及港口设施的进入和使用生效：

(a) 根据《关于海运服务谈判的部长决定》第4段确定的实施日期；或

(b) 如谈判未能成功，则为该决定中规定的海运服务谈判组最终报告的日期。

2. 第1款不得适用于已列入一成员减让表的任何关于海运服务的具体承诺。

3. 尽管有第21条的规定，但是自第1款所指的谈判结束起至实施日期前，一成员仍可改善、修改或撤销在本部门的全部或部分具体承诺而无须提供补偿。

关于电信服务的附件

1. 目　标

认识到电信服务部门的特殊性，特别是其作为经济活动的独特部门和作为其他经济活动的基本传输手段而起到的双重作用，各成员就以下附件达成一致，旨在详述本协定中有关影响进入和使用公共电信传输网络和服务的措施的规定。因此，本附件为本协定提供注释和补充规定。

2. 范　围

(a) 本附件应适用于一成员影响进入和使用公共电信传输网络和服务的所有措施。①

(b) 本附件不得适用于影响电台或电视节目的电缆或广播播送的措施。

(c) 本附件的任何规定不得解释为：

(i) 要求一成员在其减让表规定之外授权任何其他成员的服务提供者建立、建设、收购、租赁、经营或提供电信传输网络或服务；或

(ii) 要求一成员（或要求一成员责成其管辖范围内）的服务提供者建立、建设、收购、租赁、经营或提供未对公众普遍提供的电信传输网络或服务。

3. 定　义

就本附件而言：

(a)“电信”指以任何电磁方式传送和接收信号。

(b)“公共电信传输服务”指一成员明确要求或事实上要求向公众普遍提供的任何电信传输服务。此类服务可特别包括电报、电话、电传和数据传输，其典型特点是在两点或多点之间对客户提供的信息进行实时传输，而客户信息的形式或内容无任何端到端的变化。

(c)“公共电信传输网络”指可在规定的两个或多个网络端接点之间进行通信的公共

① 本项被理解为每一成员应保证采取任何必要的措施使本附件的义务适用于公共电信传输网络和服务的提供者。

电信基础设施。

（d）“公司内部通信”指公司内部或与其子公司、分支机构进行通信的电信，在遵守一成员国内法律和法规的前提下，还可包括与附属公司进行通信的电信。为此目的，“子公司”、“分支机构”和适用的“附属公司”应由每一成员定义。本附件中的“公司内部通信”不包括向与无关联的子公司、分支机构或附属公司提供的商业或非商业服务，也不包括向客户或潜在客户提供的商业或非商业服务。

（e）对本附件的各款或各项的任何提及均包括其中所有各国。

4. 透明度

在适用本协定第3条时，每一成员应保证可公开获得关于影响进入和使用公共电信传输网络和服务条件的有关信息，包括：服务的收费及其他条款和条件；与此类网络和服务的技术接口规范；负责制定和采用影响进入和使用标准的机构的信息；适用于终端连接或其他设备的条件；可能的通知、注册或许可要求（若有的话）。

5. 公共电信传输网络和服务的进入及使用

（a）每一成员应保证任何其他成员的任何服务提供者可按照合理和非歧视的条款和条件进入和使用其公共电信传输网络和服务，以提供其减让表中包括的服务。此义务应特别通过（b）项至（f）项的规定实施。[1]

（b）每一成员应保证任何其他成员的服务提供者可进入和使用其境内或跨境提供的任何公共电信传输网络和服务，包括专门租用电路，并为此应保证在遵守（e）项和（f）项规定的前提下，允许此类服务提供者：

（i）购买或租用和连接终端或服务提供者提供服务所必需的其他网络接口设备；

（ii）将专门租用或拥有的电路与公共电信传输网络和服务互联，或与另一服务提供者租用或拥有的电路互联；以及

（iii）在提供任何服务时使用该服务提供者自主选择的操作规程，但为保证公众可普遍使用电信传输网络和服务所必需的情况除外。

（c）每一成员应保证任何其他成员的服务提供者可使用公共电信传输网络和服务在其境内或跨境传送信息，包括此类服务提供者的公司内部通信，以及使用在任何成员领土内的数据库所包含的或以机器可读形式存储的信息。如一成员采取严重影响此类使用的任何新的或修改的措施，则应依照本协定有关规定做出通知，并进行磋商。

（d）尽管有上一项的规定，但是一成员仍可采取必要措施，以保证信息的安全和机密性，但要求此类措施不得以对服务贸易构成任意的或不合理的歧视或构成变相限制的方式实施。

（e）每一成员应保证不对公共电信传输网络和服务的进入和使用附加条件，但为以下目的所必需的条件除外：

（i）保障公共电信传输网络和服务提供者的公共服务责任，特别是使其网络或服务可使公众普遍获得的能力；

---

① “非歧视”一词理解为本协定定义的最惠国待遇和国民待遇，反映在具体部门中，该词指“不低于在相似情况下给予同类公共电信传输网络和服务的任何其他使用者的条款和条件”。

(ii) 保护公共电信传输网络和服务的技术完整性；或

(iii) 保证任何其他成员的服务提供者不提供该成员减让表中承诺之外的服务。

(f) 只要满足 (e) 项所列标准，进入和使用公共电信传输网络和服务的条件可包括：

(i) 限制此类服务的转售或分享使用；

(ii) 使用特定的技术接口与此类网络和服务进行互联的要求，包括使用接口协议；

(iii) 必要时，关于此类服务互操作性的要求，及鼓励实现第 7 款 (a) 项所列目标的要求；

(iv) 终端和其他网络接口设备的定型，及与此类设备和此类网络连接有关的技术要求；

(v) 限制专门租用或拥有的电路与此类网络或服务互联，或与另一服务提供者租用或拥有的电路互联；或

(vi) 通知、注册和许可。

(g) 尽管有本节前几项的规定，但是一发展中国家成员仍可在与其发展水平相一致的情况下，对公共电信传输网络和服务的进入和使用设置必要的合理条件，以增强其国内电信基础设施和服务能力，并鼓励其参与国际电信服务贸易。此类条件应在该成员减让表中列明。

6. 技术合作

(a) 各成员认识到高效和先进的电信基础设施在各国，特别是在发展中国家是扩大其服务贸易所必需的。为此，各成员赞成和鼓励发达国家和发展中国家、其公共电信传输网络和服务的提供者以及其他实体，尽可能全面地参与国际和区域组织的发展计划，包括国际电信联盟、联合国开发计划署和国际复兴开发银行。

(b) 各成员应鼓励和支持发展中国家之间在国际、区域和次区域各级开展电信合作。

(c) 在与有关国际组织进行合作时，各成员在可行的情况下，应使发展中国家可获得有关电信服务以及电信和信息技术发展情况的信息，以帮助增强其国内电信服务部门。

(d) 各成员应特别考虑向最不发达国家提供机会，以鼓励外国电信服务提供者在技术转让、培训和其他活动方面提供帮助，支持发展其电信基础设施，扩大其电信服务贸易。

7. 与国际组织和协定的关系

(a) 各成员认识到电信网络和服务的全球兼容性及互操作性的国际标准的重要性，承诺通过有关国际机构的工作，包括国际电信联盟和国际标准化组织，以促进此类标准。

(b) 各成员认识到政府间和非政府组织及协定，特别是国际电信联盟在保证国内和全球电信服务的有效运营方面所起的作用。各成员应做出适当安排，以便就本附件实施过程中产生的事项与此类组织进行磋商。

关于基本电信谈判的附件

1. 包括将一成员所保持的任何与最惠国待遇不相一致的措施列入本附件这一要求在内的本协定第 2 条和关于免除第 2 条义务的附件，应仅在下列日期对基本电信生效：

(1) 根据关于基本电信谈判的部长决议第 5 款决定的实施日期；

(2) 如果谈判未取得成功，在那项决定中所规定的基本电信谈判组最后报告的日期。

2. 上述第 1 款不适用列入一成员计划表中有关基本电信的任何具体承诺。

①此条件应根据部门数量、受影响的贸易量和提供方式进行理解。为满足此条件，协定不应规定预先排除任何服务提供方式。

②一般情况下，此类一体化为其参加方的公民提供了自由进入各参加方就业市场的权利，并包括有关工资条件及其他就业和社会福利条件的措施。

③“有关国际组织”指成员资格对至少所有 WTO 成员的有关机构开放的国际机构。

④各方理解，第 5 款下的程序应与 GATT 1994 的程序相同。

⑤只有在社会的某一根本利益受到真正的和足够严重的威胁时，方可援引公共秩序例外。

⑥旨在保证公平或有效地课征和收取直接税的措施包括一成员根据其税收制度所采取的以下措施：

(i) 认识到非居民的纳税义务由源自或位于该成员领土内的应征税项目确定的事实，而对非居民服务提供者实施的措施；或

(ii) 为保证在该成员领土内课税或征税而对非居民实施的措施；或

(iii) 为防止避税或逃税而对非居民或居民实施的措施，包括监察措施；或

(iv) 为保证对服务消费者课征或收取的税款来自该成员领土内的来源而对在另一成员领土内或自另一成员领土提供服务的消费者实施的措施；或

(v) 认识到按世界范围应征税项目纳税的服务提供者与其他服务提供者之间在课税基础、性质方面的差异而区分这两类服务提供者的措施；或

(vi) 为保障该成员的课税基础而确定、分配或分摊居民或分支机构，或有关联的人员之间，或同一人的分支机构之间收入、利润、收益、亏损、扣除或信用的措施。

第 14 条 (d) 款和本说明中的税收用语或概念，根据采取该措施的成员国内法律中的税收定义和概念，或相当的或类似的定义和概念确定。

⑦未来的工作计划应确定有关此类多边纪律的谈判如何进行及在什么时限内进行。

⑧如一成员就通过第 1 条第 2 款 (a) 项所指的方式提供服务做出市场准入承诺，且如果资本的跨境流动是该服务本身必需的部分，则该成员由此已承诺允许此种资本跨境流动。如一成员就通过第 1 条第 2 款 (c) 项所指的方式提供服务做出市场准入承诺，则该成员由此已承诺允许有关的资本转移进入其领土内。

⑨第 2 款 (c) 项不涵盖一成员限制服务提供投入的措施。

⑩根据本条承担的具体承诺不得解释为要求任何成员对由于有关服务或服务提供者的外国特性而产生的任何固有的竞争劣势做出补偿。

⑪对于在《WTO 协定》生效之日已存在的避免双重征税协定，此类事项只有在经该协定各参加方同意后方可提交服务贸易理事会。

⑫如该服务不是由法人直接提供，而是通过如分支机构或代表处等其他形式的商业存在提供，则该服务提供者（即该法人）仍应通过该商业存在被给予在本协定项下规定给予服务提供者的待遇。此类待遇应扩大至提供该服务的存在方式，但不需扩大至该服务提供者位于提供服务的领土以外的任何其他部分。

⑬对某些成员的自然人要求签证而对其他成员的自然人不做要求的事实不得视为使根

据一具体承诺获得的利益丧失或减损。

⑭本项被理解为每一成员应保证采取任何必要的措施使本附件的义务适用于公共电信传输网络和服务的提供者。

⑮“非歧视”一词理解为本协定定义的最惠国待遇和国民待遇，反映在具体部门中，该词指“不低于在相似情况下给予同类公共电信传输网络和服务的任何其他使用者的条款和条件”。

附录三

不同类型 WTO 成员对具体服务活动的承诺概况

表 1 为中国与不同类型 WTO 成员对具体服务活动的承诺，表 2 为中国与不同类型 WTO 成员对服务活动具体承诺的部门覆盖比率。

表 1　中国与不同类型 WTO 成员对具体服务活动的承诺

	对 149 种具体服务活动的承诺百分比	除视听、邮政、速递、基础电信、运输服务外
中国	55	63
发达经济体	64	82
转型经济体	52	66
发展中经济体	16	19

资料来源：中国的数据根据《中国加入世界贸易组织法律文件》附件 9 计算，其他数据引自世界贸易组织秘书处。

表 2　中国与不同类型 WTO 成员对服务活动具体承诺的部门覆盖比率

	中国	高收入国家	所有国家	发展中大国
市场准入平均数（所列部门和方式占总数的比例，%）	51.7	53.3	15.1	29.6
平均覆盖比率（按照限制及约束范围因素加权平均后所列部门和方式占总数的比例，%）	35.2	40.6	9.4	17.1
没有限制的部门占总数的比例（%）	18.6	30.5	6.7	10.9
国民待遇				
平均覆盖比率（按照限制及约束范围因素加权平均后所列部门和方式占总数的比例，%）	41.9	42.4	10.2	18.5
没有限制的部门占总数的比例（%）	32.4	35.3	8.5	14.6

资料来源：中国的数据根据《中国加入世界贸易组织法律文件》附件 9 计算，其他数据引自世界贸易组织秘书处。

附录四

服务外包成功案例

一、Aon Hewitt（怡安翰威特）为索尼电子提供人力资源技术管理方案

索尼电子在美国拥有14 000名员工，但人力资源专员分布在7个地点。尽管投资开发了PEOPLESOFT软件，但索尼电子仍不断追求发挥最佳技术功效，因而索尼电子需要更新其软件系统，以便缩短其预期状态与现状之间的差距。

在索尼电子找到怡安翰威特之前，索尼电子人力资源机构在软件应用方面遇到了一些困扰，在所有的人力资源应用软件中，各地统一的比率仅达到18%。由此，索尼电子人力资源小组意识到，他们不仅需要通过技术方案来解决人力资源问题，还需要更有效地管理和降低人力资源服务成本，并以此提升人力资源的战略角色。

基于此，索尼电子决定与怡安翰威特签订外包合同，以转变人力资源职能。怡安翰威特认为，这意味着对索尼电子的人力资源机构进行重大改革，其内容不局限于采用新技术，还可以借此契机帮助索尼电子提高人力资源管理的质量、简化管理规程、改善服务质量并改变人力资源部门的工作日程，进而提高企业绩效。

在这样的新型合作关系中，怡安翰威特提供人力资源技术管理方案和主机、人力资源用户门户并进行内容管理。这样一来，索尼电子可以为员工和经理查询人力资源方案及服务内容提供方便。此外，怡安翰威特提供了综合性的客户服务中心、数据管理支持及后台软件服务。

索尼电子与怡安翰威特合作小组对转变人力资源部门的工作模式寄予厚望。员工和部门经理期望更迅速、简便地完成工作，而业务经理则期望降低成本和更加灵活地满足变化的经营需求。

此项目的最大看点在于人力资源管理程序和政策的重新设计及标准化，同时通过为员工和经理提供全天候的人力资源数据、决策支持和交易查询服务，使新系统的效能大大提高。经理可以查询包括绩效评分和人员流动率在内的员工数据，并将其用先进的工具进行整合和分析。这些信息有助于经理制定更加缜密、及时的人员管理决策。经理可以借此契机提高人员及信息管理质量，进而对企业经营产生巨大的推进作用。

在项目启动后，索尼电子与怡安翰威特通力合作，通过广泛的调查和分析制定了经营

方案，同时评估了当时的环境并确定了一致的、优质的人力资源服务方案对于索尼电子经营结果的影响。

在索尼电子实施外包方案后，有一些效果已经初见端倪。除整合、改善了人力资源政策之外，这一变革项目还转变了索尼电子80%的工作内容，将各地的局域网、数据维护转换到人力资源门户网站的系统上，使数据接口的数量减少了2/3，而新型的汇报和分析能力也将取代原有的、数以千计的专项报告。从未来看，到第二年，索尼电子的人力资源部门将节省15%左右的成本，而到第五年时，节省幅度将高达40%左右。平均而言，5年期间的成本可以节省25%左右。

现在，索尼电子已充分认识到通过外包方式来开展人力资源工作的重要性，因为它们可以借此形成规模经济效应并降低成本。此外，索尼电子将人力资源外包管理视为网络文化的起点，而人力资源门户将是实施索尼电子员工门户方案的首要因素之一。索尼电子也愿意看到通过先行改造人力资源职能来进行电子化转变。

二、惠普为客户提供的外包服务

惠普（HP）作为一家专业IT公司，可为客户端的IT人员提供高效率的培训，以提高这些人员的工作效率和节省培训成本；惠普可以把客户的IT部门由原来的成本中心变成利润中心；惠普在外包过程中所开发的一些具有常用功能的应用软件可以作为产品进行销售。

近年来，惠普已成为数千家企业的外包服务提供商，为分布于三十多个国家的制造、电信、银行、电子等不同行业用户提供从战略规划、系统实施到运作管理的外包服务。目前，惠普在中国为客户提供的外包服务主要包括以下几种类别：

(1) 战略性外包，是指企业将IT服务整体外包给服务提供商，企业内部不再设立全面的IT部门，甚至连IT服务人员都转移到惠普。惠普为爱立信公司提供的服务就属于此类。

(2) 基础平台管理，比如网络运营、服务器的管理。

(3) 终端用户现场管理，即为客户维护打印机、笔记本等桌面设备，并为终端用户提供网络配置管理。

(4) 应用服务运营管理。

(5) 容灾服务（比如数据备份与恢复）和业务流程外包（如最近惠普与宝洁签订的应收账款处理外包合同）以及按需提供的计算机服务。惠普将IT外包服务视为公司业务发展的一个重要组成部分。目前，惠普负责IT外包服务的管理服务部在全球共拥有4 100名员工，建立了三十多个运营服务和数据中心，并与全球百余家IT管理运营伙伴建立了长期的合作关系。

早在7年前，惠普就在中国开始投资外包服务，目前在国内拥有超过6年的IT运作维护服务经验，并建立了可覆盖全国的集中服务热线支持中心。

惠普已在北京设立了亚太区IT外包服务响应中心。目前，该响应中心的服务可以覆盖整个亚太区的300个城市，能提供包括中、英、日、韩在内的四种语言，7×24的IT支持服务。目前，它支持了20 000家以上的企业终端用户，每月处理26 000个以上电话，管理1 000台以上的服务器，在惠普的服务提供方面发挥了重要作用。除了电话响应中心，惠普还搭建了目前国内最大的IT服务网络。6年来，惠普签订了总价值超过7 500万美元的50个IT外包合同，合同客户来自各行各业。

以爱立信为例，为了爱立信的信息系统能够更好地支持业务及地域的扩展，提高响应速度及服务质量，同时关注其核心业务，惠普在国内25个城市帮助爱立信维护了3 000多用户，并建立了IT呼叫中心，用于现场支持服务及资产管理服务，帮助进行服务器管理、备份及恢复，为爱立信进行用户培训与IT实施。

2004年，惠普先后与国家开发银行、宝洁公司等达成战略性外包合作协议。惠普为国家开发银行提供包括现场支持、一站式热线电话服务、设备管理与委托采购服务、客户培训、新技术咨询、备件服务、外包服务管理和设备外包在内的7项服务。惠普与宝洁公司签订了为期10年、价值30亿美元的IT外包合同，为宝洁公司在全球160个国家的运营提供IT基础设施管理、数据中心运营、终端用户支持、网络管理、应用开发和维护支持服务，并将1 850名宝洁公司员工转成惠普雇员。预计这项合作将在10年内为宝洁公司节省10%～15%的IT成本。

参考文献

［1］中国电信运营行业分析报告．中国经济信息网，2002（1）.

［2］万红先，等．中国服务贸易国际竞争力研究．北京：中国科学技术出版社，2008.

［3］陈双喜，魏巍，冯琳．国际服务贸易．2版．大连：东北财经大学出版社，2009.

［4］冯宗宪，郭根龙．国际服务贸易．西安：西安交通大学出版社，2008.

［5］刘彩．我国电信业的发展形势与前景．电信科学，2004（10）.

［6］中国服务贸易发展状况．商务部网站，2014-11-06.

［7］中国旅游服务贸易发展概况．商务部网站，2013-03-10.

［8］秦嗣毅，杨浩．金砖四国金融服务贸易国际竞争力研究．东北亚论坛，2011（1）.

［9］运输服务贸易分析．中国服务贸易指南网，2007-07-13.

［10］罗春燕．我国金融服务贸易发展现状及对策研究．时代经贸，2008（Z1）.

［11］我国服务外包业快速成长　发展潜力巨大．新华社，2010-06-15.

［12］软件外包行业利润水平与行业特有经营模式分析．中国产业信息网，2014-04-22.

［13］毛传新．国际服务贸易．南京：东南大学出版社，2009.

［14］鲁丹萍．国际服务外包．北京：清华大学出版社，2011.

［15］张芳．我国金融服务贸易竞争力分析．当代经济，2013（16）.

［16］蒋多，王海文．优化我国对外文化服务贸易统计制度的思路与方法．中国海洋大学学报，2014（5）.

［17］刘克春．中国文化服务贸易问题与协同创新对策．国际贸易，2017（8）.

教学支持说明

1. 教辅资源获取方式

为秉承中国人民大学出版社对教材类产品一贯的教学支持，我们将向采纳本书作为教材的教师免费提供丰富的教辅资源。您可直接到中国人民大学出版社官网的教师服务中心注册下载——http://www.crup.com.cn/Teacher。

如遇到注册、搜索等技术问题，可咨询网页右下角在线 QQ 客服，周一到周五工作时间有专人负责处理。

注册成为我社教师会员后，您可长期根据您所属的课程类别申请纸质样书、电子样书和教辅资源，自行完成免费下载。您也可登录我社官网的“教师服务中心”，我们经常举办赠送纸质样书、赠送电子样书、线上直播、资源下载、全国各专业培训及会议信息共享等网上教材进校园活动，期待您的积极参与！

2. 高校教师可加入下述学科教师 QQ 交流群，获取更多教学服务

经济类教师交流群：809471792

财政金融教师交流群：766895628

国际贸易教师交流群：162921240

税收教师交流群：119667851

3. 购书联系方式

网上书店咨询电话：010－82501766

邮购咨询电话：010－62515351

团购咨询电话：010－62513136

中国人民大学出版社经济分社

地址：北京市海淀区中关村大街甲 59 号文化大厦 1506 室　100872

电话：010－62515803　010－62516948

传真：010－62514775

E-mail：jjfs@crup.com.cn